21世纪高等院校财经管理系列实用规划教材

Mezzoeconomics
中观经济学

（初级）

陈云贤　徐现祥　王琪红　◎编著

内 容 简 介

传统经济学立足于微观和宏观二元结构框架，构筑起理论体系，考察经济增长及政府与市场关系问题，却忽略了影响日益深远的中观经济层面及区域政府行为。

本书基于资源生成理论将区域政府作为一类市场主体引入到市场经济中，由此搭建起中观经济学的理论体系，并与宏观经济学和微观经济学一起构成现代经济学的三元结构框架。从中观经济学的视角来看，一个国家有研究资源稀缺条件下资源配置的微观经济学，有研究资源生成基础上资源配置的中观经济学，也有研究资源优化配置中资源利用的宏观经济学，它们三者之间相互联动，形成了前置、后置的关联效应，有效地破解了政府与市场关系的难题，形成推动世界各国的三元结构经济增长极。本书作为中观经济学的初级教材，在构建中观经济学理论框架的基础上，还选取了大量具有代表性的案例，从实践层面分析、印证相关理论，实现理论与实践的有机结合，做到详略得当、重点突出。

图书在版编目（CIP）数据

中观经济学：初级 / 陈云贤，徐现祥，王琪红编著. 北京：北京大学出版社，2024.10. --（21 世纪高等院校财经管理系列实用规划教材）. -- ISBN 978-7-301-35608-1

Ⅰ. F015

中国国家版本馆 CIP 数据核字第 2024AE5014 号

书　　　名	中观经济学（初级） ZHONGGUAN JINGJIXUE（CHUJI）
著作责任者	陈云贤　徐现祥　王琪红　编著
策 划 编 辑	王显超
责 任 编 辑	毛文婕
标 准 书 号	ISBN 978-7-301-35608-1
出 版 发 行	北京大学出版社
地　　　址	北京市海淀区成府路 205 号　100871
网　　　址	http://www.pup.cn　新浪微博:@北京大学出版社
电 子 邮 箱	编辑部 pup6@pup.cn　总编室 zpup@pup.cn
电　　　话	邮购部 010-62752015　发行部 010-62750672　编辑部 010-62750667
印 刷 者	北京溢漾印刷有限公司
经 销 者	新华书店
	787 毫米×1092 毫米　16 开本　16.25 印张　281 千字 2024 年 10 月第 1 版　2024 年 10 月第 1 次印刷
定　　　价	59.00 元

未经许可，不得以任何方式复制或抄袭本书之部分或全部内容。
版权所有，侵权必究
举报电话: 010-62752024　电子邮箱: fd@pup.cn
图书如有印装质量问题，请与出版部联系，电话: 010-62756370

序　言

作为一门现代经济学学科，中观经济学通过对从中国改革开放至中国式现代化系统工程建设的现实案例进行研究与分析，揭示出如下理论创新。

（1）资源生成理论。中观经济学突破了传统经济学理论框架下的"资源稀缺"单一假设。

（2）政府是资源生成领域的市场主体。中观经济学突破了传统经济学从市场边界视角论述政府经济行为的认知。

（3）国家、区域政府、企业三元主体共同推动经济发展。中观经济学有效摆脱了传统经济学从国家与企业二元主体视角分析经济增长的理论束缚。

（4）投资、创新、规则新引擎。中观经济学突破了传统经济学在产业经济需求侧下的贸易引擎"单一路径"。

（5）政府双重属性。中观经济学有效打破了传统经济学对国家或区域政府亦宏观、稳定、协调，亦微观、发展、逐利等功能角色交错的迷茫状态。

（6）"有为政府"界定。中观经济学重新审视了传统经济学中"有为政府"与"有效市场"的内涵，从区域政府参与"三类九要素"竞争与合作的角度，把原有市场经济单一驱动引申至双重驱动，提出"有为政府"与"有效市场"相融合是成熟市场经济乃至一国经济可持续发展的路径选择。

中观经济学揭示出，在竞争优势目标的驱动下，区域政府在资源生成领域的投资、开发和建设，最终在宏观或中观经济领域，形成供给侧的要素供给、环境供给和市场供给"三驾马车"，拓展了微观企业生产要素的内涵，拓展了以产业经济为基础的营商环境的内涵，拓展了市场领域的空间，完善了市场体系，拓展了市场经济的内涵。在宏观、中观、微观，国家、区域政府、企业三元结构的联动中，区域政府想要在市场经济中有所作为，需要具备以下六点先决条件。第一，能够科学制定区域"三类资源"的相关政策。第二，能够有效界定"三类资源"的调节边界。第三，能够推动"三类九要素"的竞争与合作。第四，能够发挥政府"超前引领"的作用。第五，能够运用供给侧"三驾马车"推动经济增长。第六，能够将国家、区域政府的资源配置效率与企业的资源配置效率组合起来，形成"正正叠加"的效果。

党的二十大报告强调："充分发挥市场在资源配置中的决定性作用，更好发挥政府作用。"中观经济学创建的新经济学学科体系和新市场理论，能够从经济学角度正确解释和阐明从中国改革开放至中国式现代化系统工程建设的成功路径，并突破了传统经济学体系和市场理论框架的局限。中观经济学的合理内核将有效破解世界各国经济理论与经济实践中政府与市场关系的难题，实质推动世界各国经济发展和可持续增长。本书是中观经济学的初级教材，以理论阐述与案例分析为主，供大学本科理论经济学教学与科研使用。愿本书能给老师和同学们带来教学与科研中的新收获！

编著者

2024 年 9 月

目　　录

第一章　资源生成理论 1

　第一节　资源稀缺与资源生成 1
　　一、资源稀缺 1
　　二、资源生成 4
　第二节　案例分析 6
　第三节　点评与思考讨论题 41
　　一、点评 41
　　二、思考讨论题 43

第二章　区域三类资源 44

　第一节　政府经济职能与区域资源分类 44
　　一、政府经济职能的理论演进 44
　　二、市场失灵与政府失灵 47
　　三、政府经济职能与区域三类资源 48
　第二节　案例分析 51
　第三节　点评与思考讨论题 87
　　一、点评 87
　　二、思考讨论题 88

第三章　竞争优势理论 89

　第一节　比较优势相关理论与竞争优势理论 89
　　一、斯密的绝对优势理论 89
　　二、李嘉图的比较优势理论 90
　　三、赫克歇尔和俄林的要素禀赋理论 92
　　四、波特的竞争优势理论 93
　　五、中观经济学的竞争优势理论 96
　第二节　案例分析 104
　第三节　点评与思考讨论题 128

一、点评 128
　　二、思考讨论题 129

第四章　政府超前引领 130

第一节　政府因势利导与政府超前引领 130
　　一、新结构经济学与政府因势利导 130
　　二、中观经济学与政府超前引领 131
第二节　案例分析 134
第三节　点评与思考讨论题 165
　　一、点评 165
　　二、思考讨论题 166

第五章　市场竞争双重主体论 167

第一节　企业竞争与区域政府竞争 167
　　一、企业竞争 167
　　二、区域政府竞争 168
　　三、市场竞争双重主体 171
第二节　案例分析 173
第三节　点评与思考讨论题 205
　　一、点评 205
　　二、思考讨论题 206

第六章　有为政府·有效市场 207

第一节　有为政府与有效市场 207
　　一、现代市场经济体系 207
　　二、有效市场与有为政府类型 209
第二节　案例分析 212
第三节　点评与思考讨论题 233
　　一、点评 233
　　二、思考讨论题 234

第七章　经济增长新引擎 235

第一节　经济增长引擎 235

一、发展经济学与贸易引擎争论...235
　　二、中观经济学与经济增长新引擎...237
　第二节　案例分析...239
　第三节　点评与思考讨论题...251
　　一、点评...251
　　二、思考讨论题...252

参考文献...253

后记...254

第一章

资源生成理论

中观经济学是以区域政府[①]及其行为分析为研究主体，在资源生成基础上研究资源配置的理论学科。正因如此，本书将资源生成理论作为开启中观经济学学习的首个章节。对于初学者而言，资源生成的概念无疑是陌生的，但在资源配置领域，资源生成其实是资源稀缺的孪生儿。资源稀缺是经济学研究中最为重要也最为常见的概念之一，微观经济学鼻祖斯密、宏观经济学之父凯恩斯构筑其理论框架的前提假设之一正是资源稀缺。为此，本章第一节从资源稀缺相关内容着手，循序渐进地引出资源生成理论；第二节给出若干现实案例，建立起资源生成理论和实践的联系；第三节进行简要点评，深化对资源生成理论的理解和认识。

第一节 资源稀缺与资源生成

一、资源稀缺

资源稀缺是指在经济社会发展的一定阶段内，相对于人们的需求而言，资源总是表现出稀缺性，即资源总是相对有限的。这可以从两个方面去理解。

第一，人们的需求总是永无止境的。美国心理学家马斯洛提出的需求层次理论，将人们的需求从低到高地划分为五个层次：生理需求、安全需求、归属感以及对爱的需求（社交需求）、尊重需求、对自我实现的需求。一般来说，低层次的需求被满

---

① 区域是个相对概念。对于全球而言，一个大洲、一个国家就是一个区域；对于国家而言，一个省份、一个城市就是一个区域。为了研究方便，中观经济学通常将研究范围设定在一国之内，这样，区域政府，通常就指管理一个国家行政区域事务的政府组织，是对应于中央政府的称谓，也就是地方政府。后同，不再赘述。

足后，随之而来的就是对高层次需求的追求，而随着需求层次的上升，满足感还会逐级递减，这也导致人们会产生无穷无尽的需求。

第二，资源稀缺既是相对的，也是绝对的。人们的需求总是源源不断的，再多的资源也表现为相对稀缺；同时，地球上的各类资源在总量上总是有限的，存在绝对稀缺，尽管部分资源可以再生，但其再生的过程往往相当漫长，而且一旦人们对资源过度开发利用，可再生资源也将随之减少甚至变为不可再生资源。

资源的稀缺性使得从个人到整个社会都不得不面临如何最大程度上地选择和利用有限的资源，以满足不同个体需求的资源配置问题，这正是经济学研究存在的原因和价值所在。著名经济学家萨缪尔森认为，经济学研究的是一个社会如何利用稀缺的资源生产有价值的商品，并将它们在不同的个体之间进行分配。倘若社会不再存在资源稀缺的问题，即如果能无限量地生产出各种商品，或者人类的欲望都能够完全得到满足，那么人们就拥有了自己想要拥有的一切东西，当然也就不必再担心花光其目前有限的收入；而企业也不必为劳动成本和医疗保健问题犯愁；政府则不用再为税收、支出等问题而大伤脑筋，因为谁都已经不在乎这些问题了。此外，既然我们都能够随心所欲地得到自己想要的东西，那么也就没有任何人会去关心不同的人或不同阶层之间的收入分配（是否公平的）问题。在这个丰裕而理想的伊甸园里，所有商品都免费，仿佛沙漠中的沙子和海滩边的海水。所有的价格也都因此变成了"零"，市场也因此而变得可有可无。如果是这样，那么经济学当然也就不再是一门有用的学科。

经济学对资源稀缺的认识是随着时代的发展而不断加深和拓宽的。1776年，"古典经济学之父"、微观经济学鼻祖斯密在《国民财富的性质和原因的研究》（又名《国富论》）一书中，提出并阐释了市场价值理论：资源稀缺使得社会经济活动无不围绕着资源的优化配置展开，同时，商品经济的"主观为自己、客观为他人"的利己性和利他性的有机融合，成为一只"看不见的手"，调节着商品的供求、价格和竞争体系，并最终形成市场规则。1890年，英国经济学家马歇尔出版《经济学原理》一书，宣告经济学真正成为一门独立的学科，经济学研究随之步入新古典经济学时期。新古典经济学构建了精巧的一般均衡理论：消费者按照市场价格供给劳动等生产要素，并在预算约束下购买商品，实现效用最大化；厂商基于生产可能性边界调节其产量，并按照市场价格购买生产要素，实现利润最大化；产品市场和生产要素市场均在价格体系下达到供给和需求相等的均衡状态，实现资源的最优配置。

不难看出，古典和新古典经济学构筑理论大厦的基石正是资源稀缺假设，同时，其对资源稀缺的认识限定在产业经济、产业资源等产业相关领域。理论上，在这些领域，市场机制是无所不能的，以至于政府只需要保护国家安全、维护公平和秩序、提供公共物品，承担起"守夜人"的角色即可。然而，在现实中，市场经济的运行远没有这么完美，西方资本主义国家会经常性地出现经济危机，1929—1933年，美国经济大萧条引起世界性经济危机，出现了严重的大规模失业浪潮。[①] 这一时期，凯恩斯的经济思想和理论开始兴起，并逐渐占据主导地位。1936年，凯恩斯出版了《就业、利息和货币通论》一书，系统阐述了其经济学观点：由于一国的总供给在短期内不会发生大的变化，因此一国的就业水平取决于总需求即有效需求；有效需求由消费需求和投资需求组成，边际消费倾向递减、资本边际效率递减以及流动性偏好三大基本心理规律的共同作用，使市场存在有效需求不足的现象；由于单靠市场的力量是无法实现充分就业的，因此需要政府干预，即政府需要运用政策工具（主要是财政政策）刺激消费和投资，扩大总需求。

毫无疑问，资源稀缺仍然是凯恩斯理论最重要的前提假设之一，然而不同于古典和新古典经济学将资源配置限定在"产业经济"和"商品物质生产部门"，凯恩斯注意到了政府在公共工程、公共物品等城市经济/基础设施建设领域的决定性作用，推动经济学由传统的"商品价格形成→形成围绕商品物质生产部门的产业经济→始终坚持企业为自由经济的主体→主体共同遵循市场规律"的经济增长思路，延伸至"国家投资公共工程和公共物品→以城市经济或基础设施建设拓展为主→基础设施建设领域的第一主体是政府→政府运用积极财政政策"的新思路。其中，凯恩斯打破了以往经济学对资源稀缺的认知：资源稀缺不仅存在于产业经济/商品物质生产部门领域，同样存在于城市经济/作为基础设施建设的公共工程和公共物品领域；资源稀缺不仅适用于个人和厂商范畴的微观经济领域，同样适用于国家范畴的宏观经济领域；政府对于经济的良好运行至关重要，其可以拓展资源稀缺的边界，增加稀缺资源的供给，从而突破市场机制下总需求不足的困境。然而，时代的局限性，使凯恩斯的经济思想和理论尽管已经隐隐触及资源生成问题，却未能在该领域深耕下去。

[①] 为应对这场危机，美国实施了罗斯福新政，其背后的经济理论支撑正源自凯恩斯，具体内容可详见本书第五章的罗斯福新政案例。

二、资源生成

时至今日，资源稀缺仍然是现代经济学中最为重要的假设之一，西方经济学家普遍认为，资源稀缺是经济学得以产生的根源所在，一切经济学研究无不以资源稀缺为基本出发点。正是因为资源稀缺，所以才需要对稀缺资源进行合理配置和选择性利用，并由此衍生出"生产什么""如何生产"以及"为谁生产"等一系列经济学问题。资源稀缺在经济学中的重要性毋庸置疑，然而，虽然当今世界呈现出经济总量日益庞大、城市化水平快速提高、经济结构不断转型、产业结构深度调整以及经济全球化等新特点，但是有关资源稀缺的理解和认识还囿于斯密或者凯恩斯时代的理论框架下，这很可能会滞后于现实经济发展。

首先，在斯密时代，第一次工业革命兴起不久，城市基础设施还十分落后，仅有基本的道路、桥梁、运河和港口等设施，斯密在1776年发表的《国富论》中，自然而然地将资源配置定义在产业经济领域，仅涉及与商品物质生产、交换、消费相联系的产业资源中人、财、物的配置。

其次，在一百多年后的凯恩斯时代，政府运用基础设施投资极大地缓解了失业率上升和经济萧条等问题，凯恩斯在1936年发表的《就业、利息和货币通论》中，强调了政府干预的重要意义，并找到了促进一国经济增长的新领域——基础设施投资、城市经济建设，但受限于时代发展，凯恩斯并未深入区分和界定城市经济与产业经济的差异，而是统一遵循产业经济的思维方法去分析解决问题，从而形成了诸多矛盾之处。

最后，现代社会的基础设施建设已经得到了极大的发展，不仅包括硬件投资系列项目，还包括软件投资系列项目，以及进一步的智慧城市开发与建设过程中的系列项目。这些现代化基础设施建设进一步拓宽了资源稀缺的内涵，由此形成的资源生成问题也愈发重要。

资源生成不是计划设定的产物，而是原已存在或随着时代进程客观需要而存在的，由静态进入动态、由非生产性进入生产性，并在其中形成经济效应的产物。 在中观经济学的理论体系下，资源生成与资源稀缺是相伴而生、相辅相成的概念，这两者可以视为经济学资源配置领域的一对孪生儿。资源生成强调的是政府如何利用自身所掌握的稀缺资源，创造性地在政府投资下形成一种新型的可供市场配置的资源，这相当于政府创造了一个新的市场，这种政府投资开发而形成的新型资源既不同于市场可以直接开发利用的纯商业性稀缺资源，也不同于用于提供公共服务的政府社会性资源，而是介于两者之间的资源，既可以由政府继续经营，也可以选择由市场进行经营。

这进一步揭示出以下三点结论。

第一，资源稀缺表现为"存量"，资源生成表现为"增量"。资源稀缺强调既有资源存量的有限性，属于静态范畴；资源生成强调资源是可以生成的，在一定的条件下可以将其他资源转化为市场资源，属于动态范畴。

第二，政府作用表现在"一级市场"，市场作用表现在"二级市场"。政府主要在宏观/中观领域发挥作用，通过投资等手段实现资源的转化和生成，从而在国家/区域经济中供给高质量的增量资源，再进一步经由市场机制实现资源的优化配置。

第三，政府行为侧重于对生产要素、制度、环境等"供给侧"产生作用，企业行为侧重于对生产要素、制度、环境等"需求侧"产生作用。

资源生成派生出的新经济资源，就是生成性资源。生成性资源具备四大特性：动态性、经济性、生产性和高风险性。

首先，生成性资源的动态性主要体现为生成性资源是资源生成不断转化、派生出的新经济资源，由此经济资源的种类和数量不断扩大，经济资源的边界不断动态变化，政府、市场的作用范围亦在不断动态调整。

其次，生成性资源是各类市场主体投资的产物，自然要具备一定的经济性，并且同样关注成本收益问题。

再次，资源生成的过程实质上创造了一个新的市场，其形成的生成性资源要进行新的资源配置，参与生产流通过程，因此具有生产性。

最后，生成性资源的投资具有以下特点：第一，前期投资大；第二，建设周期长；第三，成本高、市场窄小；第四，投资可能失败；第五，存在突发事件。这些特点使生成性资源在开发过程中面临特有的投资风险、运营风险、管理风险，其高风险性使政府在客观上成为该类资源开发的第一投资人。

生成性资源至少包含以下三个层面的资源。

第一，**原生性资源**，是指在自然环境中一直存在，但限于技术等条件尚待开发的公共资源，既包括太空资源、深海资源、极地资源等有形资源，也包括技术资源、**数据资源**、文化资源等无形资源。这类资源广为人知且具有战略性意义，但是由于其前期投资过大，且短期内并不能创造实质性的价值，因此前期均为政府投资，在资源开发模式较为成熟且上述资源能创造一定价值后，社会个体才会介入投资。

第二，次生性资源，是指在原生性资源的基础上进行二次或多次生成后得到的资源，既包括基础设施、生态环境等硬件资源，也包括政策措施、管理效率等软件资源。这类资源的前期投资来自政府，当政府无法完全承担这部分资源的支出后，会将一部分该资源交由社会不同个体负责。作为生成性资源的城市基础设施包括三个层次。第一个层次是城市的硬件基础设施和软件基础设施，前者多指六大系统工程性基础设施，即能源供应系统、供水排水系统、交通运输系统、邮电通信系统、环保环卫系统和防卫防灾系统；后者主要是指行政管理、文化教育、医疗卫生、商业服务、金融保险、社会福利等社会性基础设施。第二个层次是随着城乡一体化的发展，进一步形成并发展的乡村生产性基础设施、乡村生活性基础设施、乡村生态环境建设和乡村社会发展基础设施四大类基础设施。第三个层次是随着城乡管理现代化进程的推进，逐步开发和建设的智慧城市系列工程，也就是当今风行的"新基建"。

第三，逆生性资源，是指自然环境中本不存在的，由经济发展中的外部溢出效应逆向形成的一类独特的生成性资源。这类资源若不加限制，不对其进行遏制或开发利用，那么其产生的负外部性将阻碍经济社会的长远发展。若通过相应举措对其进行遏制和开发利用，那么此类资源将由社会的公共产品转变为可交易、可经营性的资源。例如，对二氧化碳等温室气体排放交易资源进行遏制或开发利用，可以达到温室气体减排的目的。其中，政府是推动这些不可利用资源实现转变的主体，而社会个体对这种资源的交易使其具备一定的经济性。

第二节　案例分析

案例一

太空探索技术公司

太空探索技术公司（SpaceX）是一家总部位于美国加利福尼亚州霍索恩的私营航天企业，主营业务为航空航天设备制造及空间运输服务，由马斯克于2002年6月出资建立，旨在彻底改变航天技术，使人类能够移居其他星球。SpaceX自主研制了"猎鹰"（Falcon）系列火箭和"龙"（Dragon）飞船系列航天器，并于2015年宣布启动"星链"（Starlink）项目，计划在地球低空轨道上搭建由 4.2 万颗卫星组成的网络，从而为地球上所有地区全天候提供高速、低成本的互联网服务。同时，SpaceX 还有为地球轨道、月球、火星或更远的区域提供服务的"星舰"（Starship），其包括超重型火箭助推器和星舰飞船两个部分，是目前世界上最强大的运载火箭系统。此外，SpaceX 在 2022 年启动了"星盾"（Starshield）服务，不同于"星链"是专为消费者和商业用途而设计的，"星盾"是用于政府实体的安全卫星网络。长期以来，SpaceX 秉承简约性、低成本性和高可靠性的经营理念，在缩短研发周期、降低研发成本和发射价格等方面，不断探索实践，并大获成功，不仅赢得了美国航空航天局（National Aeronautics and Space Administration，NASA）等机构规模庞大的订单和拨款，还吸引了大量商业发射服务订单。

（一）SpaceX 因一系列历史性里程碑而享誉全球

2008 年 9 月，"猎鹰 1 号"成为第一个进入地球轨道的由私人开发的液态轨道火箭。

2010 年 12 月，"猎鹰 9 号"将"龙"飞船送入轨道后重返地球，这是私人航天器首次成功从轨道返回。

2012 年 5 月，"龙"飞船成功与国际空间站对接。

2015 年 12 月，"猎鹰 9 号"火箭将 11 颗通信卫星送入轨道后，第一级火箭返回地球并垂直着陆，这是有史以来第一枚用于轨道发射的火箭垂直着陆。

2016 年 4 月，"猎鹰 9 号"火箭将"龙"飞船发射到国际空间站，首次成功实现第一级火箭在海上平台垂直着陆。

2017 年 3 月，"猎鹰 9 号"第一级火箭第二次成功返回地球，实现了世界上第一枚用于轨道发射的火箭的重复使用。

2017 年 6 月，"猎鹰 9 号"搭载"龙"飞船，向国际空间站运输补给品，实现了飞船的重复使用。

2018 年 2 月，当时现役运力最强火箭——"重型猎鹰"运载火箭首飞成功。

2019 年 2 月，"猎鹰 9 号"将私人登月探测器送入轨道，完成历史上首个由私人资助的登月任务。

2020 年 5 月，"猎鹰 9 号"成功发射"龙"飞船，运送两名美国宇航员进入太空，前往国际空间站，这是自 2011 年美国航天飞机退役以来，首次在美国本土开展的载人航天任务。同年 11 月，美国航空航天局认证 SpaceX 的"猎鹰 9 号"和"龙"载人航天系统，用于宇航员往返空间站的任务——这是历史上第一个获得此类认证的商业系统。

2021年5月,"猎鹰9号"成功发射最新一批的60颗星链卫星,成为历史上第一枚完成10次重复发射的火箭。

2023年4月,新一代重型运载火箭"星舰"以及飞船集成系统首次飞行测试失败;同年11月,第二次飞行测试成功执行"级间热分离"操作;2024年3月,第三次飞行测试成功进入太空轨道。

(二)SpaceX成功的内因在于严格的成本控制

马斯克提出,SpaceX成功的关键在于将成本控制发挥到了极限,该企业大幅缩短研发周期,以降低研发成本和发射成本。以"龙"飞船为例,其研制周期历时4年,研制费用约为3亿美元,远低于日本HTV货运飞船、欧洲ATV货运飞船大约8.5亿美元和19亿美元的研制费用。更具体地说,SpaceX的成本控制主要体现在以下四个方面。第一,在成熟技术基础上不断进行技术创新,牢牢掌握核心技术,同时大量使用高可靠性、低成本性的成熟商用技术。第二,充分利用美国航天工业基础,从美国联合发射联盟公司、波音公司、NASA和美国空军等单位聘用成熟技术人员和管理人员,同时推行人才精英化,强调培养"高工资、高水平、高效率"的"三高"小型精英团队。第三,打破了以往发动机、电子设备、导航系统、地面支持设备等分系统由不同研制单位分别承担的模式,采用扁平化的组织结构和一体化供应链的管理方式,独立承担了火箭和飞船的绝大部分研发、设计、制造、实验等工作,统筹优化了生产流程,并使研发和生产的联系更为紧密。第四,通过以租代建、利旧改建等方式,大幅降低建设成本并缩短建设周期。

(三)SpaceX成功的外因在于政府的大力支持

SpaceX取得的一系列成就有赖于其自身的高效率性、高创新性、低成本性等特质,同时也得益于美国联邦政府的大力支持。可以说,SpaceX是站在巨人的肩膀上进行技术创新和管理创新,进而完成其航天壮举的。更具体而言,美国联邦政府对SpaceX的大力支持主要体现在以下三个方面。第一,NASA作为政府部门,退出具有潜在商业价值的低轨道航天发射领域,将该领域向民营航天企业开放,并在政策、技术、资金、人才及实验设施等方面给予全面支持。NASA不仅向SpaceX提供了大量关于阿波罗计划和航天飞机的研究报告以及成熟技术,还直接将核心技术人才派驻SpaceX,并给予其数十亿美元的大额订单,向其购买火箭发射、空间站货物运输等服务,同时为试车、试验、发射提供基础设施。第二,创新公私合作模式,开创"按阶段成果付费"的里程碑式制度,激发企业创新活力。以NASA启动的商业轨道运输服务（COTS）项目为例，其采用竞争招标方式替代传统指令性科研计划，通过采用基于总体解决方案的合同制而非以往直接的科研投资方式，倒逼承包商（SpaceX 和轨道科学公司）通过技术创新来降低成本；同时将总体解决方案拆分为几个一级里程碑和数十个二级里程碑，按照企业完成里程碑的进度配套不同层级的资金和奖励。正是在 COTS 的竞标过程中，SpaceX 持续完成了三十多个里程碑任务，极大地提升了其创新水平。第三，在知识产权保护、风险投资、商业环境等方面构建的良好环境，为 SpaceX 的发展提供了重要制度保障。

案例讨论：
1. 太空资源是否属于国际公共资源？
2. 对太空资源的投资开发与对一般资源的投资开发有什么不同？

资料来源：

魏鹏，李海涛，葛海峰，等，2021. 美国太空探索技术公司成本控制分析[J]. 中国航天（3）：53-56.（有改动）

案例二

中国航天科技集团有限公司

中国航天科技集团有限公司（简称航天科技集团，CASC）是在中国战略高技术领域拥有"神舟""长征""嫦娥""北斗（导航）"等著名品牌和自主知识产权的国有特大型高科技企业集团，成立于 1999 年 7 月 1 日。航天科技集团是中国航天科技工业的主导力量，辖有 1 个创新研究院、8 个大型科研生产联合体（研究院）、9 家专业公司及 6 家直属单位，拥有 15 家境内外上市公司。长期以来，航天科技集团致力于发展卫星应用、无人系统与高端装备制造、新能源与新材料、电子信息与智慧产业等航天技术应用产业；大力开拓卫星及其地面运营、国际宇航商业服务、航天金融投资、软件与信息服务等航天服务业。航天科技集团是中国境内唯一的广播通信卫星运营服务商，是中国影像信息记录产业中规模最大、技术最强的产品供应商，为国家经济社会发展、国防现代化建设和科学技术进步作出了卓越贡献。

（一）中国航天科技集团有限公司的航天成就

1999 年 11 月，中国第一艘"神舟"载人航天试验飞船——神舟一号由当时研制的新型运载火箭——长征二号 F 运载火箭发射升空。这是中国实施载人航天工程的第一次飞行试验，对突破载人航天技术具有重要意义，是中国航天史上的重要里程碑。

2000年10月，长征三号甲运载火箭成功发射北斗导航试验卫星北斗一号A。这是由中国自行研制的第一颗导航定位卫星。

2001年1月，长征二号F运载火箭成功将神舟二号飞船送入预定轨道。

2002年3月，长征二号F运载火箭将神舟三号无人飞船送入太空。同年12月，长征二号F运载火箭成功将神舟四号无人飞船发射升空并进入预定轨道。

2003年10月，长征二号F运载火箭成功发射神舟五号飞船，并将中国第一名航天员杨利伟送上太空。这是中国进行的首次载人航天飞行，标志着中国载人航天工程取得历史性重大突破，中国已成为世界上第三个能够独立开展载人航天活动的国家。

2005年10月，长征二号F运载火箭成功发射神舟六号飞船，将航天员费俊龙、聂海胜送上太空，中国首次实现多人多天在太空中飞行。

2007年10月，长征三号甲运载火箭成功发射中国第一颗月球探测卫星——嫦娥一号，迈开了中国走向深空探测领域的第一步。

2008年9月，长征二号F运载火箭将神舟七号飞船准确送入预定轨道。

2011年9月至11月，天宫一号与神舟八号成功实施空间交会对接试验，中国首次空间交会对接任务圆满完成，标志着中国已突破和掌握空间交会对接技术，并向空间站建设迈出关键一步。

2012年6月，神舟九号成功发射，圆满完成与天宫一号目标飞行器自动和手控交会对接任务，并顺利返回。同年10月，随着第16颗北斗导航卫星的顺利入轨，中国北斗卫星导航工程区域组网胜利完成。同年12月，北斗卫星导航系统正式向亚太大部分地区提供连续无源定位、导航、授时等服务。

2013年6月，神舟十号飞船由长征二号F运载火箭成功发射升空。这是中国载人天地往返运输系统的首次应用性飞行。同年12月，嫦娥三号探测器由长征三号乙运载火箭顺利发射升空，并在月球虹湾实现软着陆。这是中国航天器首次实现地外天体软着陆，由此，中国成为世界上第三个成功实现航天器地外天体软着陆的国家。

2015年12月，长征二号丁运载火箭成功将暗物质粒子探测卫星——"悟空"送入预定轨道。此次发射任务的圆满成功，标志着中国空间科学探测研究迈出重要一步。

2016年4月，中国首颗微重力科学实验卫星——实践十号返回式科学实验卫星，由长征二号丁运载火箭发射升空。同年8月，长征二号丁运载火箭点火起飞，成功将名为"墨子号"的世界首颗量子科学实验卫星送入太空轨道。同年9月，空间实验室天宫二号在长征二号FT2运载火箭的托举下，发射成功。同年10月，执行与天宫二号交会对接任务的神舟十一号载人飞船，发射升空后准确进入预定轨道。同年11月，长征五号运载火箭在中国文昌航天发射场成功首飞。

2017年4月，中国首艘货运飞船天舟一号发射成功。

2018年2月，长征二号丁运载火箭成功将电磁监测试验卫星——张衡一号发射升空，卫星顺利进入预定轨道。

2019年1月，嫦娥四号探测器成功着陆在月球背面的预选着陆区，并通过"鹊桥"中继星传回了世界第一张近距离拍摄的月背影像图。此次任务实现了人类探测器首次月背软着陆、首次月背与地球的中继通信，开启了人类月球探测新篇章。

2020年7月，长征五号遥四运载火箭点火起飞，成功将天问一号火星探测器送入预定轨道。中国迈出行星探测的第一步——奔向火星。

2021年4月，长征五号B运载火箭将中国空间站工程首个航天器天和核心舱顺利送入太空。这一壮举标志着中国空间站工程在轨建造大幕正式开启。同年6月，长征二号F遥十二运载火箭托举神舟十二号载人飞船升空。同年10月，长征二号F运载火箭托举神舟十三号载人飞船升空。

2022年6月，中国空间站建造阶段首次载人发射任务取得圆满成功，神州十四号载人飞船飞赴中国空间站；同年11月，神州十五号载人飞船发射取得圆满成功。

2023年5月，搭载神州十六号载人飞船的长征二号F遥十六运载火箭顺利点火发射，随后神州十六号载人飞船与该火箭成功分离，进入预定轨道；同年10月，神州十七号载人飞船发射取得圆满成功。

2024年4月，搭载神州十八号载人飞船的长征二号F遥十八运载火箭顺利点火发射，随后神州十八号载人飞船与火箭成功分离，进入预定轨道。

（二）中国航天科技集团有限公司的数字化转型

自党的十八大以来，以习近平同志为核心的党中央大力推进数字经济建设，伴随着网络强国战略和国家大数据战略等的实施，数字经济发展进一步提升至国家战略高度。国有企业作为国民经济的主导力量和社会主义经济的重要支柱，理应不遗余力地推进数字化转型。为此，2020年，国务院国有资产监督管理委员会（简称国务院国资委）办公厅印发《关于加快推进国有企业数字化转型工作的通知》，着力推动国有企业数字化、网络化、智能化发展。为深入贯彻落实党中央、国务院关于数字经济发展的决策部署，航天科技集团高度重视数字化转型工作，全面推进数字航天建设，致力于为航天强国建设、数字中国建设等贡献智慧与力量。

数字化转型是一个顺应新一轮科技革命和产业变革趋势，不断深化应用云计算、大数据、物联网、人工智能、区块链等新一代信息技术，激发数据要素创新驱动潜能，打造提升信息时代生存和发展能力，加速业务优化升级和创新转型，改造提升传统动能，培育发展新动能，创造、传递并获取新价值，实现转型升级和创新发展的过程。在推进数字化转型工作的进程中，航天科技集团确立了"高质量、高效率、高效益"的全面发展理念，围绕强化数据思维转意识、注重执行成效转路径、坚持双轮驱动转方法、立足系统工程转组织四个方法展开工作，启动了"管理信息化提升工程三年行动计划""数字一院""宇航智造工程"等一系列重点工程。2022年，党的二十大报告提出，要加快建设制造强国、质量强国、航天强国、交通强国、网络强国、数字中国；加快发展数字经济，促进数字经济和实体经济深度融合。这对航天科技集团的数字化转型工作提出了更高的要求。

鉴于此，航天科技集团在2023年度网络安全和信息化工作会暨管理信息化提升工程三年行动计划总结会中，确立了全年工作的两大主线——业务全面应用和系统高质量建设，以及四大方面——统一建设、数字治理、一体化运维和制度标准，以实现数字航天建设的高质量纵深推进。在2024年度网络安全和信息化工作会中，航天科技集团从持续加强信息化顶层设计及落地、全面开展企业整体建模、全面推动企业数字化及产业数字化建设、加快数字产业发展、建设数据管理体系、全面推动信创替代、建设网络安全保障体系、加大新型信息基础设施建设、加强信息化基础管理等十方面对该集团2024年网络安全和信息化重点工作、保障措施进行了全面部署。特别地，2024年，航天科技集团发布了《数字航天建设整体布局》，明确其全面建成数字航天三步走的总体战略安排：第一步，在当前已建成数字航天1.0的基础上，到2025年建成数字航天2.0，实现数字化发展；第二步，到2030年建成数字航天3.0，实现智能化发展；第三步，到2035年建成高水平的数字航天，实现智慧化发展。

案例讨论：

1. 中国为什么探索太空资源？
2. 与SpaceX比较，中国探索太空资源的过程有什么特点？

资料来源：本案例由作者参考以下资料编写。

（1）国务院国有资产监督管理委员会，2020. 数字化转型知识方法系列之一：数字化转型的基本认识与参考架构[EB/OL].（12-03）[2024-05-08]. http://www.sasac.gov.cn/n4470048/n13461446/n15927611/n16058233/c16135120/content.html.

（2）任长胜，2023. 全面推进数字化转型 加速建设数字航天[N]. 中国航天报，03-24（1）.

（3）王乐天，2024. 齐心协力 下好数字航天建设"一盘棋"[N]. 中国航天报，03-22（1）.

（4）中国航天科技集团有限公司，2020. 吴燕生发表关于数字化航天建设署名文章[EB/OL].（12-25）[2024-05-08]. https://www.spacechina.com/n25/n2014789/n2414549/c3100000/content.html.

案例三

可望而不可即的清洁能源——可燃冰

天然气水合物，又名可燃冰，主要分布于深海沉积物或陆域的永久冻土中，是一种气体分子和水分子在低温高压条件下形成的结晶物质，分解为气体后，甲烷含量通常超过80%，最高可达99.9%。纯净的天然气水合物外观呈白色，形似冰雪，遇火可以燃烧，故而被形象地称为"可燃冰"，也被叫作"气冰""固体瓦斯"等。可燃冰具有燃烧值高、污染小、储量大等特点，在标准状况下，1立方米可燃冰可释放出164立方米的天然气和0.8立方米的水，能量密度是天然气的2～5倍、是煤的10倍，且其完全燃烧后主要变成了二氧化碳和水，几乎不会产生残渣和废气。就储量而言，目前估计的可燃冰储量约为剩余天然气储量的128倍，其有机碳总资源量相当于全球已知煤、石油和天然气碳含量的2倍，仅海底探查到的可燃冰分布量，就可供人类使用1000年。因此，可燃冰是一种公认的清洁能源，被普遍视为未来石油、天然气的战略性替代能源。

然而，目前世界各国对可燃冰的开采仍处于科学实验阶段，距离大规模产业化和商业化还有很长的道路要走。其面临的主要困难有以下几点。

一是开采技术尚不成熟。绝大部分可燃冰埋藏在深海域，其特殊的形成机理和复杂的海底环境使得可燃冰的开采难度系数极高，在钻井、输送、存储等方面有许多技术瓶颈需要突破，目前普遍使用的热激活法、降压法、化学试剂法以及二氧化碳置换法等开采方法也都存在一定的技术缺陷。

二是开采成本高昂。可燃冰的不稳定性以及对储存环境的特殊要求使得可燃冰从开采、储存到运输等整个过程的费用十分高昂。

三是环境问题。可燃冰在开采过程中会释放大量甲烷，甲烷是一种温室气体，其引起温室效应的能力为二氧化碳的20多倍，一旦开采过程中出现大规模甲烷泄漏，将对全球气候造成严重不利影响，同时可能会引发海啸、海底滑坡等地质灾害；另外，大量甲烷泄漏进入海水，会消耗海水中大量的溶解氧，使海洋形成缺氧环境，这会引起海洋生物的大量死亡，甚至灭绝。

（一）世界各国对可燃冰的开采历程

19世纪，科学家在实验室合成出可燃冰。20世纪30年代，工程师在天然气输气管道里发现时常造成堵塞的冰块就是可燃冰。苏联科学家根据人为环境中可燃冰产生的条件作出推测：如果满足低温高压、有气有水的条件，也可能有天然的可燃冰存在。

20世纪60年代，上述推测被证实，可燃冰矿藏在西西伯利亚冻土地区麦索雅哈气田被发现。美国从20世纪80年代初制订了长达10年的可燃冰研究计划，并于1988年起将其列入国家能源战略长远计划，此外，2014年年底，美国设立了"深水甲烷水合物描述与科学评价"大型项目。

加拿大从20世纪70年代就开启了可燃冰的相关研究，是世界上第一个对可燃冰进行现代测试的国家。

一些国家在可燃冰开采方面进行了尝试和实践。在西西伯利亚麦索雅哈气田，苏联在20世纪70年代开启了人类历史上首次商业化开发陆域可燃冰矿体的项目，断断续续开采了多年。20世纪末，日本投入巨资在重点海域进行地球物理调查和实验钻探，获得了海域可燃冰样品，首次掌握了利用地震探测原理和物理探测原理抽取可燃冰的技术。2013年3月，日本采用井下电潜泵排液采气和井下电加热等技术，实现全球首次试采海域可燃冰，但后来遭遇泥沙阻塞钻井通道的状况而中止。2017年，日本进行了第二次试采，遭遇相同状况。

（二）中国对可燃冰的开采历程

1999年，中国实质性上开始了对可燃冰的调查与研究。中国地质调查局直属的广州海洋地质调查局，在中国南海首次发现可燃冰存在的地球物理标志——似海底反射。

2002年，中国正式启动为期10年的对中国海域可燃冰资源的调查研究专项，陆续在中国南海北部陆坡区的西沙海槽、神狐、东沙及琼东南4个海域，进行了25个航次的可燃冰资源调查与评估，发现了位于中国南海北部陆坡区的可燃冰有利区，评估了中国南海北部陆坡区的可燃冰资源潜力，确定了神狐、东沙两个海域为可燃冰调查研究的重点目标，证实了中国南海存在可燃冰资源。

2007年，中国首个可燃冰钻探航次在中国南海神狐海域珠江口盆地进行，成功获得可燃冰样品，这标志着中国的可燃冰调查研究水平步入世界先进行列，成为继美国、日本、印度之后第4个通过国家级研发计划获得可燃冰实物样品的国家。

2008年，中国陆域可燃冰调查获得重大进展，在海拔4000多米的青海省天峻县木里镇祁连山南缘永久冻土带首次发现并检测出可燃冰，中国成为世界上首个在中低纬度冻土层发现可燃冰的国家。

2013年，广州海洋地质调查局在台西南盆地钻获了在中国海域可燃冰钻探史上具有里程碑意义的渗漏型和扩散型实物样品，为后续试采创造了必要条件。

2017年3月，中国南海神狐海域进行的首次可燃冰试采获得圆满成功。截至2017年7月9日，此次试采实现连续稳定产气60天，累计产气量30.9万立方米，创造了"连续产气时长"和"产气总量"两项世界纪录；2017年11月，国务院批准将可燃冰列为中国第173个矿种。

2020年，中国海域可燃冰第二轮试采成功，截至2020年3月18日，此轮试采实现连续稳定产气30天，累计产气86.14万立方米，日均产气2.87万立方米，创造了"产气总量""日均产气量"两项新的世界纪录。

2021年，中国国家重点研发项目——"国产自主天然气水合物钻探和测井技术装备海试任务"在中国南海海域顺利完成海试作业，这标志着中国天然气水合物钻探和测井技术取得重大进展。

2023年，中国科研团队在全球首次实现了深海原位压力温度的固体可燃冰样本主动保压保温获取。

案例讨论：

1. 深海资源是否属于国际公共资源？
2. 对深海资源的投资开发与对一般资源的投资开发有什么不同？

资料来源：本案例由作者参考以下资料编写。

（1）龚建明，2017.可燃冰：未来新能源[EB/OL].（08-10）[2024-01-05]. http://www.qimg.cgs.gov.cn/dxkp/jmlsxq/201708/t20170810_437385.html.

（2）张保淑，2018. 中国加速迈向"可燃冰时代"[N]. 人民日报（海外版），07-25（10）.

案例四

"中东的继承者"——北极地区

北极地区通常是指北极圈（约北纬 66°34′）以北的陆海兼备的区域，总面积约 2100 万平方千米。其中，北冰洋约占北极地区总面积的 60%，属于国际公共海域；北极地区的大陆和岛屿面积约 800 万平方千米，由加拿大、丹麦、芬兰、冰岛、挪威、俄罗斯、瑞典、美国八个北极国家享有相关领土主权。北极地区蕴藏着极其丰富的油气资源，被誉为"中东的继承者"。美国地质调查局（United States Geological Survey，USGS）对环北极资源状况进行的评估显示，北极地区潜在的石油储量约为 900 亿桶，天然气储量为 50 万亿～80 万亿立方米，液化天然气储量约为 440 亿桶，占全球未发现石油资源的 13%和未发现天然气资源的 30%，且大约 84%的石油和天然气储存于北极地区的海底。受制于北极地区特殊的自然和地理条件，北极地区的油气资源开发利用难度大、成本高，商业开发条件并不成熟。但受全球气候变暖等的影响，北极地区的海冰消退趋势明显，陆上永久冻土融化现象也在加剧，对北极地区资源的大规模开发逐渐成为可能。同时，全球资源紧缺问题日益严峻，世界各国拓宽资源获取渠道的需求愈发强烈，资源良好的开发前景和尚未达成共识的资源归属问题使得北极地区逐渐成为世界资源争夺的新战场。

（一）俄罗斯：《2035 年前俄罗斯联邦北极国家基本政策》

2020 年 3 月，俄罗斯发布《2035 年前俄罗斯联邦北极国家基本政策》，在 2008 年发布的《2020 年前俄罗斯联邦北极地区国家政策原则及远景规划》的基础上确定了未来一段时间俄罗斯在北极地区的基本政策，重申了北极地区在俄罗斯社会经济发展和国家安全中的战略地位，是新时期指导俄罗斯北极地区开发的战略规划文件。该政策在社会、经济、基础设施建设、科技、环境保护、国际合作、社会安全、军事安全和国家领土安全等多领域提出了重点任务，并公布了绩效评价指标。其中，在经济方面，该政策强调吸引私人投资参与北极地区的项目，加强勘探油气资源和矿产资源的能力，发展渔业、旅游业等其他产业。在基础设施建设方面，该政策提出要组建破冰船和救援船队，全年不间断地保证北极地区的海上航线及其他航线的航运安全，加强港口建设及其现代化，增建铁路、机场、公路、光纤通信线路等基础设施，提升北极地区的互联互通，助力北极地区的经济发展。在科技方面，该政策提出要开展重点科技发展方向上的基础和应用研究，加强对北极地区自然灾害的研究，开发保障北极地区居民健康和提高人口寿命的技术，进一步完善北极地区科考船队建设。在环境保护方面，该政策提出建立特别自然和水域保护区网络，利用卫星、海上平台、科研船只、地面站和天文台等通信测量技术和系统，优化北极地区的环境监测系统，开发可处理所有危险性等级的垃圾综合管理系统。

特别地，2022年7月，俄罗斯发布了关于其海洋活动、海洋政策的新版海洋学说，此前版本包括2001年的《2020年前俄罗斯联邦海洋学说》和2010年的《2030年前俄罗斯联邦海洋发展战略》。新版海洋学说涵盖俄罗斯联邦在世界海洋中的国家利益、挑战和对国家安全的威胁、国家海洋政策的战略目标和原则、海洋活动在功能领域和区域方向的发展重点、保障措施、动员训练和准备、国家海洋活动管理的基本原则等内容。其中，北极地区被列为俄罗斯国家海洋政策区域方向的首位，俄罗斯在北极地区的国家海洋政策优先事项包括：加强俄罗斯在北极地区海洋空间研究和开发方面的领先地位、确保俄罗斯在北极地区的战略稳定、确保俄罗斯在北极地区的特定作战制度、全面开发北海航线、在北极地区的俄罗斯的专属经济区和大陆架上广泛开发自然资源、与其他环北极国家开展积极合作等。

（二）美国：《北极地区国家战略》

美国的北极开发集中在阿拉斯加州，阿拉斯加州的石油和天然气资源集中在库克湾地区、沿阿拉斯加北坡的阿拉斯加州国家石油储备区和北极国家野生动物保护区的海岸平原。其中，库克湾是阿拉斯加州最古老的油气生产盆地，阿拉斯加州国家石油储备区是目前美国油气资源开发的主要区域，最晚开发、争议最大的是对北极国家野生动物保护区的海岸平原内的资源开发。2022年10月，美国发布新版《北极地区国家战略》，在2013年发布的《北极地区国家战略》的基础上阐明了美国未来十年在北极地区的主要目标任务，并提出了"四大支柱"和"五项原则"。其中"四大支柱"包括："确保安全"，着重发展极地船舶、极地通信、极地定位与导航等前沿技术，加强北极地区军事部署，与盟友和伙伴采取安全措施；"应对气候变化与加强环境保护"，着眼抵御气候变化的影响，减少北极地区碳排放，保护生态系统；"促进可持续经济发展"，加强北极地区基础设施建设，扩大投资并坚持可持续发展道路；"强化国际合作与治理"，维持现有的北极地区合作机制，维护北极地区的规则、规范与标准等。"五项原则"包括：与阿拉斯加原住民部落和社区协商共同管理、深化与盟友和合作伙伴的关系、为长期投资制订计划、培养跨部门联盟和创新理念、联邦政府各部门与机构依据事实通力决策。进一步，2023年10月，美国发布了《《北极地区国家战略〉实施计划》作为细化配套文件。该计划在"四大支柱"和"五项原则"的基础上，确立了30多个战略目标和200多项具体行动，并在牵头部门、支持机构、潜在合作伙伴、时间任务表和进度衡量标准等方面进行了详细说明。

（三）加拿大：《加拿大北极和北方政策框架》

加拿大有40%的国土位于北极地区，其中原住民占该国北极地区居民的半数以上。2019年9月，《加拿大北极和北方政策框架》发布，这是加拿大联邦政府2030年前在北极地区活动和投资的长期战略远景。该政策框架是第一个由加拿大联邦政府与原住民代表、地方政府共同制定的北极地区政策框架，在广泛参与和协作的基础上充分反映了北极地区居民的特殊利益、愿望和优先事项。其中，优先事项包括：培育健康家庭与社区；加大在能源、交通和通信基础设施建设等北极和北方地区居民需要的领域的投资；创造就业机会，推动创新以及发展北极和北方地区经济；支持有益于社区居民和政策制定的科学研究和知识获取；正视气候变化的影响，支持建立健康的北极和北方生态系统；确保北极和北方居民的安全；恢复加拿大北极事务全球领导者的地位；推进和加强与原住民民族和非原住民民族的关系。与此同时，加拿大还计划扩大对重大基础设施项目的投资，完善连接当地社区与加拿大其他地区和国外的多式联运交通设施，建设宽带、能源、交通和水电多用途走廊，保障所有社区的能源安全并实现可持续发展。围绕发展北极和北方经济，加拿大将鼓励创新和支持寒冷气候条件下的资源开采投资，在挖掘矿产和能源等资源潜力的同时确保资源开发具有责任性、可持续性和包容性，通过创新和深化伙伴关系促进经济多样化发展，为企业成长提供必要的支持，提高贸易额，使投资机会更多等。

（四）挪威：《挪威政府的北极政策》

挪威有1/3的国土在北极地区，在该地区居住的人口占挪威总人口的9%，挪威还有约80%的海域位于北极地区。作为环北极国家，挪威拥有丰富的北极治理经验和先进的研究团队，在环境治理、科研和教育等方面走在世界前列。挪威将北极地区视为其最重要的战略责任区，并在2021年发布了最新的政策——《挪威政府的北极政策》（The Norwegian Government's Arctic Policy），其中补充并定义了北极地区（Arctic）、高北地区（High North）和挪威北部地区（North Norway）三个地域术语，强调了北极地区对挪威的特殊意义，同时指出挪威的北极政策建立在存在、警惕和知识的基础上，这体现了挪威以维护自身主权和安全为目的，通过科学和可持续的方式参与北极事务。除聚焦外交与安全政策等传统关注外，新的政策特别强调了挪威在北极地区发展的重要意义,认为把高北地区发展成一个强大、有活力、有竞争力的地区是维护挪威在北极地区利益的最佳方式。新的政策不仅在政策标题上凸显了人的要素和发展机遇,在内容上也大篇幅阐述了社会发展、价值创造和能力发展、基础设施和交通通信等北极地区发展议题。围绕这一核心宗旨,挪威将促进就业和经济增长作为其国内北极政策的首要目标。在促进高北地区经济发展方面,挪威计划推动海洋和海事相关产业、石油、绿色制造业、采矿业、农业、旅游业、空间基础设施和服务业的发展。石油和天然气产业是挪威最大和最重要的产业,挪威的经济产值和就业严重依赖能源产业。未来数年,挪威希望继续加大对大陆架石油和天然气资源的开发,为石油和天然气行业的持续发展提供机遇,创造新的就业机会。

(五)中国:《中国的北极政策》

中国是北极事务的重要利益攸关方。中国在地缘上是"近北极国家",是陆上最接近北极地区的国家之一。北极地区的自然状况及其变化对中国的气候系统和生态环境有着直接的影响,进而关系到中国在农业、林业、渔业、海洋等领域的经济利益。近年来,中国发起共建"丝绸之路经济带"和"21世纪海上丝绸之路"("一带一路")重要合作倡议,与各方共建"冰上丝绸之路",为促进北极地区互联互通和经济社会可持续发展带来合作机遇。2018年1月,中国发布《中国的北极政策》白皮书,阐明了中国在北极问题上的基本立场,阐释了中国参与北极事务的政策目标、基本原则和主要政策主张。其中,中国的北极政策目标是:认识北极、保护北极、利用北极和参与治理北极,维护各国和国际社会在北极的共同利益,推动北极的可持续发展。基本原则是:尊重、合作、共赢、可持续。主要政策主张包括以下五点。

第一,不断深化对北极的探索和认知。一方面,中国积极推动对北极的科学考察和研究,不断加大北极科研投入的力度,支持构建现代化的北极科研平台,努力提高北极科研能力和水平。另一方面,中国鼓励发展注重生态环境保护的极地技术装备,积极参与北极的基础设施建设,推动深海远洋考察、冰区勘探、大气和生物观测等领域的装备升级,促进在北极海域石油与天然气钻采、可再生能源开发、冰区航行和监测以及新型冰级船舶建造等方面的技术创新。

第二,保护北极生态环境和应对气候变化。首先,保护环境。中国积极参与北极环境治理,加强对北极活动的环境影响研究和环境背景调查,尊重北极国家的相关环保法规,强化环境管理并推动环境合作。其次,保护生态。北极是全球多种濒危野生动植物的重要分布区域,中国重视北极可持续发展和生物多样性保护,开展全球变化与人类活动对北极生态系统影响的科学评估。最后，应对气候变化。中国致力于研究北极物质能量交换过程及其机理，评估北极与全球气候变化的相互作用，预测未来气候变化对北极自然资源和生态环境的潜在风险。

第三，依法合理利用北极资源。一是参与北极航道开发利用，二是参与油气和矿产等非生物资源的开发利用，三是参与渔业等生物资源的养护和利用，四是参与旅游资源开发。

第四，积极参与北极治理和国际合作。中国主张构建和完善北极治理机制，主张稳步推进北极国际合作。在全球层面，中国积极参与全球环境、气候变化、国际海事、公海渔业管理等领域的规则制定，依法全面履行相关国际义务。在区域层面，中国积极参与政府间北极区域性机制，中国是北极理事会正式观察员，高度重视北极理事会在北极事务中发挥的积极作用，认可北极理事会是关于北极环境与可持续发展等问题的主要政府间论坛。在多边和双边层面，中国积极推动在北极各领域的务实合作，特别是大力开展在气候变化、科考、环保、生态、航道和资源开发、海底光缆建设、人文交流和人才培养等领域的沟通与合作。中国支持各利益攸关方共同参与北极治理和国际合作。

第五，促进北极和平与稳定。北极的和平与稳定是各国开展各类北极活动的重要保障，符合包括中国在内的世界各国的根本利益。中国主张和平利用北极，致力于维护和促进北极的和平与稳定，保障北极的居民安全和财产安全，保障海上贸易、海上作业和运输安全。

案例讨论：

1. 北极地区的资源是否属于国际公共资源？
2. 对北极地区的资源的投资开发与对一般资源的投资开发有什么不同？

资料来源：本案例由作者参考以下资料编写。

（1）李浩梅，2021. 气候变化背景下的北极油气资源开发：现状与展望[M]//刘惠荣，北极蓝皮书：北极地区发展报告（2020）. 北京：社会科学文献出版社：67-81.

（2）中华人民共和国国务院新闻办公室，2018. 中国的北极政策[N]. 人民日报，01-27（11）.

（3）Администрация Президента России, 2022. Указ Президента Российской Федерации от 31.07.2022 г. № 512: Об утверждении Морской доктрины Российской Федерации [EB/OL].（07-31）[2024-05-09]. http://kremlin.ru/acts/bank/48215/ page/1.

俄罗斯联邦总统府, 2022. 2022 年 7 月 31 日第 512 号俄罗斯联邦总统令：关于俄罗斯联邦海洋学说的批准. [EB/OL]. (07-31) [2024-05-09]. http://kremlin.ru/acts/bank/48215/page/1.

案例五

中国交通运输发展

交通运输是国民经济的基础性、先导性、战略性产业以及重要的服务性产业，有经济发展"先行官"和国民经济"大动脉"之称。中华人民共和国成立伊始，交通运输条件还十分落后：全国铁路总里程仅 2.18 万千米，有一半处于瘫痪状态；能通车的公路仅 8.08 万千米，民用汽车仅 5.1 万辆；内河航道处于自然状态；民航航线只有 12 条；邮政服务网点较少；主要运输工具还是畜力车和木帆船等。经过 70 多年的建设发展，中国交通运输面貌发生了翻天覆地的变化：截至 2023 年末，全国铁路营业里程达到 15.9 万千米，其中高铁营业里程 4.5 千米，全国铁路路网密度 165.2 千米/万平方千米；全国公路总里程 543.68 万千米，公路密度 56.63 千米/百平方千米，高速公路里程 18.36 万千米；全国内河航道通航里程 12.82 万千米，全国港口生产用码头泊位 22023 个；颁证民用航空运输机场 259 个，其中定期航班通航机场 259 个，定期航班通航城市（或地区）255 个；邮政行业各类营业网点共计 46.8 万处，全国设立村级寄递物流综合服务站（村邮站）36.5 万处。[①]截至 2023 年，中国拥有全球最大的高速铁路网、高速公路网和世界级港口群，航空海运通达全球，铁路、公路、水运、民航客货周转量、港口货物吞吐量、邮政快递业务量等重要指标更是连续多年位居世界前列。总体而言，中国交通运输经历了以下三个发展阶段。

第一，恢复和初步发展阶段（1949—1978 年）。中华人民共和国成立后，我国政府明确提出，先要创造一些基本条件恢复交通运输。经过 3 年的国民经济恢复期，修复了被破坏的交通运输设施设备，恢复了水陆空运输。自 1953 年起，我国开始有计划地进行交通运输建设。在第一个、第二个五年计划和国民经济调整期，即 1953—1965 年，国家投资向交通运输倾斜，改造和新建了一批铁路、公路、港口码头、民用机场，提高了边远地区的交通运输基础设施覆盖程度，疏浚了主要航道，新开辟了国际、国内水路和空中航线，扩大了邮政网络覆盖面，增加了运输装备数量。1966—1978 年，交通运输设施和装备规模、运输线路持续增加，特别是针对沿

---

① 数据来源：《2023 年交通运输行业发展统计公报》《2023 年邮政行业发展统计公报》。

海主要港口压船、压港、压货日趋严重的局面，我国加快了港口基础设施建设。

第二，快速发展阶段（1978—2012年）。自改革开放以来，我国把交通运输放在优先发展的位置，加大政策扶持力度，在放开交通运输市场、建立社会化融资机制方面进行开创性探索，积极扭转交通运输不适应经济社会发展的被动局面，铁路、公路、水运、港口、海运、民航、邮政等均得到了较大发展。1988年沪嘉高速公路通车，实现中华人民共和国成立后高速公路零的突破。1992年，党的十四大明确了建立社会主义市场经济体制的改革目标。此后，我国在交通运输方面不断加大改革力度，各种运输方式取得突破性进展。自2002年以来，《中长期铁路网规划》（2004年）、《国家高速公路网规划》（2005年）等一系列文件陆续出台，为我国交通运输规划了良好的发展蓝图。2008年，中华人民共和国交通运输部（简称交通运输部）组建成立，交通运输大部门体制改革迈出实质性步伐。同年，京津城际铁路通车运营，我国开启了高铁时代。

第三，加快现代综合交通运输体系建设的新阶段（2012年至今）。2013年，我国实施铁路政企分开改革，撤销铁道部，组建国家铁路局和中国铁路总公司，交通运输大部门体制改革基本落实到位。我国交通运输全面深化改革，加快"四个交通"建设，围绕"一带一路"倡议、京津冀协同发展、长江经济带倡议、粤港澳大湾区建设、长三角一体化发展、成渝地区双城经济圈等重大国家战略制定发展规划。加快综合交通运输基础设施成网，推进多种运输方式有效衔接。促进现代物流业发展，提升综合运输服务保障水平。加强交通运输基本公共服务供给和管理，支持集中连片特困地区交通运输基础设施、城乡客运、城市公共交通发展。推进东、中、西、东北"四大板块"区域交通协调发展，西部地区高铁加快发展，中西部地区交通条件显著改善。2014年，我国开始大力推进"四好农村路"建设，当时计划于2020年实现具备条件的乡镇和建制村通硬化路、通客车，交通运输脱贫攻坚取得全面胜利。2017年，党的十九大明确提出建设交通强国。2019年和2021年，中共中央、国务院分别印发《交通强国建设纲要》和《国家综合立体交通网规划纲要》，它们是指导我国交通强国建设的纲领性文件。2019年，经国务院批准同意，中国铁路总公司改制为中国国家铁路集团有限公司。2022年，党的二十大进一步要求加快建设交通强国。为此，2023年，交通运输部、国家铁路局、中国民用航空局、国家邮政局、中国国家铁路集团有限公司联合印发《加快建设交通强国五年行动计划（2023—2027年）》，明确了这5年加快建设交通强国的思路目标和行动任务。

案例讨论：

1. 传统的城市基础设施包括哪些？
2. 对交通基础设施的投资开发具有哪些特点？

资料来源：中华人民共和国国务院新闻办公室，2016.《中国交通运输发展》白皮书（全文）.[EB/OL].（12-29）[2024-08-12]. http://www.scio.gov.cn/zfbps/zfbps_2279/202207/t20220704_130534_m.html.（有改动）

案例六

深圳市人民政府关于加快推进新型基础设施建设的实施意见
（2020—2025年）

深府〔2020〕42号

各区人民政府，市政府直属各单位：

新型基础设施是以新发展理念为引领，以技术创新为驱动，以信息网络为基础，面向高质量发展需要，提供数字转型、智能升级、融合创新等服务的基础设施体系，具有数字驱动、技术迭代、产业赋能等特点，主要包括信息基础设施、融合基础设施和创新基础设施等三类。为贯彻落实中央和省决策部署，统筹做好疫情防控和经济社会发展，抢抓数字经济发展新机遇，培育壮大经济发展新动能，为粤港澳大湾区和中国特色社会主义先行示范区建设提供坚强支撑，现就加快我市新型基础设施建设提出以下实施意见。

（一）总体要求

1. 总体思路

全面贯彻党的十九大和十九届二中、三中、四中全会精神，深入贯彻习近平总书记对广东、深圳工作的重要讲话和重要指示批示精神，把握全球新一轮科技革命和产业变革迅猛发展的重要战略机遇，面向国民经济主战场、我市重大产业发展需求和应用新场景，以信息基础设施、融合基础设施和创新基础设施为载体，构筑数字时代的关键基石；以体制机制创新为动力，构建形成政府社会协同投资、科技产业协同创新、社会经济融合发展的现代化新型基础设施体系；加快培育数字要素市场，以新型基础设施建设带动新技术、新业态、新模式和新消费发展，着力培育高质量发展新的增长点，为粤港澳大湾区建设和中国特色社会主义先行示范区建设注入强劲动力。

2. 基本原则

科技引领。坚持把科技创新摆在核心地位，围绕新一轮科技革命和产业变革发展前沿，在战略必争的新型基础设施重点领域和关键环节超前谋划、主动布局，不断提升核心自主创新能力，实现高端引领发展。

应用驱动。瞄准经济社会数字化转型和新兴产业重大需求，着力推进新型基础设施建设与智能制造、民生服务、社会治理等应用场景深度融合，支撑数字经济等新兴产业高质量发展，形成重点突破、全面覆盖的应用格局。

协同建设。充分发挥市场配置资源的决定性作用，更好发挥政府作用，构建多元化投融资体系，加强用地、用电等资源保障，加快项目审核进度，为市场主体创造良好的投资环境，充分调动市场主体的积极性、创造性。

数字赋能。充分运用网络化、数字化、智能化技术，强化新型基础设施对工业、交通、能源、医疗等传统行业的赋能作用，提升创新链、产业链、价值链水平，发挥催化、倍增和叠加效应，促进数字经济蓬勃发展。

开放共享。鼓励数字创新要素资源集聚、开放、共享，提高资源配置效率，推动新型基础设施的资源、应用、产业、生态协同发展，形成共建共享、互联协作的建设模式，加快建立优势互补、合作共赢的开放型新型基础设施生态体系。

3. 发展目标

到2025年，新型基础设施建设规模和创新水平位居全球前列，数字化、网络化、智能化与经济社会发展深度融合，智能泛在、融合高效、科产协同的城市发展格局基本形成，为带动信息产业升级提供崭新机遇，为拉动新一轮经济增长提供强大动能，为推动高质量发展提供重要支撑。

一是打造全球领先的新型基础设施发展高地。率先建成"万物互联、数智融合、技术引领"的信息基础设施体系，5G网络及智能计算发展全球领先，人工智能、区块链等新一代数字技术应用达到国际一流水平。

二是构筑国际先进的新型基础设施融合典范。率先建成"数字化、网络化、智能化"的融合基础设施赋能体系，加速制造、交通、能源等领域数字化升级，打造具有国际影响力的工业互联网名城和智能交通创新示范基地。

三是建设国内一流的新型基础设施创新标杆。率先建成"源头创新突破、产学研深度融合"的科技基础设施体系，新建5个以上重大科技基础设施、3个以上前沿交叉平台、20个以上重大功能型产业创新平台。

（二）超前部署信息基础设施

大力发展基于新一代信息技术演化生成的通信网络基础设施、算力基础设施和数字技术基础设施，加快推进数字产业化和产业数字化，夯实数字经济发展基础，打造全球一流的信息基础设施高地。

1. 超常规建设通信网络基础设施

构建覆盖"5G＋千兆光网＋智慧专网＋卫星网＋物联网"的通信网络基础设施体系，为率先实现万物互联奠定坚实基础。全面开展5G网络建设，到2025年累计建成5G基站5万个，成为全球领先的5G之都。加快建设千兆光纤网络，全面部署10G PON光纤接入网，到2025年实现千兆宽带对家庭和重点场所的基本覆盖，打造"双千兆城市"。加快推进专用网络建设，建设5G政务专网、1.4GHz无线宽带专网和1.8GHz行业专网。加快北斗卫星地基增强系统建设，逐步构建无缝覆盖、安全可靠的卫星网络设施。加快推进公共服务、城市治理等物联网基础设施建设，利用窄带物联网、增强机器类通信、远距离无线传输等物联网通信技术，积极部署低成本、低功耗、高精度、高可靠的智能化传感器，探索建立健全物联网技术标准体系，规范数据采集、汇聚、管理与共享，推动万物互联发展。

2. 前瞻部署算力基础设施

以数据中心为基础支撑，加快构建"边缘计算＋智算＋超算"多元协同、数智融合的算力体系，为经济社会发展提供充足的算力资源。加快支撑数字经济发展的绿色数据中心建设，出台全市专项规划，集中布局建设适用于中时延类业务的超大型数据中心，分布布局PUE值小于1.25的适用于低时延类业务和边缘计算类业务的中小型数据中心。推进存算一体的边缘计算资源池节点建设，打造人工智能、自动驾驶等新兴产业的计算应用高地。加快鹏城云脑和国家超级计算深圳中心建设，打造全球智能计算和通用超算高地。加快粤港澳大湾区大数据中心建设，汇聚大湾区数据资源，构筑全国一体化大数据中心的华南核心节点。探索对新型数据中心单独核算能耗指标，不列入区政府年度绩效考核体系。

3. 高标准布局数字技术基础设施

把握数字技术快速迭代趋势，加快推广"上云、赋智、用链"等新技术应用，打造全球领先的数字技术标杆城市。积极发展安全可靠、弹性便捷的政务云、行业云平台及解决方案，鼓励创新"轻量应用""微服务"，全面提升中小企业和传统企业上云率。发挥医疗影像、普惠金融、基础软硬件以及智能无人系统等国家级和省级新一代人工智能开放创新平台的技术引领作用,加快开源开放,有力支撑国家新一代人工智能创新发展试验区和创新应用先导区建设。加快铺设集公共节点、共识集群等于一体的区块链服务网络,建设高效融通的区块链底层平台,推动区块链在防伪溯源、司法存证、内容保护、专利交易、信用管理等领域的应用,打造全球领先的区块链应用高地。

(三)全面升级融合基础设施

深度应用数字化、网络化、智能化技术,加速智能制造基础设施建设,加快交通、能源、市政等传统基础设施信息化、智能化、网络化升级,促进数字经济与实体经济深度融合发展,形成适应智能经济和智能社会需要的融合基础设施体系,加快信息开放共享和综合集成利用,形成智能化运行组织和管理方式。

1. 全力建设智能制造基础设施

以工业互联网网络、节点和平台建设为核心,推进工业互联网与制造业深度融合创新,加快培育人、机、物全面互联的新兴业态,打造具有国际影响力的工业互联网名城。探索建立统一、综合、开放的工业互联网标准体系,加快工业互联网内外网改造和建设,构建覆盖全市重点工业区域的工业互联网网络体系。围绕电子信息、汽车、智能装备等重点领域,打造一批国家级工业互联网平台,培育一批创新活跃的解决方案商。积极争取国家工业互联网标识解析二级节点落地,大力推广标识解析应用。围绕智能化生产、网络化协同、服务化延伸等工业互联网新模式新业态,每年扶持不少于50个典型应用项目,形成一批特色鲜明、亮点突出、可复制、可推广的行业应用标杆。以宝安区为核心,加快建设工业互联网引领制造业转型示范区,支持龙岗区、龙华区、光明区等区域发挥自身优势打造工业互联网特色示范区。

2. 加快布局智能交通基础设施

推动道路、港口、机场、口岸等交通设施及运载工具智能化升级,加快构建智能化、网络化现代交通体系。有序开展城市关键道路智能化改造,重点推进5G-V2X示范应用网络建设,建成全面覆盖的车用通信无线网络和高精度时空基准服务能力,到2025年,建成国内领先的综合性智能交通创新示范基地。在宝安区、坪山区、龙岗区、龙华区等有条件的区域加快云巴等新型有轨电车建设。推进智慧港口基础设施建设,加快重点港口装备及设施智能化升级,提升航运基础设施的数字化、智能化水平。加快实施机场和口岸智慧化改造,全面部署人脸登机、自助通关等智能服务设施。

3. 有序布局智慧能源基础设施

加强综合能源网络建设，推动能源与信息基础设施深度融合，营造安全可靠、互联互通、开放共享的智慧能源生态体系。加快推进开展数字化智能电网建设，推动智能电网与分布式能源、储能等技术深度融合。推进电动车充电网络和储能网络建设，实现对储能设备和充电桩设施的标准化、网络化、智能化管理。支持建立新型能源市场交易和运营平台，大力发展绿色能源交易、能源大数据服务应用、智慧用能和增值服务等新业态。

4. 高效升级智慧市政基础设施

以城市大脑为依托，以数字政府和应急管理平台为支撑，建设联动数字经济、数字社会和数字政府发展的城市数字化治理综合基础设施，打造国家新型智慧城市的标杆。推广多功能杆、智慧水务、智慧燃气、智慧环保、智慧安防等新型智慧城市公共服务领域物联网应用。加快建设统一、高效、智能、可信的城市大数据基础平台，打造数字政府。强化应急管理，提升智慧城市应急管理平台的疫情防控、网络安全、资源调配和社会管理能力。

（四）统筹布局创新基础设施

聚焦深圳大湾区综合性国家科学中心建设，以源头创新突破和产业创新能力提升为主要抓手，加快布局产学研深度融合的创新基础设施体系，发挥基础性、公益性、先导性作用，有力支撑科技产业协同发展。

1. 精准谋划科技基础设施

围绕源头创新、技术突破，加快推进科技基础设施集群建设。对标国际一流科技基础设施，加快谋划布局标志性、稀缺性重大科技基础设施；加快推进信息、生命、材料等科学与技术领域的重大科技基础设施建设。加快建设鹏城实验室、深圳湾实验室、人工智能与数字经济广东省实验室（深圳）、国家深海科考中心等科技基础设施，积极争取国家实验室落地。到2025年，建成并投入运营不少于5个重大科技基础设施、不少于3个前沿交叉平台，推动跨学科、大协同的基础研究和应用基础研究，合成生物学、脑科学等技术实现重大突破。加快建立重大科技基础设施概念验证中心，为重大原始创新成果提供试验基地。

2. 集聚部署产业基础设施

围绕创新链部署产业链，构建"双链"融合的产业基础设施体系。围绕集成电路、8K超高清视频、智能网联等前沿领域，加快布局建设一批实验中试、应用验证、材料检测等重大功能型产业创新平台。瞄准未来通信技术、高端医疗器械等重点领域，加快布局一批制造业创新中心。以打造覆盖"基础研究＋技术攻关＋成果产业化＋科技金融"的全过程创新生态链为目标，加快建设数字经济等若干集群公共服务综合体。建设国际科技信息平台和国际产业信息平台，开展全球科技产业扫描和溯源，构建国际化的科技产业情报网络。探索建立科学高效、开放协同的产业基础设施管理运行机制，提升运作效率和专业化水平。

（五）高效配置关键要素资源

1. 激活资本要素多元供给

统筹政府各类资金支持力度，灵活运用专项债券、贷款贴息、基金、企业债券、融资租赁等财政和金融工具，推进政府和社会资本合作（PPP），争取公募REITs发行试点。充分调动国有资本力量，激励国有企业带头和更多承担新型基础设施建设任务。加大深圳基础设施投资基金对新型基础设施项目的投入力度，完善覆盖全生命周期的资金保障制度。支持开发性和政策性金融机构为新型基础设施项目提供中长期贷款和融资担保，鼓励商业银行面向新型基础设施项目设立信贷优惠专项。

2. 加快培育数据要素市场

加快数据立法，探索建立数据确权、交易、流通等机制。完善政务数据开放共享机制，创造条件促进公共数据和社会数据资源开放。提升数据资源价值，搭建基于区块链技术的数据资源交易平台，推进数据要素资源深度开发利用。加强数据安全保护，加强对政务数据、企业商业秘密和个人数据的保护。

3. 强化技术要素有效支撑

围绕5G、人工智能、数据中心、工业互联网、车联网等重点领域，开展核心电子元器件、高端芯片、基础软件、半导体材料和设备等关键核心技术攻关，打造自主可控的新型基础设施技术体系。围绕信息、生命和材料等前沿领域，依托科技基础设施推动颠覆性技术突破，引领产业跨越式发展。

4. 推进人才要素精准引进培育

以河套深港科技创新合作区、光明科学城、西丽湖国际科教城等重大平台为载体，加快高层次人才引进，畅通海外科学家来华工作通道，鼓励双向挂职、短期工作、项目合作等柔性人员流动模式，加快推进"薪酬谈判制""薪酬包干制"并特设岗位试点，推动建立技术移民职业清单和积分评估制度。加强本土人才培育，鼓励科研机构、高等院校、龙头企业开展专业人才培养项目，健全多层次人才培训体系。

（六）构筑数字经济生态体系

1. 加速推进典型场景示范应用

围绕生产制造、民生服务、社会治理等重点领域，加快推进新型基础设施规模化、网络化部署，以开展"AI＋5G＋8K"示范应用为重要契机和先导，促进新型基础设施与各垂直应用场景的深度融合，依托华为、腾讯、中国平安等本地龙头企业打造自动驾驶、工厂、医疗、金融、教育、商务、物流、零售、家居、社区等重点场景示范应用标杆，加快实现经济社会数字化、网络化和智能化转型。2020年，新增创新型科技企业新技术、新产品政府采购规模约100亿元。

2. 积极培育数字经济新业态

大力促进新型基础设施与各行业的融合创新，加快"研发＋生产＋供应链"的数字化转型，构建"生产服务＋商业模式＋金融服务"跨界协同的数字生态，支持线上线下融合、"宅经济"、非接触式消费等新消费模式发展，加快培育"智慧＋"等新业态，充分发掘新内需，拓展经济发展新空间。

3. 打造国际一流数字经济产业集群

围绕5G、工业互联网、8K超高清视频、鲲鹏计算等重点领域，加速推进新型基础设施建设，强化对产业生态主导型企业的服务扶持力度，加快培育引进产业链缺失和薄弱环节。发挥产业生态主导型企业的引领作用，全方位拓展产业生态结构，带动产业链配套企业协同创新、数字转型和集聚发展。

（七）强化保障安排

1. 加强统筹协调

成立深圳市新型城市基础设施建设试点工作领导小组及专项工作组，协同市区两级力量，统筹协调解决跨区域、跨领域、跨部门的重大问题，该领导小组办公室设在深圳市发展和改革委员会。各专项工作组及其牵头部门制定落实方案，明确责任分工、时间节点。

2. 建立项目库

编制深圳市新型基础设施项目库，对入库项目实行"滚动＋分类"标记管理方式，梯次推进实施。对入库项目建立"绿色通道"，实行"并联式"审批，协同推进环境评价、用地审批、工程方案审核等环节。

3. 优化发展环境

统筹用地需求，将新型基础设施建设纳入国土空间规划，保障空间供给。加强配套电力建设，精准提高电网设计容量，满足新型基础设施未来新增用电需求。建立健全动态、弹性、包容、审慎的监管制度。推动通信管道共享开放，推进公共设施向 5G 基站、管线、机房等开放，支持免收基站租赁、资源占用等费用。

4. 强化安全保障

建立健全新型基础设施建设安全防护体系，确保安全技术措施同步规划、同步建设、同步使用，形成覆盖事前防范、事中监测和事后应急的全生命周期保障能力。开展主动防御试点，提高新型基础设施网络和信息安全事件动态响应和恢复处置能力，提升对自然灾害和突发事件的预防抵御、应急反应、快速修复能力。推广应用安全可信的网络产品和服务，推动安全技术、产品和服务创新，确保新型基础设施关键核心系统、部件安全可控。

深圳市人民政府

2020 年 7 月 14 日

案例讨论：

1. 新型基础设施包括哪些内容？
2. 对新型基础设施的投资开发具有哪些特点？

资料来源：

深圳市人民政府，2020. 深圳市人民政府关于加快推进新型基础设施建设的实施意见（2020—2025 年）[J]. 深圳市人民政府公报，1162（32）：2-7.（有改动）

案例七

中国城市群发展

城市群，是工业化和城镇化发展到高级阶段的产物，也是都市区和都市圈发展到高级阶段的产物，是指在特定地域范围内，以 1 个以上特大城市为核心，由至少 3 个大城市为构成单元，依托发达的交通通信等基础设施网络，所形成的空间组织紧凑、经济联系紧密，并最终实现高度同城化和高度一体化的城市群体。城市群从萌芽、发展到成熟，大体要经过以下四个阶段。

第一，分散发展的单核心城市发展阶段。这是城市群发展的萌芽阶段，城市发展主要表现为单核心向外蔓生发展的模式，分散的城市间规模等级差别较小，大多数城市沿交通干线分布。这一阶段，主要城市中心的吸引范围非常有限，城市间的经济联系较为薄弱，分工体系和基础设施发展尚不完善。

第二，城市组团发展阶段。这一阶段，交通干线重要中心城市沿交通干线发展。

随着交通干线的延伸以及沿交通干线上较大规模城市的建立，各城市区域进一步扩张，城市以内城为中心继续向外扩展，而原有的联系密切的城市开始形成城市组团。

第三，都市圈阶段。随着较高级城市、交通干线上的主要城市、次级城市之间的辐射扩散，来自边远城市的交通支线不断建立发展，各城市间的相互联系越发紧密，分工体系越发完善。通过空间经济联系以及聚集与扩散作用，交通网络得以发展完善，并出现以大城市为核心的不同等级城市相互依存的都市圈。

第四，城市群形成阶段。随着都市圈综合交通走廊的发展以及城市等级系统的出现，城市群逐渐进入成熟阶段。这一阶段，城市群内各城市间的共生互控效应逐渐加强，城市功能分工日益明确，不同等级城市间纵向联系的行政隶属关系逐步弱化，同一等级城市间的横向联系进一步强化，城市群地域结构的功能组织方式日益优化，城市群地域结构开始形成。

中国关于城市群的战略构想在20世纪80年代就已经出现。1982年，为形成合理的经济区域和经济网络，《国务院关于成立上海经济区规划办公室和山西能源基地规划办公室的通知》提出，对以上海为中心，包括苏州、无锡、常州、南通和杭州、嘉兴、湖州、宁波和绍兴等在内的10个城市，进行试点探索。这也是长江三角洲城市群的雏形。进入20世纪90年代以后，城市群才开始正式出现。1994年，广东省委提出建设珠江三角洲经济区，"珠三角"概念首次被正式提出。随后，《珠江三角洲经济区城市群规划》出台，这是中国首个城市群发展规划，此时的珠江三角洲城市群范围包括广州、深圳、佛山、东莞、中山、珠海、江门7个城市以及肇庆和惠州的小部分地区。这一时期，长江三角洲、珠江三角洲和京津冀城市群得到较快发展。进入21世纪以后，中国的城市群整体发展快速，除长江三角洲、珠江三角洲、京津冀城市群外，哈长、兰西、成渝、中原、北部湾等城市群也在逐步发展完善。

与此同时，城市群在国家层面的战略地位也愈发重要。

2006年，《中华人民共和国国民经济和社会发展第十一个五年规划纲要》首次提出"要把城市群作为推进城镇化的主体形态"。

2007年，党的十七大报告提出"以增强综合承载能力为重点，以特大城市为依托，形成辐射作用大的城市群"。

2010年，国务院印发的《全国主体功能区规划》将城市群作为重点开发区和优化开发区。

2013年召开的首次中央城镇化工作会议和2014年印发的《国家新型城镇化规划

（2014—2020年）》将城市群作为推进国家新型城镇化的空间主体，提出以城市群为主导，构建大中小城市与小城镇协调发展的城镇化新格局。

2016年，《中华人民共和国国民经济和社会发展第十三个五年规划纲要》要求加快城市群建设发展，对19个城市群和2个城市圈进行了规划布局：优化提升东部地区城市群，建设京津冀、长江三角洲、珠江三角洲世界级城市群，提升山东半岛、海峡西岸城市群开放竞争水平。培育中西部地区城市群，发展壮大中原、长江中游、哈长、辽中南成渝、关中平原城市群，规划引导北部湾、山西中部、呼包鄂榆、黔中、滇中、兰州—西宁、宁夏沿黄、天山北坡城市群发展，形成更多支撑区域发展的增长极。促进以拉萨为中心、以喀什为中心的城市圈发展。

2021年，《中华人民共和国国民经济和社会发展第十四个五年规划和2035年远景目标纲要》要求推动城市群一体化发展，对19个城市群进行了规划布局：优化提升京津冀、长三角、珠三角、成渝、长江中游等城市群，发展壮大山东半岛、粤闽浙沿海、中原、关中平原、北部湾等城市群，培育发展哈长、辽中南、山西中部、黔中、滇中、呼包鄂榆、兰州—西宁、宁夏沿黄、天山北坡等城市群。

2022年，《"十四五"新型城镇化实施方案》明确分类推动城市群发展：深入实施京津冀协同发展、长三角一体化发展、粤港澳大湾区建设等区域重大战略；积极推进成渝地区双重经济圈建设；实施长江中游、北部湾等城市群发展"十四五"实施方案，推动山东半岛、粤闽浙沿海、中原、关中平原等城市群发展；引导哈长、辽中南、山西中部、黔中、滇中、呼包鄂榆、兰州—西宁、宁夏沿黄、天山北坡等城市群稳步发展等。同年，国家发展改革委相继印发《长江中下游城市群发展"十四五"实施方案》《北部湾城市群建设"十四五"实施方案》《关中平原城市群建设"十四五"实施方案》。

伴随着城市群的快速发展，都市圈作为城市群重要的空间单元，以及推进城市群高质量发展的重要环节，同样呈现较快发展态势。

2016年，《中华人民共和国国民经济和社会发展第十三个五年规划纲要》提出，发展一批中心城市，强化区域服务功能。超大城市和特大城市要加快提高国际化水平，适当疏解中心城区非核心功能，强化与周边城镇高效通勤和一体发展，促进形成都市圈。

2019年，《国家发展改革委关于培育发展现代化都市圈的指导意见》首次明确都市圈是城市群内部以超大、特大城市或辐射带动功能强的大城市为中心、以1小时通勤圈为基本范围的城镇化空间形态，并就培育发展现代化都市圈提出具体指导意见。

2021年，《中华人民共和国国民经济和社会发展第十四个五年规划和2035年远景目标纲要》提出，建设现代化都市圈，依托辐射带动能力较强的中心城市，提高1小时通勤圈协同发展水平，培育发展一批同城化程度高的现代化都市圈。

目前，城市群和都市圈已进入一体化发展阶段。2022年，《"十四五"新型城镇化实施方案》提出，提升城市群一体化发展和都市圈同城化发展水平，促进大中小城市和小城镇协调发展，形成疏密有致、分工协作、功能完善的城镇化空间格局。进一步，党的二十大报告明确要求，以城市群、都市圈为依托构建大中小城市协调发展格局。

《中华人民共和国2023年国民经济和社会发展统计公报》的相关数据显示，截至2023年，中国常住人口城镇化率达到66.16%，全年京津冀地区生产总值104442亿元，长江经济带地区生产总值584274亿元，长江三角洲地区生产总值305045亿元。整体而言，伴随着"19+2"（19个城市群+2个城市圈）城市群布局总体确立，京津冀协同发展、粤港澳大湾区建设、长江三角洲一体化发展取得重大进展，成渝发展驶入快车道，长江中游、北部湾、关中平原等城市群集聚能力稳步增强。长江三角洲以上海为核心，带动南京、杭州、合肥、苏锡常、宁波五大都市圈共同发展。粤港澳大湾区以香港、澳门、广州、深圳四大中心城市为引擎，辐射周边区域。京津冀以北京、天津为核心城市，带动河北及周边省区，成为中国北方经济规模最大、最具有活力的经济圈。成渝、长江中游、关中平原等城市群省际协商协调机制不断建立健全，一体化发展水平持续提高。

案例讨论：

1. 城市群、都市圈是如何形成与发展的？
2. 政府在城市群、都市圈的形成与发展中发挥着什么作用？
3. 城市群、都市圈的形成与发展，对经济增长有什么促进作用？

资料来源：本案例由作者参考以下资料编写。

（1）方创琳，2014. 中国城市群研究取得的重要进展与未来发展方向[J]. 地理学报，69（8）：1130-1144.

（2）中国民主促进会广东省委员会，2015. 1994年"珠三角"的概念首次提出. [EB/OL].（08-11）[2024-08-10]. http://www.gdmj.org.cn/ztgc/ggkfssn/gdggkflc/content/post_600084.html.

（3）汤璇，2006. 区域规划：实现整体协调发展的必由之路[N]. 广东建设报，01-13（A1）.

（4）肖金成，2009. 我国城市群的发展阶段与十大城市群的功能定位[J]. 改革（9）：5-23.

（5）佚名，2022. 新型城镇化建设扎实推进 城市发展质量稳步提升[N]. 中国信息报，09-30（1）.

案例八

碳排放交易

（一）碳排放及碳排放交易的概念

碳排放是指在生产、运输、使用及回收某产品时所产生的温室气体排放量，由于温室气体中最主要的组成部分是二氧化碳，因此用碳排放一词指代温室气体排放。自工业革命以来，人类活动尤其是工业化进程中以消耗大量化石能源和砍伐大量森林为代价的经济活动，导致大气中二氧化碳等温室气体的浓度明显升高，加速了全球气候以变暖为主要特征的变化。世界气象组织（World Meteorological Organization，WMO）于2022年发布的《温室气体公报》显示，2021年大气中二氧化碳、甲烷和氧化亚氮的浓度值分别为1750年工业化前的149%、262%和124%。联合国政府间气候变化专门委员会（Intergovernmental Panel on Climate Change，IPCC）发布的《气候变化2021：自然科学基础》指出，1970年以来的50年是过去2000年以来最暖的50年，2011—2020年全球平均温度相比1850—1900年增高了1.09℃。全球变暖对整个气候系统的影响是过去几个世纪甚至几千年来前所未有的，预计到21世纪中期，气候系统的变暖仍将持续，热浪、干旱、强降水和台风等极端天气气候事件并发的概率将增加，这会对全球自然生态系统带来显著影响，并严重威胁到人类的生存和可持续发展，实现净零排放[①]刻不容缓。

碳排放交易，也称碳排放权交易，是指通过在特定范围内设定碳排放总量，并按照一定规则分配碳排放权（或额度），使碳排放权（或额度）像商品一样交易，从而达到单位减排成本最小化的目的。碳排放交易是开发和利用逆生性资源的典型事例，其促使碳排放权（或额度）成为一种稀缺资源，并通过法律法规赋予这些资源

---

① 净零排放意味着将温室气体的排放量尽可能减少到接近零，任何剩余的排放量都能从大气中被重新吸收，例如被海洋和森林重新吸收。

价值，将碳排放对生态环境和人类发展的负外部性成本化，从而产生经济效益并减少碳排放。到21世纪中期，实现净零排放是现阶段全球绝大多数经济体的共同目标，而碳排放交易是实现净零排放目标的关键工具。国际碳行动伙伴组织（International Carbon Action Partnership，ICAP）发布的《2022年全球碳排放交易报告》指出，净零排放目标覆盖了全球约90%的温室气体排放量，相关法律规定了净零排放目标的司法管辖区，超过1/3的温室气体排放量由碳排放交易体系（ETS，简称碳市场）覆盖。根据《2023年ICAP全球碳市场进展报告》，正在运行碳市场的司法管辖区占全球GDP的55%，全球约1/3的人口生活在有碳市场的地区，这些碳市场覆盖了全球17%的温室气体排放量，自2008年以来碳市场年度配额拍卖累计收入2240亿美元。

（二）碳排放交易的国际法依据

1. 《联合国气候变化框架公约》

《联合国气候变化框架公约》政府间谈判委员会于1992年5月9日在美国纽约举行的第五届会议期间商定并通过该公约。1992年6月4日至6月14日，联合国环境与发展会议在巴西里约热内卢召开，《联合国气候变化框架公约》（简称"公约"）在该会议期间开放给各国签字、批准和加入，于1994年3月21日生效，截至2023年10月，共有198个缔约方。公约首次将全面控制二氧化碳等温室气体排放、应对全球气候变暖给人类经济和社会发展带来的不利影响纳入国际法框架之中。公约的核心内容如下所述。

（1）确立应对气候变化的最终目标。公约第2条规定："本公约以及缔约方会议可能通过的任何法律文书的最终目标是：将大气温室气体的浓度稳定在防止气候系统受到危险的人为干扰的水平上。这一水平应当在足以使生态系统能够可持续进行的时间范围内实现"。

（2）确立国际合作应对气候变化的基本原则，主要包括"共同但有区别的责任"原则、公平原则、各自能力原则和可持续发展原则等。

（3）明确发达国家应承担率先减排和向发展中国家提供资金技术支持的义务。公约附件一国家缔约方（发达国家和经济转型国家）应率先减排。附件二国家（发达国家）应向发展中国家提供资金和技术，帮助发展中国家应对气候变化。

（4）承认发展中国家有消除贫困、发展经济的优先需要。公约承认发展中国家的人均排放仍相对较低，因此在全球排放中所占的份额将增加，经济和社会发展以及消除贫困是发展中国家首要和压倒一切的优先任务。

2. 《京都议定书》

为加强公约的实施效果，1997 年，公约第三次缔约方会议在日本京都召开，通过了《京都议定书》，首次以法规的形式限制温室气体排放。《京都议定书》是公约的补充条款。2012 年多哈会议通过包含部分发达国家第二承诺期量化减限排指标的《〈京都议定书〉多哈修正案》（以下简称修正案）。第二承诺期为期 8 年，于 2013 年 1 月 1 日起实施，至 2020 年 12 月 31 日结束。《京都议定书》及修正案的内容主要包括以下几点。

（1）附件一国家缔约方整体在 2008—2012 年应将其年均温室气体排放总量在 1990 年基础上至少减少 5%。澳大利亚、挪威、瑞士等 37 个发达国家缔约方和一个国家集团（欧盟）参加了第二承诺期，整体在 2013—2020 年承诺期内将温室气体的全部排放量从 1990 年水平至少减少 18%。

（2）减排多种温室气体。《京都议定书》规定的有二氧化碳（CO_2）、甲烷（CH_4）、氧化亚氮（N_2O）、氢氟碳化物（HFCs）、全氟碳化物（PFCs）和六氟化硫（SF_6）。修正案将三氟化氮（NF_3）纳入管控范围，使受管控的温室气体达到 7 种。

（3）建立了旨在减排的三个灵活的市场机制——国际排放贸易机制（International Emissions Trading，IET）、联合履约机制（Joint Implementation，JI）和清洁发展机制（Clean Development Mechanism，CDM）。国际排放贸易机制是指发达国家可以将其超额完成的减排义务的指标，以贸易的方式转让给其他未能完成减排义务的发达国家，并同时从 AAUs（Assigned Amount Units）上扣减相应的转让额度。AAUs 是附件一缔约方根据其在议定书中的减排承诺，可以得到的碳排放配额。联合履约机制是指发达国家之间通过项目级的合作，使其所实现的项目减排单位（Emission Reduction Units, ERUs）可以转让给另一个发达国家，同时在转让方的 AAUs 上扣减相应的额度。但这一机制只在议定书第一个承诺期有效，因此 2012 年已终止。清洁发展机制是指发达国家通过提供资金和技术的方式在发展清洁能源、控制温室气体排放等方面与发展中国家进行项目合作，获得的"经核证的减排量"（Certified Emission Reductions, CER）有助于发达国家完成议定书所规定的减排任务，而发展中国家能够获得资金和技术支持，有助于改善当地环境状况，还能为当地创造收入和就业机会。

（4）允许采取四种减排方式。第一，发达国家之间可以进行排放额度买卖的"排放权交易"，即难以完成削减任务的国家，可以花钱从超额完成任务的国家买进超出的额度。第二，以"净排放量"计算温室气体排放量，即从本国实际排放量中扣除森林所吸收的二氧化碳的数量。第三，可以采用绿色开发机制，促使发达国家和发展中国家共同减排温室气体。第四，可以采用"集团方式"，即欧盟内部的许多成员可视为一个整体，采取有的成员削减、有的成员增加的方法，在总体上完成减排任务。

3. 《巴黎协定》

2015 年，公约第 21 次缔约方大会暨《京都议定书》第 11 次缔约方大会（气候变化巴黎大会）在法国巴黎举行，此次大会最终达成《巴黎协定》，标志着全球应对气候变化进入新阶段。截至 2023 年 10 月，《巴黎协定》签署方达 195 个，缔约方达 195 个。《巴黎协定》是具有法律约束力的国际条约，其主要内容包括以下几点。

（1）长期目标。重申 2℃的全球温升控制目标，同时提出要努力实现 1.5℃的目标，并且提出在 21 世纪下半叶实现温室气体人为排放与清除之间的平衡。

（2）国家自主贡献。各国应制定、通报并保持其"国家自主贡献"，通报频率是每 5 年一次。新的贡献应比上一次贡献有所加强，并反映该国可实现的最大力度。

（3）减缓。要求发达国家继续提出全经济范围绝对量减排目标，鼓励发展中国家根据自身国情逐步向全经济范围绝对量减排或限排目标迈进。

（4）资金。明确发达国家要继续向发展中国家提供资金支持，鼓励其他国家在自愿基础上出资。

（5）透明度。建立"强化"的透明度框架，重申遵循非侵入性、非惩罚性的原则，并为发展中国家提供具有灵活性的机制。透明度的具体模式、程序和指南将由后续谈判制定。

（6）全球盘点。每 5 年进行定期盘点，推动各方不断提高行动力度，并于 2023 年进行首次全球盘点。

此外，《巴黎协定》第 6 条提出了两种市场机制：一是合作方法（对应该协定 6.2 条），即缔约方在自愿的基础上采取合作方法，并使用国际转让的减缓成果来实现国家自主贡献。二是可持续机制（对应该协定 6.4 条），即缔约方可基于碳减排项目获得信用额度。

（三）碳排放交易的全球实践

根据《2023 年 ICAP 全球碳市场进展报告》，截至 2023 年 1 月，全球共有 28 个碳排放交易市场正在运行，涵盖的政府层级包括：1 个超国家机构（欧盟）；10 个国家（中国、奥地利、德国、哈萨克斯坦、墨西哥、黑山、新西兰、韩国、瑞士、英国）；20个省或州级行政单位（魁北克省、新斯科舍省、加利福尼亚州、新泽西州、康涅狄格州、纽约州、特拉华州、俄勒冈州、罗得岛州、缅因州、马里兰州、佛蒙特州、马萨诸塞州、新罕布什尔州、弗吉尼亚州、华盛顿州、福建省、广东省、湖北省、埼玉县）；6个城市（北京、重庆、上海、深圳、天津、东京）。从区域划分，主要分为欧盟碳排放交易体系（European Union Emission Trading Scheme，EU ETS）、区域温室气体倡议（Regional Greenhouse Gas Initiative，RGGI）、中国碳排放权交易市场（China Carbon Emissions Trading Exchange，CCETE）等。现就主要的碳排放交易市场进行简要介绍。

1. 欧盟碳排放交易体系

欧盟碳排放交易体系成立于2005年，是全球首个多国参与的国际碳排放交易体系，对来自电力部门、制造业以及航空公司的约12000个装置的碳排放进行了限制，覆盖了欧盟约50%的二氧化碳排放总量。欧盟碳排放交易体系的发展分为四个阶段。

第一阶段为2005—2007年，属于试验阶段，仅覆盖来自发电厂和能源密集型工业的二氧化碳排放。在这一阶段，每个欧盟成员通过国家分配计划（NAP）分散地、自下而上地决定其排放配额，几乎所有配额都是免费发放的，并按每吨40欧元进行违规罚款。这一阶段成功确立了碳的价格，并在欧盟各成员间进行排放配额的自由贸易，但同时也出现了配额总量供过于求的现象，2007年的配额价格甚至一度降至零。

第二阶段为2008—2012年，冰岛、列支敦士登和挪威3个国家新加入该体系，覆盖行业新增航空业，部分国家还新覆盖了一氧化二氮的排放。碳配额仍按国家分配计划确定，但配额排放上限有所降低（与2005年相比降低约6.5%），同时免费配额发放比例降低至90%，部分采用拍卖，违规罚款增加至每吨100欧元。此外，企业被允许购买总计约14亿吨二氧化碳的国际信用额度。该阶段由于受到2008年全球金融危机的影响，配额和信用额度出现大量盈余，交易价格持续低迷。

第三阶段为2013—2020年，欧盟对碳排放交易体系进行了改革，其主要内容有：取消国家分配计划，在欧盟范围内采用单一的排放上限，同时排放总量每年以1.74%的速度下降；覆盖更多部门和气体；拍卖逐渐取代免费发放成为配额分配的默认方法；在新进入者储备金中预留了3亿个配额，用于通过NER300计划资助创新可再生能源技术、碳捕捉和封存的设施部署。

第四阶段为 2021—2030 年，主要内容包括：从 2021 年起，碳排放配额总量将以每年 2.2% 的速度下降，同时大幅增强市场稳定储备（MSR）[①]。实施更有针对性的碳泄露规则，免费分配制度将再延长 10 年，生产转移到欧盟以外的风险最高的部门将免费获得 100% 的配额。风险敞口较小的行业，预计在 2026 年之后，免费分配的配额占比将从最高 30% 逐步降低至第四阶段结束时（2030 年）的 0%。此外，将建立若干低碳融资机制（例如创新基金和现代化基金），帮助能源密集型工业部门和电力部门应对向低碳经济转型的创新和投资挑战。

2. 区域温室气体倡议

区域温室气体倡议是一项基于市场的总量控制和投资计划，成立于 2003 年，于 2009 年 1 月 1 日正式实施，目前由美国东北部和中部 11 个州合作参与，旨在限制和减少电力部门的二氧化碳排放。该倡议要求各州装机容量 25MW 以上的化石燃料发电机必须在每三年的履约期内保持与其二氧化碳排放量相等的配额，二氧化碳配额主要通过拍卖会购买，此外还可以通过场外交易或在洲际交易所、Nodal 交易所等的期货合约间接在二级市场上交易配额。自成立以来，该倡议减少了约 50% 的碳排放量，产生了约 40 亿美元的净经济效益，并已完成四个履约期。

第一履约期为 2009—2011 年。该倡议拍卖了 3.95 亿个二氧化碳排放配额，约占可用二氧化碳排放配额总数 5.64 亿的 70%；在该计划的前 14 次季度拍卖中，二氧化碳排放配额的清算价格为 1.86~3.35 美元，产生了 9.22 亿美元的收入。

第二履约期为 2012—2014 年。2012 年全年对二氧化碳排放配额的需求较低，价格不超过 1.93 美元。随着 2013 年第一次计划审查完成，新的示范规则使得 2014 年的二氧化碳排放配额预算降至 9100 万吨，需求随之增加。此外，还引入了成本控制储备，它由有限的额外二氧化碳排放配额组成，与年度计划二氧化碳排放配额预算分开，当二氧化碳排放配额需求导致结算价格超过触发价格时，这些配额可供购买。

第三履约期为 2015—2017 年。2015 年，核电站宣布关闭以及当时美国联邦政府发布清洁能源计划这两个事件，使二氧化碳排放配额价格稳步上涨至每吨 7.50 美元的高位。之后，该价格在 2016 年和 2017 年初稳步下降至每吨 2.53 美元的低点。在 2017 年计划审查完成后，加入该倡议的各州宣布到 2020 年将上限降低 30% 的目标，因此二氧化碳排放配额的价格再次上涨。同时，排放遏制储备的新机制将从 2021

---

① 市场稳定储备（MSR）于 2019 年建立，用于减少碳市场排放配额过剩和提高欧盟碳排放交易体系对未来冲击的抵御能力。

年开始实施。根据该储备机制，如果价格低于某些触发因素，加入该倡议的各州可以选择扣留其年度预算的 10%。

第四履约期为 2018—2020 年。这一时期的平均拍卖二氧化碳排放配额价格为每吨 5.08 美元，这是 2020—2030 年降低整体排放上限（即到 2030 年的排放量比 2020 年的排放量进一步降低 30%）的最后一个履约期。

3. 中国碳排放权交易市场

目前，中国碳排放权交易市场为地区碳排放权交易市场与全国碳排放权交易市场并行体系，由地区碳排放权交易市场（七个试点地区及四川省、福建省两个非试点地区）与全国碳排放权交易市场组成。中国碳排放交易市场的发展经历了从无到有的三个主要阶段。

第一阶段为 2005—2012 年，中国作为发展中国家，通过清洁发展机制（Clean Development Mechanism，CDM）项目间接参与国际碳交易市场活动。在该阶段，中国企业与发达国家企业进行项目合作，由发达国家企业提供资金及技术发展清洁能源、控制温室气体排放，从而使得 CDM 项目产生核证减排量，用于履行发达国家在《京都议定书》项下的温室气体减排义务，中国企业则可同时获得资金及减排技术支持并减少国内的温室气体排放。

第二阶段为 2013—2020 年，在地方试点碳排放权交易。2011 年，《国家发展改革委办公厅关于开展碳排放权交易试点工作的通知》发布，同意北京市、天津市、上海市、重庆市、湖北省、广东省及深圳市七个试点地区开展碳交易。2016 年，非试点地区四川省、福建省也相继建立碳排放权交易市场。在该阶段，各地区碳排放权交易市场的交易标的包括：碳排放配额（Chinese Emission Allowance，CEA）、中国核证自愿减排量（Chinese Certified Emission Reduction，CCER）以及地区自行核证的资源减排量。

第三阶段为 2021 年至今，加快推进全国碳排放权交易市场体系建设。2017 年，国家发展改革委印发《全国碳排放权交易市场建设方案（发电行业）》，全国碳排放交易体系正式启动，发电行业成为首个纳入全国碳市场的行业。2020 年，我国生态环境部发布《2019—2020 年全国碳排放权交易配额总量设定与分配实施方案（发电行业）》，2020 年进一步发布《碳排放权交易管理办法（试行）》，加速推进全国统一碳市场建设。2021 年 7 月 16 日，全国碳排放权交易市场正式上线启动交易，其覆盖的碳排放量超过 45 亿吨，是全球覆盖温室气体排放量规模最大的碳市场。截至 2023 年底，全国碳排放权交易市场累计成交量达到 4.4 亿吨，成交额约 249 亿元。

案例讨论：

1. 碳排放、碳减排、碳排放权、碳市场、碳交易都有哪些特征？
2. 政府为什么要推出碳减排的措施？它对经济增长有什么作用？

资料来源：本案例由作者参考以下资料编写。

（1）中华人民共和国外交部，2023.《联合国气候变化框架公约》进程[EB/OL].（10-19）[2024-03-01]. https://www.mfa.gov.cn/web/ziliao_674904/tytj_674911/tyfg_674913/201410/t20141016_7949732.shtml.

（2）崔海涛，2022. 全球气候治理体系演变与碳交易市场发展趋势研究[J]. 金融纵横（1）：25-30.

（3）中国循环经济协会，2022. 碳排放权交易市场的发展与现状[EB/OL].（08-04）[2024-03-05]. https://www.chinacace.org/news/fieldsview?id=13777.

（4）Center for Climate and Energy Solutions（C2ES），2021. Regional Greenhouse Gas Initiative（RGGI）[EB/OL]. [2024-03-03]. https://www.c2es.org/content/regional-greenhouse-gas-initiative-rggi.

（5）European Commission，2021. Development of EU ETS（2005—2020）[EB/OL]. [2024-03-02]. https://climate.ec.europa.eu/eu-action/eu-emissions-trading-system-eu-ets/development-eu-ets-2005-2020_en.

第三节　点评与思考讨论题

一、点评

点评 1

在资源配置领域，不仅存在资源稀缺，也存在资源生成。生成性资源，是指经济社会中原先被视为非经营性质的资源，在市场主体的推动下转为具备可经营性质的资源。这一转变过程不是计划设定的产物，而是原已存在或随着时代进程需要而客观存在的，由静态进入动态，由非生产性进入生产性，并在其中形成经济效应的产物。第二节的案例一至案例四，分别揭示出生成性资源的第一个层次，即原生性资源的存在；案例五至案例七，分别揭示出生成性资源的第二个层次，即次生性资源的存在；案例八则揭示出生成性资源的第三个层次，即逆生性资源的存在。

点评 2

政府在客观上成为资源生成领域的第一投资人。生成性资源具有四大特征：①动态性；②经济性；③生产性；④高风险性。其中，由于该资源开发前期投资支出额大，建设周期长，成本高且市场窄小，投资回收可能失败，再加上可能有突发事件等，因此其投资具有特别的运营和管理风险，私人企业通常没有魄力、动力和实力去投资，政府在客观上成为该类资源的第一投资人。

点评 3

政府在供给侧运用"三驾马车"推动市场经济发展。通过对案例一至案例八进行分析，可以看出政府开拓生成性资源会形成以下 3 类供给。

（1）要素供给。它包括开拓太空、深海、极地资源带来的有形要素，也包括推动技术、数据从信息变为资产和资源的无形要素，要素供给促进了微观企业生产要素的变革。

（2）环境供给。它包括基础设施和生态环保等硬环境供给，也包括制度政策、管理措施等软环境供给，环境供给促进了国家或区域营商环境的变革。

（3）市场供给。它包括市场横向体系从产业经济向城市经济、国际经济的拓展，也包括市场纵向体系从市场要素、市场组织到市场法治、市场监管，再到市场环境、市场基础设施的完善。市场供给推动着市场经济内涵的变革。

点评 4

政府经济行为的动因在于政府存在双重属性。即一个国家或一个区域的政府具有双重属性。准宏观属性：社会维度—公共绩效指标—以社会稳定性为核心，强调协调与合作性；准微观属性：经济维度—资源配置效率指标—以经济发展性为核心，强调利益与竞争性。

点评 5

政府在参与投资与竞争时也应遵循市场规则。政府的投资，涉及资金来源、管理方式和资本运营等实际问题，其一方面促进了一个国家或区域的政府经济职能的转变，另一方面也促使政府在参与市场竞争的过程中，必须遵循市场规则。这既是政府参与经济，尤其是参与城市经济，发挥出有为作用最主要的方面，又是由市场决定资源配置，更好地发挥政府作用的关键切入点！

二、思考讨论题

1. 请论述资源稀缺与资源生成的内涵与联系。
2. 为什么政府是资源生成领域的第一投资人？
3. 从对案例一至案例八的分析中，可得出政府在市场经济的发展中应发挥哪些作用？
4. 从1997年的《京都议定书》到2015年的《巴黎协定》，世界各国都力图减轻或遏制二氧化碳等温室气体的排放，政府为什么要这样做？政府应该如何做，才能达到这一目的？

第二章

区域三类资源

前文介绍了资源生成理论,但未能进一步阐释区域政府如何在资源生成的基础上进行资源配置。因此,本书将区域三类资源作为开启中观经济学学习的第二个章节,在对区域资源分类的基础上,厘清资源生成的作用范畴,剖析区域政府的经济职能。本章的主题与堪称经济学"哥德巴赫猜想"的"政府与市场关系"问题紧密相关,这是经济学家们长期争论不休的问题,并主要形成了国家干预主义和经济自由主义两大阵营。为此,本章第一节遵循历史的发展脉络,层层递进地引出政府经济职能和区域资源分类相关内容;第二节通过若干现实案例,说明区域政府对区域资源的分类、调配和管理;第三节进行简要点评,深化有关"区域三类资源"的理解和认识。

第一节 政府经济职能与区域资源分类

政府经济职能,是指政府担负的经济职责,也就是政府在经济社会发展过程中起到的作用。对应到经济学领域,政府经济职能关乎两大核心问题:其一是政府要不要干预经济;其二是政府怎样干预经济。这也是经济学家们长期争论不休的"政府与市场关系"问题的关键所在。本节将以此为主线,首先概述经济学家们对政府经济职能的理论探索过程,其次分析政府经济职能理论动态演变的原因,最后阐述中观经济学如何从区域资源分类角度把握政府经济职能。

一、政府经济职能的理论演进

在经济学史中,经济学家们关于在经济领域政府该做什么和不该做什么——政府经济职能的争论由来已久,并在各个时期涌现出大量不同的理论。这里,仅就近现代西方主流经济学的代表性观点进行简要介绍。

1. 重商主义阶段：国家干预主义的前驱

重商主义产生并流行于 15 世纪至 17 世纪中叶。代表性的重商主义者有塞拉、马林斯、米塞尔登、孟、蒙克莱田等，他们的主要思想和主张有以下两点。一是认为金银等贵金属是社会财富的主要甚至唯一形态，一国的对外贸易应当以"严禁金银出口""少买多卖"（早期），或是"在交易中实现贸易顺差"（晚期）等方式来实现财富的积累。由此，重商主义分为早期重视金银保护的"重金主义"和晚期重视工场手工业并提高产品交易竞争力的"重工主义"两个阶段。二是主张国家以积累金银财富为目标，全面干预经济，包括执行"重视出口，少进口或不进口"的严厉的对外贸易政策；国内工人的低工资、低消费政策；对人口增加和进行生产劳动进行奖励；支持贸易垄断和实施殖民扩张；等等。此外，18 世纪 50 至 60 年代，法国曾盛行"重农主义"，这种思想存在时间不长、影响范围有限。其"重视农业生产、把农业视为财富的唯一来源"的财富观点和政策主张的单一性，有重商主义的意蕴；其对"自然秩序"的信奉和对"经济自由"的主张，又有古典经济学的特点。

2. 古典经济学和新古典经济学阶段：经济自由主义

古典经济学产生并发展于 17 世纪中叶至 19 世纪初。其代表人物众多，主要有作为创始人的配第、最杰出建立者斯密、集大成者李嘉图，以及马尔萨斯、萨伊、西斯蒙第、穆勒等。古典经济学着力于研究自由竞争的市场经济秩序与规律，认为追求私利是大自然赋予的人性本能，认为每个人对自身利益的追求，在市场"看不见的手"的支配下，能够使全社会的利益和福利自动增加，因此不需要政府干预经济。斯密在《国富论》一书中将政府（君主）的义务表述为以下三点：第一，保护社会免受其他独立社会的暴行与侵略的职责；第二，尽可能保护社会的每一个成员，使其免于受到社会每一个其他成员的不公正对待和压迫行为的伤害，即建立一种严格的司法行政制度的职责；第三，建立公共机构和公共工程并维持其运营，这些虽然是在极高的程度上有利于整个社会的，但其性质使利润不能偿还任何个人或少数人的支出，因而不能期望任何个人或少数人会去建立和维持它们。其中并未提及政府（君王）应干预经济。

新古典经济学产生并发展于 19 世纪 70 年代至 20 世纪 30 年代。其代表人物包括杰文斯、门格尔、瓦尔拉斯、庞巴维克，以及集大成者马歇尔等。新古典经济学在古典经济学的基础上，引入边际分析方法，利用数学模型刻画消费者行为和厂商行为，推导出在完全竞争的市场条件下，价格体系的自动调节作用能够实现市场均衡，达到社会福利最大化。因此，新古典经济学在政府经济职能方面的主张与古典经济学几乎一致，崇尚自由竞争，反对政府干预。

3. 凯恩斯主义阶段：国家干预主义

凯恩斯主义产生并发展于20世纪30年代至20世纪70年代。凯恩斯的经济思想和理论集中阐述于其1936年出版的《就业、利息和货币通论》一书中，汉森、萨缪尔森、希克斯、托宾、罗宾逊等学者早期都是凯恩斯主义的信奉者和追随者。在1929至1933年爆发的美国经济大萧条波及整个资本主义世界的现实背景下，凯恩斯将资本主义经济危机的内在原因归结为"有效需求不足"，并引入"边际消费倾向递减规律""资本边际效率递减规律""流动性偏好"三大规律进行解释，从而否定了以往经济学基于"供给自动创造需求"的萨伊定律得出的充分就业均衡结果。在政府经济职能方面，凯恩斯摒弃以"看不见的手"自动调节经济的主张，认为政府应当采用强有力的措施干预经济，特别应当对严重的经济危机进行紧急干预；在政策使用方面，凯恩斯摒弃平衡财政原则，主张从需求端刺激经济增长，强调应扩大政府开支，以扩张性财政政策刺激经济。

4. 百家争鸣阶段：新自由主义、国家干预主义和第三方路径

20世纪70年代后，以高失业率和高通货膨胀率并存为特征的"滞胀"危机席卷资本主义世界，随着凯恩斯主义所提倡的宏观需求管理政策失去效果，西方经济学进入百家争鸣阶段，主要形成三大方向。其一，新自由主义，崇尚市场自动调节，对凯恩斯主义进行否定与批判。主要有以哈耶克等为代表的新奥地利学派、以蒙代尔等为代表的供给学派、以弗里德曼等为代表的货币学派、以穆斯和卢卡斯等为代表的理性预期学派。其二，国家干预主义，主张政府干预经济，对凯恩斯理论进行继承与完善。主要有以萨缪尔森等为代表的新古典综合派、以罗宾逊等为代表的新剑桥学派、以斯蒂格利茨等为代表的新凯恩斯主义学派。其三，嫁接主流经济学的一般原理与方法，探寻经济学发展的第三方路径。主要有以加尔布雷思和科斯等为代表的新制度经济学派，以布坎南等为代表的公共选择学派，以刘易斯和舒尔茨等为代表的发展经济学派，以霍布斯和庇古等为代表的福利经济学派等。

二、市场失灵与政府失灵

政府经济职能理论的形成有其独特的历史演进过程，从近现代西方主流经济学的发展脉络来看，其在形式上表现为政府干预主义和经济自由主义主导地位的交替演变，在实质上表现为政府干预主义和经济自由主义自身的发展和完善，以及两者间的合理借鉴和相互融合。之所以出现上述动态演变特征，主要是因为在现实经济社会发展过程中，既存在市场失灵的情况，又存在政府失灵的情况，经济学家们正是在理论和实践的不断碰撞和磨合中逐渐加深对市场功能和政府功能的认识。

1. 市场失灵

在古典经济学和新古典经济学的框架中，市场机制被视为一种理想的资源配置方式，在价格机制这只"看不见的手"的自发调节作用下，市场供给双方将达到均衡状态，实现帕累托最优，即社会福利的最大化。

然而，这种最优资源配置状态的形成依托于"完全竞争市场"这一严苛假定：首先，市场是充分竞争的，即市场内存在足够多的消费者和生产者，且双方均为价格接受者；其次，市场信息是完全透明的，即消费者和生产者之间不存在信息不对称；再次，生产者即企业生产的商品是同质的，即无差别的；最后，企业可自由进入或退出市场。

显然，在现实世界中，这些条件是难以满足的：首先，垄断以及其他形式的不完全竞争的情况不在少数；其次，外部性问题难以避免，比如企业排放污水带来的消极影响；再次，信息不对称经常发生，存在"柠檬市场"；最后，具有非竞争性和非排他性的公共物品难以对企业形成有效激励，无法依靠市场充分供给。因此，市场失灵即市场无法有效配置资源的情况，是客观存在的，完全竞争市场难以实现。此外，即便完全竞争市场是真实存在的，能够实现有效率的资源配置，由市场机制引发的收入分配不平等、宏观经济波动等问题仍是其无法回避的缺陷。

2. 政府失灵

市场失灵以及市场的缺陷为政府干预经济提供了基本的理由。萨缪尔森和诺德豪斯在1948年出版的《经济学》一书中将政府干预经济的作用概括为以下几种。第一，政府通过促进竞争、控制诸如污染这类外部性问题以及提供公共物品等活动来提高经济效率；第二，政府通过财政税收和预算支出等手段，有倾斜地向某些团体进行收入再分配，从而增进公平；第三，政府通过财政政策和货币政策促进宏观经济的稳定和增长，在鼓励经济增长的同时，降低失业率和通货膨胀率。由此可见，政府能够通过干预经济弥补市场缺陷并纠正市场失灵。然而，在现实经济运行过程中，政府既可能干预经济不足，也可能干预经济过度，进而导致政府失灵，即政府干预经济的低效率和社会福利损失的出现。

造成政府失灵的原因主要有以下三点。第一，公共物品供给的效率低。公共物品的性质决定了其主要依靠政府而非企业进行供给，这也致使公共物品的供给缺乏竞争、激励和约束机制，难以高效运行。第二，政府决策失效。政府决策受到诸多因素的影响，政府决策信息不完备、政府决策具有时滞性、政府行为目标和公共利益的不一致等问题均可能导致政府决策失效。第三，寻租行为。政府干预经济，容易产生寻租行为，即"用较低的贿赂成本获取较高的收益或超额利润"的现象。寻租是一种非生产性活动，其并未实际创造任何新的社会财富，只是将生产要素的产权关系予以改变，这将会造成经济资源配置的失衡，进而导致政府失灵。

三、政府经济职能与区域三类资源

市场失灵和政府失灵的存在表明一国经济的持续运行不能仅依靠市场或是政府单独一方的力量，而是需要将两者结合起来，使其共同构成支撑经济发展的核心支柱。在此基础上，**中观经济学认为，产业发展、城市建设、社会民生是区域政府的三大经济职能**。在具体实践中，区域政府经济职能的发挥表现为对区域各类资源的分类、调配和管理，即**区域政府对区域现实存在和可能拥有的各类有形资源和无形资源进行经济学分类，并优化配置、提供配套政策**。其中，**区域主要存在以下三类资源**。

第一类是与产业发展相对应的资源，在市场经济中被称为"可经营性资源"。它以各区域经济中的产业资源为主。根据经济、地理和自然条件的不同，各区域一般会在农业、工业和服务业三大产业中，选择某一产业作为主导方向。在各区域经济的现实发展进程中，部分区域政府会根据自身以及周围区域环境的可经营性资源的变化，对主导产业方向进行调整甚至变更。可经营性资源具有竞争性和排他性，对应于传统经济学中的私人物品，在产业经济发展中发挥主体作用的机构，主要是企业。因此，对于可经营性资源，各区域应遵循市场配置资源的原则，发挥其作用，尽可能地通过资本化的手段，把它交给社会、企业和各类国内外投资者。

第二类是与社会民生相对应的资源，在市场经济中被称为"非经营性资源"。它以各区域的社会公益产品、公共物品为主，包括经济（保障）、历史、地理、形象、精神、理念、应急、安全、救助，以及满足区域其他社会需求的资源。非经营性资源具有非竞争性和非排他性，对应于传统经济学中的公共物品，在民生经济发展中发挥主体作用的机构，主要是区域政府。因此，对于非经营性资源，区域政府应责无旁贷、全面地承担起责任，提供、调配、管理和发展此类资源，同时也可以鼓励有相关资质的企业参与进来。

第三类是与城市建设相对应的资源，在市场经济中被称为"准经营性资源"。它以各区域的城市资源为主，主要包括保证区域的社会经济活动正常进行的公共服务系统，以及为社会生产、居民生活提供公共服务的软硬件基础设施，即第一章谈到资源生成时所提到的城市基础设施，如交通、邮政、通信、供水供电、园林绿化、环境保护、教育、科技、文化、卫生、体育等设施。准经营性资源具有不充分的非竞争性和不充分的非排他性，兼备公共物品和私人物品的特征，在传统经济学中还属于"模糊板块"，可以被归类为政府与企业的"交叉领域"。这也就是说，城市基础设施的投资建设可由企业来承担，也可由政府来完成。

只有准经营性资源才具备资源生成属性，换言之，准经营性资源在一定条件下可转变为可经营性资源或者非经营性资源，形成生成性资源。更具体地说，本书第一章提出的资源生成是针对准经营性资源而言的，三类生成性资源即原生性资源、次生性资源和逆生性资源均属于准经营性资源的范畴。准经营性资源作为新的资源生成领域，对它的开发和利用具有明显的动态性、经济性、生产性和高风险性，这也导致准经营性资源向可经营性资源转换时往往伴随着特有的投资风险、运营风险和管理风险，还面临着诸多限制。因此，各区域政府应根据区域发展方向、财政状况、资金流量、企业需求和社会民众的接受程度等因素，来确定将准经营性资源按可经营性资源来开发调配，还是按非经营性资源来运营管理。

在区域资源分类的基础上，市场失灵主要包括三类：一是"市场机制缺陷性"失灵，主要是指市场机制的各项功能在产业经济中存在缺陷，发挥不了作用；二是"市场机制空白性"失灵，主要是指市场机制没能在生成性资源领域发挥作用；三是"市场机制障碍性"失灵，主要是指市场机制的各项功能作用与市场主体利益相冲突，市场主体行为违背市场规则。

与上述分析对应，区域政府对区域资源的配套政策主要包括以下三类。

第一类是与可经营性资源即产业经济相配套的政策，称为"产业经济调节政策"。区域政府制定产业经济调节政策的目的是使企业充分发挥在产业经济中的主体作用，促进产业经济的持续发展。因此其配套政策的基本原则是"规划、引导；扶持、调节；监督、管理"，基本手段是调节产业经济的总量和结构。区域政府对可经营性资源（产业经济）的调节应有边界，即应坚持退出产业经济的竞争性领域，通过产业政策的引导作用来制约私人投资的方向、规模与结构。

第二类是与非经营性资源即民生经济相配套的政策，称为"民生经济调节政策"。区域政府制定民生经济调节政策的目的是保障和提升社会民众的福利水平，因此其配套政策的基本原则是"基本托底、公平公正、有效提升"，基本手段是调节民生经济的总量和结构。政府对非经营性资源（民生经济）的调节应有边界，即应明确社会公共需要的基本范围，通过确定财政收支的合理比例来完善社会公益产品和公共物品的开发方向、规模与结构。

第三类是与准经营性资源即城市经济相配套的政策，称为"城市经济调节政策"。区域政府制定城市经济调节政策的目的是推动城市经济稳步增长，因此其配套政策的基本原则是"既是竞争参与者，又是调配者、监督者"，基本手段是调节城市经济的总量和结构。区域政府对准经营性资源（城市经济）的调节应有边界，即应优化财政支出结构，通过创新财政资源的配置方式来完善城市基础设施建设投资的方向、规模与结构。

在实践中，由于准经营性资源可向可经营性资源和非经营性资源进行转换，因此对三类资源配套政策的界定是动态的，三者之间的关系不是非此即彼而是和谐统一的关系。区域政府在配置三类资源的过程中，应根据各类资源的不同特征，配套相匹配的政策，促进社会经济的均衡、高质量发展，而一旦区域政府配套的政策不匹配，政府失灵也就随之产生。中观经济学认为，区域政府在发挥经济职能的过程中，可能出现三类政府失灵。

第一类是"民生经济不足型"政府失灵。此时区域政府把民生经济当作一种负担，既没有基本托底，又没有有效提升，更没有考虑到公平、公正的民生经济对营造稳定、和谐、宜商、宜居、宜业、宜游的投资环境的重要作用。此类政府失灵是政府"缺知型"的失灵。

第二类是"产业政策缺失型"政府失灵。它既包括对产业经济的"规划、引导、扶持"政策的缺失，又包括对产业经济的"调节、监督、管理"政策的缺失。区域政府如果缺乏上述两方面的政策，或者只偏重其中一方面的政策，就会出现放任自流或干预失当的状况。此类政府失灵是政府"错知型"的失灵。

第三类是"城市建设空白型"政府失灵。比如缺少或几乎没有通过城市建设（基础设施软硬件的投资建设乃至智慧城市的开发运营）促进区域经济增长的政策措施；或者存在某些基础设施软硬件的投资建设，但规模小，布局分散，区域政府未在其中发挥应有的作用；又或者，区域政府为了行政绩效，只负责投入，不在乎收益，只注重建设，不注重经营，只考虑公益性，而忽视效益性，这会造成城市基础设施大量损耗、城市建设低质运作、城市管理无序运行等问题。此类政府失灵是政府"无知型"的失灵。

第二节　案例分析

案例一

英国政府经济职能

英国是人类历史上第一次工业革命的起源地，也是世界上资本主义工业化最早的国家，有"日不落帝国"之称。在社会经济发展过程中，其政府经济职能在政策实施上表现出"钟摆运动"：从注重国家"干预之手"的重商主义，走向积极推行"看不见的手"的经济自由主义，继而"回归"重视国家"干预之手"的凯恩斯主义，随后新自由主义又力推"看不见的手"，之后又走向追求两只手平衡的"第三条道路"。

（1）重商主义时期。在都铎王朝时期，英国政府实施了大约250项经济立法，通过保护本国产业的进出口禁令或关税政策、敛聚金银和积累资本的金融政策、鼓励生产的工商业政策、实施特许制度的对外贸易政策、控制物价和劳动力工资的民生政策等，对经济进行了全面而深入的干预。之后，随着重商主义政策的弊端逐渐显现以及资本主义自由发展的需要，政府的经济干预力度有所减弱。从斯图亚特王朝到光荣革命期间，英国重商主义政策的重点有以下两点。一是反对王室特权垄断，表明了商业化社会保障财产权、要求自由的主张和实践；二是实施《航海法案》，借助国家的力量与海上强国荷兰竞争。从光荣革命到18世纪50年代，市场机制逐渐得到发展，重商主义政策的重心转向通过关税保护等间接干预手段，而不是通过直接干预手段来培育国内工业的竞争优势。

（2）经济自由主义时期。自18世纪中后期开始，英国率先爆发第一次工业革命，随着大机器工业替代手工业，英国政府推行的经济政策逐渐完成从重商主义政策向经济自由主义政策的转变。在经济理论上，1776年斯密出版了《国富论》一书，系统阐述了其经济自由主义思想；在政策实践上，当时的英国首相小皮特是首位坚信经济自由主义的英国首相，其按照斯密的理论进行了关税改革，通过了降低茶叶进口关税的《折抵法案》等。之后，英国政府于1846年废除了《谷物法》，进一步于1854年废除了《航海法案》，并于1860年与法国签订《科布登-谢瓦利埃条约》，进行自由贸易。这些事件标志着经济自由主义政策已经取代重商主义政策成为英国政府的主导政策。伴随着英国经济的快速发展，经济自由主义的弊端亦逐渐显现出来。1825年，英国第一次出现了生产过剩型经济危机，此后周期性经济危机频繁爆发。

（3）凯恩斯主义时期。自20世纪以来，英国未能在第二次工业革命的激烈竞争中保持领先优势，历经两次世界大战和全球性经济大危机的冲击，英国政府再次奉行国家干预的经济思想，凯恩斯主义经济政策大行其道。第一次世界大战（简称"一战"）期间，深陷财政困境的英国政府不得不将放任自由的经济政策搁置一旁，开启战时经济模式，加强国家干预，控制主要工业部门的生产，并对租金、食品价格、运输、工资等进行管制。一战结束后，众多战时政策被废除，但英国政府仍未能彻底重返经济自由主义。进一步，1929—1933年的美国经济大萧条引发世界经济大危机，宣告经济自由主义破产。1936年，凯恩斯出版《就业、利息与货币通论》，形成国家干预经济的系统理论。第二次世界大战（简称"二战"）结束后的20世纪50至60年代，英国政府遵循凯恩斯的理论，围绕充分就业、经济增长等宏观目标，运用货币和财政政策等进行需求管理，迎来了二战后二十年的经济繁荣。然而，面对20世纪70年代出现的滞胀危机，凯恩斯主义的经济政策却无能为力。

（4）新自由主义时期。1979年，英国首位女性首相撒切尔夫人就任，其以自由市场和有限政府为执政信条。在宏观政策上遵循货币主义理论，将治理通货膨胀作为主要政策目标，控制货币发行量，并减少公共部门借款需求等；在微观政策上遵循供给学派理论，从更多地强调经济的需求方转向强调经济的供给方，从更多地强调市场转向强调降低产品成本，从更多地强调社会的平等转向强调效率，大力推行私有化、自由化、税制改革、工会改革等政策。这一时期，英国经济有所复苏，并出现了短暂的繁荣景象。1990年，梅杰任英国首相，其基本延续了撒切尔夫人的货币主义政策，将抑制通货膨胀作为宏观经济政策的主要目标，力求实现低通货膨胀下的经济适度增长。然而，长期强调抑制通货膨胀，推行新自由主义政策，亦有其代价，英国出现了经济增长缓慢、社会分配不公、金融过度自由化等问题。

（5）"第三条道路"时期。1997年，布莱尔出任英国首相，其执政期间，"第三条道路"理论备受推崇。该理论试图在国家干预与自由市场之间探寻某种平衡：提出在市场经济基础上重建政府，发挥政府的积极作用，同时要求政府促进社会的繁荣发展等；主张兼顾政府作用和市场功能的新式混合经济模式，强调国家与市场、政府与个人、合作与竞争、权利与义务、公平与效率、人类与自然的平衡。在经济政策上，在该理论指导下的英国政府以"经济增长、扩大就业、鼓励长期投资与更好的财政平衡"为政策目标，把利率的日常变更权交给英格兰银行（英国的央行），使决策更符合市场经济规律。在财政政策上，适度从紧，减少政府开支，避免增加税收，并推行"就业新政"，降低失业率。这些遵循"第三条道路"理论的政策使得英国经济实现长达十年的持续繁荣。2007年，布朗就任首相后，恰逢美国次贷危机引发的金融海啸席卷全球，其采取的宽松经济政策未能取得良好效果，"第三条道路"理论走向衰落。

2010年，由卡梅伦担任首相的联合政府上台，为应对金融和政府债务危机下的财政困境，联合政府实施了严厉的紧缩政策，逐步引领英国克服全球金融危机的影响，实现经济复苏。在英国全民公投决定"脱欧"背景下，2016年，梅成为英国历史上第二位女性首相，其采取了相对积极的财政政策，通过减税、推动基础设施建设等措施提振经济活力。2019年，约翰逊接任首相，为应对"脱欧"问题和新冠疫情的双重冲击，政府不得不对经济进行更多干预，启用了一系列货币刺激政策和财政刺激政策。2022年，特拉斯曾短暂出任英国首相，其推行的激进减税政策很快夭折。随后苏纳克成为新一任首相。2022年11月，时任英国财政大臣亨特发布了政府秋季预算案，根据该预算案，政府将通过削减公共支出和加税等紧缩政策，控制通货膨胀和应对财政困境。整体而言，自2010年以来，英国政府面对的经济环境更趋复杂和多变，其推行的经济政策经常处于"应急"状态，难以简单地将其归属于某一经济理论派别之中。这对英国政府如何履行经济职能、如何科学执政、如何处理好政府与市场的关系提出了前所未有的挑战。

案例讨论：

1. 如何从英国经济政策5个时期的演化进程，揭示出英国政府的经济职能最终落脚在产业发展、城市建设和社会民生三大领域中?

2. 请论述英国经济发展中市场失灵与政府失灵的表现。

资料来源:本案例由作者参考以下资料编写。

(1)李新宽,2008. 论英国重商主义政策的阶段性演进[J]. 世界历史(5):75-83.

(2)钱乘旦,陈晓律,潘兴明,等,2016. 英国通史:第 6 卷日落斜阳:20世纪英国[M]. 南京:江苏人民出版社:154-172.

(3)吴必康,2014. 变革与稳定:英国经济政策的四次重大变革[J]. 江海学刊(1):168-175.

案例二

中国政府经济职能

中华人民共和国是工人阶级领导的、以工农联盟为基础的人民民主专政的社会主义国家。自1949年中华人民共和国成立以来,我国政府不断调整、优化经济职能以满足社会经济发展的需要,其历程可基本划分为四个阶段:第一阶段为计划经济时期,政府经济职能表现出"全能"政府特点;第二阶段为有计划的商品经济时期,政府经济职能有所收缩;第三阶段为社会主义市场经济的确立和完善时期,政府经济职能不断调整以适应社会主义市场经济体制;第四阶段为中国特色社会主义新时代时期,政府经济职能进一步得到厘清,以引领经济的高质量发展。

(一)计划经济时期(1949—1978年)

1949年,中华人民共和国中央人民政府成立,面对国力贫弱、百废待兴的现状,在1949—1952年的国民经济恢复期后,我国于1953年开始逐步参照苏联模式建立起以政府计划为资源配置手段的计划经济体制,政府职能囊括了社会经济生活的各个方面,表现出"全能政府"的特点。我国的第一个五年计划(1953—1957年,简称"一五"计划)将基本任务确定为:集中主要力量发展重工业,建立国家工业化和国防现代化的初步基础;相应地发展交通运输业、轻工业、农业和商业;相应地培养建设人才;有步骤地促进农业、手工业的合作化;继续进行对资本主义工商业的社会主义改造;保证国民经济中社会主义成分的比重稳步增长,同时正确发挥个体农业、手工业和资本主义工商业的作用;保证在发展生产的基础上逐步提高人民的物质和文化生活水平。"一五"计划的制定和实施,得到了当时苏联政府的很大帮助。中苏双方经过谈判,确立了以苏联帮助中国设计和兴建的156个(后增至166

个）建设项目为中心，由694个（实际施工的达到921个）大中型建设项目组成的工业建设体系，为我国社会主义工业化奠定了初步基础。到1957年底，"一五"计划规定的各项建设任务基本胜利完成。此后，直至改革开放前，中国一直处于计划经济体制之下，尽管"全能政府"经济职能的履行对新中国成立初期的经济发展起到了重要的积极作用，但其"管得过多、统得过死"的弊端制约了中国经济的进一步发展。

（二）有计划的商品经济时期（1978—1992年）

1978年，党的十一届三中全会开启了改革开放和社会主义现代化建设的伟大征程。此后的1979—1983年，中国政府主要根据"计划经济为主、市场调节为辅"的原则[①]，履行经济职能。在关系国民经济全局的关键部门，政府通过管控大型国有企业来夯实国民经济重要基础，同时给予国有企业一定的经营自主权；在小商品的生产、流通和交易上主要由市场发挥调节作用。1984年，党的十二届三中全会通过的《中共中央关于经济体制改革的决定》，提出社会主义计划经济是在公有制基础上的有计划的商品经济。这表现在政府经济职能上，即要求政府逐步缩小指令性计划的范围，对企业"放权让利"，扩大企业自主权，增强企业活力。1987年，党的十三大进一步将新的经济运行机制总结为"国家调节市场、市场引导企业"的机制，要求政府运用经济手段、法律手段和必要的行政手段，调节市场供求关系，创造适宜的经济和社会环境，以此引导企业正确地进行经营决策。

（三）社会主义市场经济确立和完善时期（1992—2012年）

1992年，邓小平南方谈话后，党的十四大明确提出，我国经济体制改革的目标是在坚持公有制和按劳分配为主体、其他经济成分和分配方式为补充的基础上，建立和完善社会主义市场经济体制，政府经济职能由此迎来了历史性转变。1993年，党的十四届三中全会指出，建立社会主义市场经济体制就是要使市场在国家宏观调控下对资源配置起基础性作用；转变政府管理经济的职能，建立以间接手段为主的完善的宏观调控体系，保证国民经济的健康运行。1997年，党的十五大进一步指出，要按照社会主义市场经济的要求，转变政府职能，实现政企分开，把企业生产经营管理的权力切实交给企业。2003年，党的十六届三中全会通过的《中共中央关于完善社会主义市场经济体制若干问题的决定》，提出完善社会主义市场经济体制，要求切实把政府经济管理职能转到主要为市场主体服务和创造良好发展环境上来。2007

---

① 1982年，党的十二大正式提出"计划经济为主，市场调节为辅"的原则。

年，党的十七大再次强调从制度上更好发挥市场在资源配置中的基础性作用，形成有利于科学发展的宏观调控体系；加快行政管理体制改革，建设服务型政府。这为后续政府经济职能转变指明了基本方向。

（四）中国特色社会主义新时代时期（2012年至今）

2012年，党的十八大提出，要加快完善社会主义市场经济体制，并明确经济体制改革的核心问题是处理好政府和市场的关系，必须更加尊重市场规律，更好发挥政府作用。2013年，党的十八届三中全会进一步深化认知，提出要使市场在资源配置中起决定性作用。2014年，习近平总书记首次使用"新常态"来概括中国经济发展的阶段性特征，即经济增速、经济结构和经济动力发生转变，这对政府经济职能提出了新的要求。2015年，国务院召开全国推进简政放权放管结合职能转变工作电视电话会议，首次提出"放管服"改革的概念，即简政放权、放管结合、优化服务，以促进政府职能转变。进一步，2017年，党的十九大宣告中国特色社会主义进入新时代，我国经济已由高速增长阶段转向高质量发展阶段，并再次强调转变政府职能，深化简政放权，创新监管方式，增强政府公信力和执行力，建设人民满意的服务型政府。2020年，党的十九届五中全会提出，充分发挥市场在资源配置中的决定性作用，更好发挥政府作用，推动有效市场和有为政府更好地结合。这为新时代如何处理好政府与市场关系问题、如何更好履行政府经济职能提供了重要指引。2022年，党的二十大再次强调充分发挥市场在资源配置中的决定性作用，更好发挥政府作用。同年，《中共中央 国务院关于加快建设全国统一大市场的意见》基于全国统一大市场视角，为如何推动有效市场和有为政府更好地结合提供了思路：坚持市场化、法治化原则，充分发挥市场在资源配置中的决定性作用，更好发挥政府作用，强化竞争政策基础地位，加快转变政府职能，用足用好超大规模市场优势，让需求更好地引领优化供给，让供给更好地服务扩大需求，以统一大市场集聚资源、推动增长、激励创新、优化分工、促进竞争。

案例讨论：

1. 请论述在中国经济发展的4个阶段中政府经济职能的演变。
2. 如何充分发挥市场在资源配置中的决定性作用，同时更好地发挥政府作用？

资料来源：本案例由作者参考以下资料编写。

（1）才国伟，2023. 有为政府与有效市场[M]. 广州：中山大学出版社：29-34.

（2）中华人民共和国中央人民政府，2006. 中华人民共和国第一个五年计划

（1953—1957 年）[EB/OL].（03-17）[2024-04-02]. http://www.gov.cn/test/2006-03/17/content_229523.htm.

案例三

美国国家制造业创新网络计划

（一）美国国家制造业创新网络计划简介

2008 年全球金融危机之后，美国"产业空心化"问题愈发严峻，对金融和房地产等虚拟经济的过度依赖进一步加剧实体经济的低迷和萎缩，为此，美国开启了"再工业化"的进程，以振兴制造业。在这一背景下，2011 年，美国时任总统奥巴马启动"先进制造伙伴关系"（Advanced Manufacturing Partnership，AMP）计划，该计划负责寻找学术界、产业界和政府之间的合作机会，以促进新兴技术、政策和伙伴关系的发展和投资。以此为基础，美国国家制造业创新网络（National Network for Manufacturing Innovation，NNMI）计划于 2012 年正式启动，后于 2016 年更名为"制造业美国"（Manufacturing USA）计划，该计划是一项机构间的倡议，由公私合作伙伴关系组成，旨在通过布局多个创新机构将美国学术界、产业界、政府等多方主体聚集在一个不断完善的先进制造业创新网络中，以提高美国制造业的竞争力，并建设强大和可持续的国家制造业研发基础设施。2013 年，美国发布《国家制造业创新网络：一个初步设计》，详述了 NNMI 计划的建设思路。2014 年，美国国会通过《美国制造业振兴和创新法案 2014》（*Revitalize American Manufacturing and Innovation Act of 2014*，简称"RAMI 法案"），正式确立美国国家制造业创新网络的法律地位。2016 年，美国《国家制造业创新网络计划年度报告》和美国《国家制造业创新网络计划战略规划》发布，此后说明 NNMI 计划年度执行情况或美国制造业亮点的相关报告按年度发布。

（二）美国制造业创新机构的运作模式

美国制造业创新机构[①]是 NNMI 计划的核心，其将美国学术界、产业界、政府等利益相关者汇集在一起，组成一个如图 2-1 所示的创新生态系统。为转化和推广先进制造技术，该创新机构的主要工作有以下三点：第一，对处于"竞争前"阶段的先进制造技术开展应用研究、试验性开发、商品化试验，以降低其商业化的成本、时间和风险，并对现有技术、流程和产品进行改进。第二，通过会员制度，将学术界、

---

① 因翻译差异，又称美国制造业创新中心、美国制造业创新研究所等。

产业界、政府等领域的主体纳为会员，构建一个以特定先进制造技术为基础，"产学研政"共同参与的创新生态系统，使得创新技术甄别、技术路线选择等更能贴近产业需求。第三，通过项目定制和招标，推动会员之间紧密联系、信息共享和合作研究，达成共同的利益关注和资源投入，形成从基础研究到应用研究、再到商业化和规模化生产的完整的技术创新链条，以有效转化和应用先进制造技术成果。

美国制造业创新机构的顶层决策机制包括以下两个。

第一，设立流程。先由 AMP 的指导委员会提议，并通过总统科技顾问委员会向总统报告；再经美国国家科学技术委员会决策通过后提交国会审议；后由国会审议通过后形成相关法案。

第二，协调机制。美国先进制造国家项目办公室负责 NNMI 计划中的跨部门协调和监督。

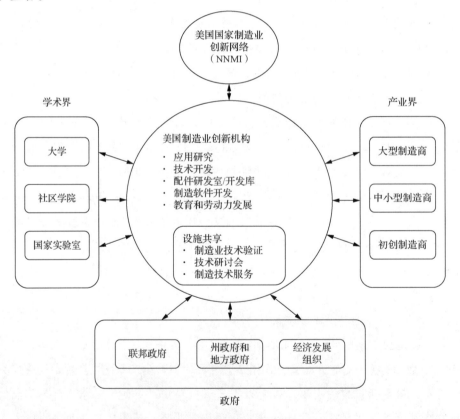

图 2-1　美国制造业创新机构的创新生态系统

美国制造业创新机构的运行遵循商业化模式，具体包括以下几点。

第一，运营资金。该创新机构成立初期由联邦政府和私有机构共同提供经费，其中，联邦政府出资比重不超过50%，且采用逐年递减的方式在5~7年的时间内提供总额0.7亿~1.2亿美元的资金。在此过程中，该创新机构需要建立起一个可持续的收入模式，通过获取会员费、服务费、技术转让费、知识产权使用费、产品试制费、捐助等灵活多样的收入，使NNMI计划逐步脱离对联邦政府资金的依赖，实现良好的自我运转。

第二，治理模式。该创新机构通常不由联邦政府直接领导和干预，而是交由独立的非营利组织管理和运作，同时设立董事会，由"产学研政"各方会员共同担任董事，形成以董事会为核心的商业化治理模式。

第三，项目运作。该创新机构首先通过定期举办由"产学研政"各方会员参与的研讨会，甄别出可行的先进制造技术和工艺，并制订出相应的研发计划。其次，针对所甄别的技术领域，发起项目动议，并向各个会员征集研发提案。再次，进行项目招标，竞选出最优方案，并给予适当的资金资助。最后，通过动员多方力量，整合各类资源，助力所选项目的技术开发和转化。

第四，考核评估。选用科学、精准的政策评估指标体系，委托第三方机构进行独立评估并提供报告。

（三）美国国家制造业创新网络计划的成效

目前，NNMI的组成部分包括美国商务部（DOC）、国防部（DOD）和能源部（DOE）以及由它们赞助的17个制造业创新机构，还有其他6个联邦合作机构——美国国家航空航天局（NASA）、美国国家科学基金会（NSF）、美国卫生与公众服务部（HHS）以及美国农业部（USDA）、教育部（ED）和劳工部（DDL）。其中，17个制造业创新机构是指美国先进功能性织物创新研究所（AFFOA）、美国集成光子学制造创新研究所（AIM Photonics）、美国增材制造创新研究所（America Makes）、美国先进机器人制造创新研究所（ARM）、美国生物制造创新研究所（BioFabUSA）、美国生物工业制造和设计生态系统研究所（BioMADE）、美国智能制造研究所（CESMII）、美国网络安全制造创新研究所（CyManll）、美国无碳工业电气化流程研究所（EPIXC）、美国先进复合材料制造创新研究所（IACMI）、美国轻质材料制造创新研究所（LIFT）、美国数字化制造与网络安全研究所（MxD）、美国柔性混合电子制造创新研究所（NextFlex）、美国国家生物制药制造创新研究所（NIIMBL）、美国下一代电力电子制造创新研究所（PowerAmerica）、美国快速推进流程强化部署研究所（RAPID）、美国节能减排研究所（REMADE）。截至2022年，这些研究所与2500

多个会员（包括但不限于 436 家大型制造商，1177 家小型制造商以及 568 个学术界会员），共同合作开展了 670 多个行业高度领先的应用研发技术项目，促成了超过 10.6 万名学生、工人和教师参与先进制造业的劳动力知识和技能培训，利用 1.09 亿美元的联邦基础资金，从联邦、州、私募基金中募集到 3.07 亿美元的资金。

案例讨论：

1. 美国经济发展中是否存在"产业政策"？
2. 美国 NNMI 计划的特点是什么？

资料来源：本案例由作者参考以下资料编写。

（1）马骏，张文魁，张永伟，等，2017. 美国制造业创新中心的运作模式与启示[J]. 发展研究（2）：4-7.

（2）孙毅，罗穆雄，2021. 美国智能制造的发展及启示[J]. 中国科学院院刊，36（11）：1316-1325.

（3）Manufacturing USA, 2016. History[EB/OL].[2024-04-05].https://www.manufacturingusa.com/pages/history.

案例四

国家大数据（贵州）综合试验区

（一）促进大数据发展的重要意义

信息技术与经济社会的交汇融合使得数据迅猛增长，数据逐渐成为与物资、能源同等重要的基础性战略资源，大数据正日益对全球的生产、流通、分配、消费活动以及经济运行机制、社会生活方式和国家治理能力产生重要影响。1980 年，美国未来学家托夫勒出版《第三次浪潮》一书，首次使用"大数据"一词；2011 年，全球知名咨询机构麦肯锡公司在《大数据：下一个创新、竞争和生产力的前沿》中，明确提出大数据时代已经到来。纵观全球发展趋势，越来越多的国家意识到大数据在推动经济发展、完善社会治理、提升政府服务和监管能力等方面具有重要战略价值，并相继制定实施相关政策推动大数据发展和应用，抢占新一轮产业竞争制高点。

2012 年，美国发布《大数据研究与发展计划》，率先将大数据上升为国家战略。紧随其后，英国在 2013 年发布《把握数据带来的机遇：英国数据能力战略规划》，欧盟也在 2014 年发布《跨向欣欣向荣的数据驱动型经济》。中国自 2015 年发布《促进大数据发展行动纲要》(简称"纲要"),系统部署大数据发展工作。根据纲要,大数据是以容量大、类型多、存取速度快、应用价值高为主要特征的数据集合,正快速发展为对数量巨大、来源分散、格式多样的数据进行采集、存储和关联分析,从中发现新知识、创造新价值、提升新能力的新一代信息技术和服务业态。大数据已成为推动经济转型发展的新动力,重塑国家竞争优势的新机遇以及提升政府治理能力的新途径。同时,纲要明确提出开展区域试点,推进贵州等大数据综合试验区建设,促进区域性大数据基础设施的整合和数据资源的汇聚应用。

(二)国家大数据(贵州)综合试验区的建设

为贯彻落实纲要,贵州省自2015年9月正式启动国家大数据(贵州)综合试验区的建设,在数据资源管理与共享开放、数据中心整合、数据资源应用、数据要素流通、大数据产业集聚、大数据国际合作、大数据制度创新七个方面开展系统性试验。经过逐步探索,贵州省形成了"345333"的大数据发展总体思路[1],按照"一个坚定不移、四个强化、四个加快融合"部署[2],扎实推进国家大数据(贵州)综合试验区建设,并取得了一系列成果:建成全国首个省级政府数据集聚共享开放的云计算平台——云上贵州系统平台;设立全国首个大数据交易所——贵阳大数据交易所;创办全球首个以大数据为主题的博览会——中国国际大数据产业博览会;颁布全国首部大数据地方性法规——《贵州省大数据发展应用促进条例》;出台全国首个省级数字经济实施意见和发展规划——《中共贵州省委 贵州省人民政府关于推动数字经济加快发展的意见》《贵州省数字经济发展规划(2017—2020年)》;实施全国首部大数据安全保护省级层面的地方性法规——《贵州省大数据安全保障条例》。

2020年,贵州省提出奋力实现数字经济发展"六个重大突破",即在工业智能化

---

[1] 即围绕回答"数据从哪里来、数据放在哪里、数据谁来使用"3个问题,坚持"数据是资源、应用是核心、产业是目的、安全是保障"4个理念,重点打造"基础设施层、系统平台层、云应用平台层、增值服务层、配套端产品层"5个层级产业链,发展大数据"核心业态、关联业态和衍生业态"3类业态,实现"以大数据提升政府治理能力、以大数据推动转型升级、以大数据服务改善民生"3个目的,建设"国家级大数据内容中心、大数据服务中心、大数据金融中心"3个中心。

[2] 即坚定不移把大数据战略行动向纵深推进;强化对现有大数据企业的支持力度、强化对大数据企业的招商力度、强化与大数据融合的高科技企业的招商力度、强化对大数据等高科技领域的人才引进力度;加快推进大数据与实体经济深度融合、加快推进大数据与乡村振兴深度融合、加快推进大数据与民生服务深度融合、加快推进大数据与社会治理深度融合。

改造、农业产销智慧对接、数字化基础设施建设、数据融合新业态、壮大大数据龙头企业、数字化治理六个方面实现重大突破,深入推进国家大数据(贵州)综合试验区建设。2021年,为贯彻落实习近平总书记"在实施数字经济战略上抢新机"的重要指示批示精神,贵州省印发《中共贵州省委 贵州省人民政府关于在实施数字经济战略上抢新机的实施意见》和《国家大数据(贵州)综合试验区"十四五"建设规划》,加快推进国家大数据(贵州)综合试验区建设。多年来,通过建设国家大数据(贵州)综合试验区,贵州逐步实现大数据产业从无到有再向优的转变,在先行先试中形成了大数据发展的1.0版,并向大数据发展的2.0升级版推进。《中国数字经济发展报告(2022年)》显示,截至2021年,贵州省数字经济增加值占GDP比重为35.2%,数字经济增速高达20.6%,较全国平均水平高4.4%,连续7年位居全国首位。

2022年,《国务院关于支持贵州在新时代西部大开发上闯新路的意见》发布,赋予贵州"数字经济发展创新区"的战略定位,并提出加快构建以数字经济为引领的现代产业体系。为深入贯彻中央精神并落实《国家大数据(贵州)综合试验区"十四五"建设规划》,贵州省大力推动数字产业化、产业数字化、数据价值化、数字化治理,夯实数字新基建,加快建设"一区三高地"和大数据产业集群①,推动国家大数据(贵州)综合试验区建设取得新的重大突破。未来,贵州将牢牢抓住"数据"这个核心生产要素和"算力"这个核心生产力,以创新数据要素高效配置和一体化算力网络国家枢纽节点建设为重点,加快推动"五个创新",即数字产业创新、数字融合创新、数字基建创新、数字治理创新、数字生态创新,全力打造大数据发展2.0升级版,高质量建设国家大数据(贵州)综合试验区。

(三)国家大数据(贵州)综合试验区建设中的区域政府

国家大数据(贵州)综合试验区的建设涵盖了区域政府在产业发展、城市建设和社会民生三个方面的综合考虑,例如与产业发展相关的大数据产业集聚发展试验,与城市建设相关的数据中心整合利用试验,与社会民生相关的大数据创新应用试验等。本部分侧重于介绍其中的区域政府产业发展职能,即区域政府通过分类、调配和管理区域内与大数据产业发展相对应的"可经营性资源",按照"规划、引导;扶

---

① 即全国大数据电子信息产业集聚区、全国数据融合创新示范高地、数据算力服务高地、数据治理高地,以及数据中心产业集群、智能终端产业集群、数据应用产业集群"三个千亿级"产业集群。

持、调节；监督、管理"的原则配套实施"产业经济调节政策"，推动大数据产业发展。具体而言，在国家大数据（贵州）综合试验区的建设过程中，区域政府履行产业发展职能的主要做法包括以下三点。

第一，以大数据战略行动为核心，落实政府的规划和引导作用。2014年，贵州省率先在全国省级层面出台《贵州省大数据产业发展应用规划纲要（2014—2020年）》，为建设国家大数据（贵州）综合试验区奠定了良好的基础。2016年，贵州省出台《中共贵州省委 贵州省人民政府关于实施大数据战略行动建设国家大数据综合试验区的意见》，并配套实施方案和工作推进机制等8个可操作性文件，系统布局贵州省大数据战略行动和国家大数据（贵州）综合试验区建设。同年，《贵州省大数据产业发展引导目录（试行）》发布，细化大数据产业的内涵，并明确大数据产业规划、投资引导和扶持发展的重点。2017年，贵州省率先在全国省级层面出台《贵州省数字经济发展规划（2017—2020年）》，首次提出资源型、技术型、融合型、服务型"四型"数字经济。2018年，《贵州省"十三五"以大数据为引领的电子信息产业发展规划》出台，明确大数据电子信息产业布局。2021年，贵州省出台《国家大数据（贵州）综合试验区"十四五"建设规划》《贵州省"十四五"数字经济发展规划》，描绘了"十四五"时期的贵州大数据发展蓝图。特别地，在数字经济发展创新区的战略定位下，《贵州省建设数字经济发展创新区2023年工作要点》《贵州省建设数字经济发展创新区2024年工作要点》相继发布，明确了每年实施数字经济战略的工作要点。

第二，以"千企改造""千企引进""万企融合""百企引领""寻苗行动"等行动为抓手，落实政府的扶持和调节作用。2016年，《贵州省实施"千企改造"工程促进工业全面转型升级方案》出台，对1000户规模以上传统产业企业实施改造升级，促进全省工业提质增效、转型升级。2017年，贵州省实施"千企引进"工程和"寻苗行动"，面向全国寻访高成长性、极具发展潜力的新兴企业，并引进国内外实力强、科技含量高、成长性好的企业1000户以上。2018年，《贵州省实施"万企融合"大行动打好"数字经济"攻坚战方案》印发，要求带动10000户以上实体经济企业与大数据深度融合，推动实体经济数字化、网络化、智能化转型。2019年，《贵州省大数据新领域百企引领行动方案》印发，在人工智能、5G、物联网、云计算、信息安全、区块链六大新领域中，培育100户以上骨干企业，推动大数据新领域应用创新、技术创新、产业创新和模式创新。在实施这些行动的过程中，贵州省政府综合运用了财政奖补、税收、土地、专项资金引导、城市居住服务优惠等措施，扶持和调节大数据产业发展。2023年，《贵州省"万企融合"大赋能行动工作方案》出台，提出"一业一指引、一业一标杆、一业一平台"工作思路，重点围绕工业、农业、服务业、融合服务支撑四个重要方面制定行动路线图，明确各行各业数字融合发展路径。

第三，以政府统筹和法治建设为支撑，落实政府的监督和管理作用。

在政府统筹方面，2014年，贵州省率先在全国成立由省长任组长、各市（州）政府、省直部门主要负责人、相关企业负责人等为成员的大数据产业发展领导小组（2016年更名为贵州省大数据发展领导小组），该领导小组下设办公室，并组建贵州省大数据产业专家咨询委员会；2017年，贵州省率先在全国成立省政府直属的正厅级大数据行业管理部门——贵州省大数据发展管理局，下设直属单位包括贵州省信息中心（贵州省电子政务中心、贵州省大数据产业发展中心）和贵州省大数据应用推广中心（贵州省数据流通交易服务中心、贵州省大数据专家咨询服务中心）；2018年，贵州省组建的云上贵州大数据（集团）有限公司正式挂牌成立。同年，贵州省与中国知网联合推出了"贵州省大数据智库平台"。由此，贵州省形成了"一领导小组一办一局两中心一企业一智库"的大数据发展管理机制。2017年，贵州省在省、市（州）、县（市、区）全面推行三级"云长制"，省长担任省级"总云长"，分管者领导担任"第一云长"，省级部门、各市（州）、县（市、区）政府主要负责人担任本部门、本地区"云长"，负责抓好本地、本部门大数据应用发展工作。2019年，建立督办督查机制，发布《贵州省实施大数据战略行动问责暂行办法》，保障大数据战略行动的落实。此外，贵州省自2016年以来，致力于数字政府建设探索，近年来，通过出台《贵州省"十四五"数字政府建设总体规划》（2021年）、《贵州省关于加强数字政府建设实施方案》（2023年）等，推动数字技术与政府管理服务更好地结合，提升政府治理数字化水平。

在法治建设方面，2016年，贵州省出台全国首个省级大数据地方性法规《贵州省大数据发展应用促进条例》；2017年，出台全国首部政府数据共享开放地方性法规《贵阳市政府数据共享开放条例》，并组建全国首个地方大数据标准委员会——贵州省大数据标准化技术委员会，参与多项大数据领域多项国家和地方标准的制定；2019年，出台《贵州省大数据安全保障条例》；2020年，出台全国首部省级层面政府数据共享开放地方性法规《贵州省政府数据共享开放条例》；2022年，贵阳大数据交易所在全国率先出台《数据要素流通交易规则（试行）》《数据交易安全评估指南》

等8个系列文件，构建了全国首套数据交易规则体系；2023年，《贵州省数据流通交易促进条例（草案）》向社会公开征求意见。

随着国家大数据（贵州）综合试验区建设的持续推进，贵州省产业发展的成效显著。贵阳·贵安大数据产业发展集聚区、贵阳大数据产业技术创新试验区等大数据平台建设得到大力推进，大数据电子信息产业发展成为贵州省的重要先导性产业。数字产业化高位增长，"十三五"期间贵州省规模以上电子信息制造业总产值、软件和信息技术服务业收入年均增长23.4%、19.3%，平台经济、共享经济、新个体经济等新业态加速涌现。产业数字化加快推进，大数据与工业、农业、服务业深度融合，35%的工业企业实现大数据与关键业务环节全面融合，农产品产销对接网络覆盖贵州省所有县区，以智慧旅游、智慧医疗、智慧交通等为代表的服务业新模式不断涌现。进入"十四五"时期，2023年，贵州省上云用云企业突破30000家，融合改造覆盖85%以上的规上企业，大数据与实体经济深度融合指数达到46.2，"两化融合"发展水平位居西部第三。

案例讨论：

1. 请简述《促进大数据发展行动纲要》的具体内容。

2. 请简述国家大数据（贵州）综合试验区建设进程中区域政府的主要做法。

资料来源：本案例由作者参考以下资料编写。

（1）贵州省大数据发展管理局，2021. 省大数据发展领导小组办公室关于印发国家大数据（贵州）综合试验区"十四五"建设规划的通知[EB/OL].（12-30）[2024-04-11]. https://dsj.guizhou.gov.cn/zwgk/xxgkml/zcwj/bmwj/202112/t20211230_72170407.html.

（2）贵州省发展和改革委员会，2022. 贵州：数字经济增速连续7年位居全国第一[EB/OL].（11-09）[2024-04-09]. http://fgw.guizhou.gov.cn/ztzl/dsjzlxd/202211/t20221109_77060127.html.

（3）吴月冠，2018. 国家大数据（贵州）综合试验区制度创新分析[M]//吴大华. 贵州蓝皮书：贵州法治发展报告（2018）. 北京：社会科学文献出版社：86-93.

（4）袁航，2024. 新时代 新征程 新伟业 "三个关键"推动数字经济实现新突破[N]. 贵州日报，03-25（1）.

（5）中华人民共和国国务院，2015. 促进大数据发展行动纲要[J]. 成组技术与生产现代化，32（3）：51-58.

案例五

顺德区"三三三"产业发展战略与中小企业信用担保扶持政策

顺德区位于珠江三角洲腹地，是中国广东省佛山市五个行政辖区之一。作为面积 806 平方千米，常住人口 300 多万的县级区域，截至 2023 年，顺德区已经连续 12 年蝉联全国综合实力百强区第一，其 2023 年的地区生产总值更是高达 4317 亿元。这种惊人的经济成就，离不开顺德区政府对区域资源的优化配置和政策配套，这尤其表现在产业经济领域。事实上，作为改革前沿的排头兵，早在 20 世纪 80 年代，顺德区（时称"顺德县"）就通过大力发展乡镇企业和外向型经济，实现了农业经济向工业经济的成功转型；到了 20 世纪 90 年代，顺德区（时称"顺德市"，为县级市）率先开展企业产权改革和发展混合型经济，完成了从计划经济向社会主义市场经济的顺利过渡；进入 21 世纪，顺德区进一步确立了工业化、城市化、国际化的发展战略。在此背景下，顺德区"三三三"产业发展战略与中小企业信用担保扶持政策的推行，集中体现了区域政府的产业发展职能。

（一）顺德区"三三三"产业发展战略

2005 年 8 月 5 日，《佛山市顺德区人民政府关于实施"三三三"产业发展战略的意见》出台，标志着顺德区"三三三"产业发展战略的正式启动。顺德区"三三三"产业发展战略的主要内容包括以下三点。

（1）促进三大产业协调发展。即通过产业结构升级和调整，对三大产业的比重进行合理调配，促进第一产业精细发展、第二产业优化发展、第三产业加快发展，使三大产业关系进一步协调。

（2）促进支柱行业均衡发展。即在三大产业中，每个产业重点扶持三个或以上的支柱行业，将其作为能够带动整个经济发展的战略行业，使其带领和推动顺德区经济的持续健康快速发展。

（3）促进龙头企业加快发展。即在第一产业和第二产业的每个支柱行业中重点扶持三家或以上的产业关联度大、技术装备水平高、自主创新能力强、经济实力雄厚、带动能力强的规模龙头企业，鼓励其继续做大做强，充分发挥龙头企业对行业的示范带头作用，推进整个行业的技术进步和快速发展；在第三产业的支柱行业中重点扶持三家及以上的服务范围广、带动能力强、从业人员多或专业水平高的第三产业龙头企业，鼓励其在提供优质和广泛的服务、促进生产发展、方便人民生活等方面发挥更强的示范带头作用。

顺德区"三三三"产业发展战略的制定主要是基于以下三个层面的考虑。

一是基于顺德区自身发展的需要。多年来，顺德区秉承"工业立区（县、市）"的战略目标，第二产业成为带动当地经济发展的主要驱动力，第三产业发展相对滞后。2004年，顺德区第二产业占地区生产总值的比重约为60%，其中又以家电业为主导，占据第二产业约70%的比重，这意味着当时顺德区的产业结构相对单一，容易积聚大量产业风险；同时，顺德区还存在区域经济发展不平衡的问题。进入21世纪之后，顺德区确立的发展战略方向是"工业化、城市化、国际化"，这不仅要求顺德区的第二产业形态进一步向高级迈进，而且还要有强大的第三产业支撑其发展。因此，在这一时期，如何调整和优化产业结构，构建良好的产业发展格局，是顺德区政府的工作重点之一，实施"三三三"产业发展战略正是顺德区发展战略中的重要一环。

二是基于国家发展战略的考虑。2003年10月，党的十六届三中全会审议通过的《中共中央关于完善社会主义市场经济体制若干问题的决定》提出，坚持以人为本，树立全面、协调、可持续的发展观；统筹城乡发展、统筹区域发展、统筹经济社会发展、统筹人与自然和谐发展、统筹国内发展和对外开放的思想，为中国经济社会发展方向提供了指引。顺德区作为典型的先发地区，经过多年的发展之后，正面临着产业结构不合理、资源环境压力加剧、自主创新能力不足、区域综合竞争力不强等一系列发展问题。彼时，党中央所提出的科学发展观成为引领顺德区发展的方向所在，顺德区"三三三"产业发展战略正是顺德区积极响应国家发展战略的重要表现之一。

三是基于日本产业发展的先进经验。就产业结构变迁来看，日本基本遵循由第一产业向第二产业，并最终向第三产业发展的典型过程，其产业结构一直处于向高级化和合理化发展的双通道之中，表现为三大产业比重的调整和优化，以及产业内部的结构升级。对于进入21世纪的顺德区而言，初级工业化早已实现，正面临着从中级工业化向高级工业化迈进的重要挑战，日本的产业结构变迁经验成为顺德区产业结构转型和升级的重要参考。

在推进"三三三"产业发展战略过程中，顺德区政府主要运用了如下战术。在第一产业方面，顺德区的农业一直比较发达，然而随着工业化和城市化进程的加快，顺德区所面临的人多地少的矛盾日益突出。在此基础上，顺德区政府提倡以农民外出租地务农为特征的"外延农业",重点扶持水产养殖业、农副产品流通加工业、花卉业等,通过构建"生产基地在外地,加工企业在顺德"的产业格局,形成顺德区农业产业化的总部经济。在第二产业方面,顺德区政府结合国家自主创新战略和顺德区的实际情况,除继续发展家用电器和电子信息业外,重点扶持机械装备模具汽配业、家具制造业、精细化工业、生物医药业,同时推进与之相配套的产品国家标准化措施,通过打造联合国采购基地、推动龙头企业上市、实行龙头企业"一企一策"等措施,引领龙头企业做大做强。在第三产业方面,顺德区政府考虑与第一、第二产业的配套和衔接,重点扶持与本地企业流通和采购相关的物流业、商贸业(包括专业会展业)、旅游业等。

2005年12月16日,顺德区人民政府下达《印发"三三三"产业发展战略实施方案的通知》,顺德区明确实施"三三三"产业发展战略的产业扶持政策以及保障机制。其中,产业扶持政策涉及六大体系的构建。第一,构建产业服务体系,包括对支柱行业龙头企业实行"最优惠待遇"、实施"绿色通道"服务制度、完善周边环境整治和配套服务等举措。第二,构建自主创新体系,包括支持建立支柱行业的专业公共技术平台、推动龙头企业实施知识产权发展战略、鼓励龙头企业参与行业标准、国家标准乃至国际标准的制订等举措。第三,构建国际竞争体系,包括鼓励龙头企业跨国并购、设立展览专项资金、打造联合国采购重点基地等举措。第四,构建资本运作体系,包括大力促进龙头企业上市、引导和鼓励民间资本进入财政投资项目领域、利用信用担保机构扶持专项资金等举措。第五,构建区域品牌体系,包括打造区域品牌和行业品牌,鼓励专业镇申请国家级、省级行业名镇,建设特色产业基地等举措。第六,构建人才增值体系,包括实施人才培训工程、实施高层次人才引进工程、实施人才环境优化工程等举措。保障机制涉及五大配套机制:形成进入退出机制、建立宣传引导机制、实行区和镇(街道)联动机制、建立扶持资金投入与监督机制、建立政企挂钩联系服务机制。

顺德区"三三三"产业发展战略的推行具有重要意义,具体如下所述。

第一,为顺德区的第三次转型奠定了基础。进入21世纪以来,顺德区的经济发展面临内忧外患的困境,在国内外竞争愈演愈烈的同时,顺德区的土地、能源等资源却愈发稀缺,同时产业结构中的问题日益暴露。在这种情形下,顺德区正处于第三次转型的重要时间节点,顺德区政府在反复调研与讨论之中,明确了"工业化、城市化、国际化"的发展定位,实施"三三三"产业发展战略成为推动顺德区第三次转型的重要举措。

第二，为破解先发地区产业升级难题提供了经验。顺德区是典型的先发地区，自改革开放以来，凭借敢为人先的改革创新精神，其一直走在改革开放前列。在经济发展过程中，顺德区遭遇的产业升级困境，是众多区域正在面临或将要面临的共性问题。顺德区所提出的"三三三"产业发展战略，通过促进三大产业的协调发展，重点扶持支柱行业和促进龙头企业发展，为破解先发地区的产业升级难题提供了有益的探索。此外，通过这一战略，可以看到，要破解先发地区产业升级难题，就要打好市场无形之手和政府有形之手的组合拳，发挥好政府的引导作用，促进政府、企业、社会的和谐发展，构建良好的产业发展格局。

第三，是区域政府引领产业经济发展的重要实践。顺德区"三三三"产业发展战略不仅兼顾了宏观、中观、微观三个层面，蕴含着较为丰富的经济学原理，而且更加注重一个区域发展战略的层次，通过实施产业扶持政策和保障配套机制，有效促进了微观企业的运行和发展。

（二）顺德区中小企业信用担保扶持政策

顺德区拥有规模庞大的中小企业，其统计年鉴数据显示，截至2006年，顺德区共有18366家工业企业，其中规模以下企业16408家，大中型企业214家，中小企业占比98.83%，并构成顺德区经济发展的重要支撑和后备力量。顺德区在实施"三三三"产业发展战略期间，坚持"抓大不放小"，在重点扶持龙头企业的同时，仍在继续推进、完善和深化各种支持中小企业发展的政策方针。特别地，为构建政府积极引导、市场运作为主的全方位、立体型的中小企业间接融资服务体系，切实缓解中小企业融资难问题，顺德区自2006年在全国首创"顺德区中小企业信用担保基金"，由顺德区政府委托合作担保机构对基金进行专业化运作，建立与合作担保机构、合作银行的风险分担机制，以提升中小企业贷款信用为目的，为一批优质的成长型中小企业在合作银行贷款提供信用担保。2006年7月1日，《顺德区中小企业信用担保基金管理暂行办法》正式实施，明确由区财政一次性拨付5000万元设立基金，基金设立期限为5年，每年按基金总额10倍提供担保贷款。

2006年12月13日，顺德区中小企业信用担保基金监督管理委员会（简称基监会）、中盈盛达担保与兴业银行佛山顺德支行、广东发展银行顺德分行、顺德农村信用合作社3家银行分别签署了《顺德区中小企业信用担保基金合作协议》，标志着顺德区中小企业信用担保基金项目的正式启动，首批"顺德区优质中小企业名单"中的 30 家中小企业，可申请基金担保贷款，并享有利率优惠、担保费率优惠、免抵押、免保证金以及利息补贴等政策性福利。进一步，2008 年 12 月 15 日，《顺德区金融支持中小企业发展实施方案》出台，要求改革顺德区中小企业信用担保基金的运作模式，增加顺德区中小企业信用担保基金的额度，全面放开该担保基金的合作担保公司和合作银行，拓宽该担保基金合作机构的范围，并扩大对支持中小企业发展的信用担保机构的扶持范围。2009 年 1 月 4 日，《顺德区促进中小企业健康发展实施方案》印发，明确 2009 年顺德区财政再增加 5000 万元担保基金至 1 亿元，将信用担保贷款额度从 5 亿元放大至 10 亿元，统一担保费率至 1.8%。2011 年 9 月 20 日，《顺德区中小企业信用担保基金管理办法》印发，将年贷款额从按基金总额的 10 倍提供担保贷款，修改为按基金总额的 10~20 倍提供担保贷款。截至 2012 年 6 月 30 日，顺德区中小企业信用担保基金累计为企业发放贷款 47.34 亿元，在保余额 9.2 亿元，共发放贷款 812 笔，共扶持企业 508 家。

中小企业是顺德区经济发展的韧性和潜力所在，中小企业信用担保基金项目作为缓解顺德区中小企业融资难题的重要实践，不仅优化了顺德区中小企业的融资环境，促进了大量中小企业的发展，还为顺德区的经济发展提供了重要助力。

一方面，顺德区中小企业信用担保基金项目为中小企业提供了重要的融资渠道。顺德区大量中小企业因信用不高、缺乏抵押担保等问题，难以获取银行贷款，随着该信用担保基金项目的进行，一大批中小企业能够在顺德区政府的扶持下以较低的融资成本获取担保贷款，满足资金需求并支撑企业发展。

另一方面，顺德区中小企业信用担保基金项目具有平台功能，能够带动多方市场主体的发展。该信用担保基金项目吸纳了政府、银行、企业和担保机构等多方参与，并为多方市场主体提供了一个良好的沟通与协作平台。特别地，该信用担保基金项目要求按基金总额的 10~20 倍提供担保贷款，随着这些资金的往来运作，众多参与的市场主体能够得到进一步发展，并带动顺德区经济的增长。此外，该信用担保基金项目通过扶持优质成长型中小企业，并监督企业贷款资金的使用情况，还能引导企业转型升级，推动顺德区经济的可持续发展。

案例分析：

1. 顺德区"三三三"产业发展战略与顺德区中小企业信用担保扶持政策的主要内容有哪些？

2. 顺德区政府实施产业政策的主要做法有哪些？

资料来源：本案例由作者参考以下资料编写。

（1）陈云贤，2011. 超前引领：对中国区域经济发展的实践与思考[M]. 北京：北京大学出版社.

（2）关雪凌，丁振辉，2012. 日本产业结构变迁与经济增长[J]. 世界经济研究（7）：80-86.

（3）林德荣，2009. 可怕的顺德：一个县域的中国价值[M]. 北京：机械工业出版社：197.

案例六
佛山市"三旧"改造

佛山市是广东省的一个地级市，市辖禅城、南海、顺德、三水和高明五个行政区，其与广州市共同组成的广佛都市圈，是粤港澳大湾区三大极点之一。在改革开放初期，佛山市的工业发展以镇域经济为主，依靠各镇各村"村村点火、户户冒烟"推动区域经济快速发展，但这也造成大量土地资源被粗放式利用，形成了工厂、园区、城镇、乡村相互毗邻和间隔，城不像城、村不像村的城市格局。《广东省佛山市土地利用总体规划（2006—2020年）》的相关数据显示，佛山市域土地总面积384849公顷，其中耕地、园地、林地、牧草地等农用地共228962公顷，占土地总面积的59.49%；城乡建设用地、交通运输用地、水利设施用地等建设用地共118460公顷，占土地总面积的30.78%；荒草地、裸土地、河流水面、湖泊水面等其他土地共37427公顷，占土地总面积的9.73%。

佛山市的土地利用存在三大主要问题：一是土地供需矛盾突出；二是建设用地扩张明显，空间布局仍欠统筹协调；三是城市化和工业化的快速进程使得土地生态安全保障能力下降。在此背景下，佛山市于2007年正式提出"三旧"改造，通过对旧城镇、旧厂房、旧村居用地进行再开发、复垦修复或者综合整治等，来挖掘城市资源潜力和提高土地集约化利用水平。

（一）佛山市"三旧"改造发展历程

第一，探索阶段（2007—2012年）。2007年，佛山市发布《印发关于加快推进旧城镇旧厂房旧村居改造的决定及3个指导意见的通知》（目前已失效），在全国率先明确提出实施"三旧"改造。2008年，佛山市被列为广东省首批两个"三旧"改造试点城市之一。同年，原国土资源部（现"自然资源部"）与广东省政府签订合作共建节约集约用地试点示范省的工作协议,"三旧"改造被列为其中一项重要的政策创新。2009年,《广东省人民政府关于推进"三旧"改造促进节约集约用地的若干意见》印发,佛山市在"三旧"改造中的许多创新和突破,都被广东省政府纳入了该政策。同年广东省政府提出在全省推广佛山市的经验,拉开广东省全面推进"三旧"改造的序幕。同时,《佛山市"三旧"改造专项规划(2009—2020年)》印发,明确"三旧"改造方案。在该政策的推动下,佛山市涌现出1506创意城、禅城区祖庙东华里片区改造工程、广东工业设计城、石头村改造工程等一批代表性项目。

第二,发展阶段(2012—2018年)。2012年至2018年,结合第一阶段的实践,佛山市各区政府、市国土规划部门继续深入探索和总结,出台了一系列配套政策、操作细则,初步搭建了"三旧"改造政策体系,并闯出挂账收储、自行改造等多种"三旧"改造模式,开始尝试"工改商"协议出让项目。在旧城镇项目上,探索政府通过"毛地出让"、建立融资平台等方式获取市场资金来进行拆迁补偿,如禅城区祖庙东华里片区改造工程项目;在旧厂房项目上,佛山市形成了政府挂账收储、自主改造等多种改造模式,如龙江镇仙塘村宝涌工业区项目、时代爱车小镇项目等。

第三,提升阶段(2018年至今)。自2018年8月至今,佛山市加大改革力度、加强工作统筹,相继组织印发了《佛山市人民政府办公室关于深入推进城市更新("三旧"改造)工作的实施意见(试行)》(2018年)、《佛山市人民政府关于深化改革加快推动城市更新("三旧"改造)促进高质量发展的实施意见》(2019年)、《佛山市人民政府办公室关于印发佛山市城市更新单元计划管理规定的通知》(2020年)、《佛山市拆除重建类城市更新("三旧"改造)项目全流程管理实施指引》(2021年)、《佛山市城市更新("三旧"改造)专项规划(2021—2023年)》(2023年)等文件。这些文件的出台,建立健全了佛山市城市更新政策框架和"四阶段"管理体系,在解决土地权属复杂、改造路径单一、改造成本高、拆迁清理难、流程复杂程序多、利益平衡困难等难题上深入实践创新。当前佛山市全面进入城市更新时代,城市更新在"三旧"改造的工作基础之上,不再是简单地拆旧建新和解决经济发展问题,还应包括对产业、文化、社区、生态等多方面的优化、提升和重构。

(二)佛山市"三旧"改造模式

根据《佛山市"三旧"改造专项规划(2009—2020年)》,"三旧"改造有四种类型:一是新建型,改造后用地性质和开发强度均有改变。二是更新型,改造后用地性质改变,开发强度基本不变。三是改建型,改造后用地性质不变、开发强度改变。

四是整治型，改造后用地性质和开发强度均不变。与之配套的改造模式有四种：一是政府主导模式，政府负责拆迁赔偿，进行土地整理，并投入资金主导建设，为完全政府主导的公益性改造模式，该模式适用于旧城镇和旧厂房改造。二是政府与市场合作模式，政府前期负责拆迁赔偿、土地整理等工作，后期进行政策指导和规范市场行为，引入社会资金进行市场化运作，该模式适用于旧城镇和旧厂房改造。三是集体主导模式，由村集体成立经济发展公司，政府负责协作或者给予扶持政策，由该公司进行改造，可采用集体主导的公益性改造或者是集体成立公司的自主性改造两种方式，该模式适用于旧村居和旧厂房改造。四是集体与市场合作模式，村民以土地入股形式与开发商共同改造旧村居，享受利润分红，减少拆迁补偿和征地费用；或由村集体提供项目用地，由开发商垫资建设，建成后开发商拥有数年的租赁经营权，年限到期后由村集体收回，该模式适用于旧村居改造和旧厂房改造。

根据《顺德区村镇工业集聚区升级改造税收指引》《佛山市南海区城市更新（"三旧"改造）实施办法》等相关文件，佛山市各区政府在实践探索过程中，主要形成了以下几种"三旧"改造细分模式。

（1）挂账收储模式。该模式由政府统筹，改造项目实施方案经改造范围内的土地权属人同意（涉及集体用地的，须经农村集体经济组织表决同意）后，由政府土地储备机构与土地权属人签订挂账收储协议（涉及集体土地的，须先由农村集体经济组织申请将集体土地转为国有）。收储时政府不支付收储补偿费用，待土地完成整理并通过公开交易方式出让后，再向原土地权属人进行补偿。土地出让须满足各镇（街道）的招商要求，由竞得人进行开发建设。

（2）政府直接征收模式。该模式由政府统筹，改造项目实施方案通过农村集体经济组织表决同意后，由政府根据土地管理、房屋征收等法律、法规规定的程序和权限对农村集体经济组织的土地进行征收，征收的土地再由政府依据法定程序进行出让或划拨。

（3）政府统租统管模式。该模式指的是在工业园区确有改造必要，但社会资本介入工业园区土地整理的意愿不强，或农村集体经济组织难以选定合作方的情况下，通过农村集体经济组织表决同意，并经相关部门批准，政府通过统租的方式协助农村集体经济组织完成前期土地整理后，由农村集体经济组织以公开流转的形式供地，由竞得人进行开发建设，并按约定的方式返还政府前期土地整理的成本。

（4）企业自行改造模式。企业根据自身产业需求，依据《佛山市人民政府办公室关于深入推进城市更新("三旧"改造)工作的实施意见(试行)》和《佛山市顺德区人民政府关于印发顺德区深入推进城市更新("三旧"改造)工作实施细则的通知》等相关文件的要求,进行自主改造。

(5)企业长租自管模式。该模式指的是在政府的规划引导和产业定位分析的指导下,经农村集体经济组织表决同意后进行土地整理,并通过集体土地公开流转的方式引入社会资本(企业)进行开发建设、运营管理及招商等,集体土地的流转年限不能超出国家政策、法律规定的最高年限。该模式可以促进投资主体多元化,充分发挥市场配置资源的作用。

(6)国有集体混合开发模式。该模式是国有土地和集体土地统一通过公共资源交易平台选定单一市场改造主体,由市场主体按照实施方案和合作协议与被拆迁方签订拆迁补偿协议(涉及国有土地的,由市场改造主体与被拆迁方达成协议),落实拆迁补偿和安置,完成现状建筑物拆除,注销原有不动产权证,并按程序完善用地手续,按已批改造方案(含土地置换方案)进行土地置换、连片归宗,国有土地和集体土地分别按有关规定协议出让给市场主体进行开发建设。

(7)政府生态修复模式。该模式结合了"减量"规划和生态修复的规划定位,通过城乡建设用地增减挂钩等相关政策,由政府主导征收、收回相关土地或由原权属人利用自有产权的土地实施复垦复绿改造,不再用作工业、商业等建设用途。

(8)一二级联动开发模式。该模式指的是由农村集体经济组织通过公开方式选定市场主体,市场主体按照实施方案和合作协议的要求与被拆迁方签订拆迁补偿协议,落实拆迁补偿和安置,拆除现有建筑物,并按程序完善用地手续后,由政府部门以协议出让方式将土地出让给市场主体进行开发建设。

(9)微更新模式。微更新是指在维持现有建筑物格局基本不变的前提下,通过建筑物局部修缮、建筑物功能提升,以及整治改善、保护、活化,完善基础设施等方法进行的更新方式。该模式主要适用于建成区中对城市整体格局影响不大,但当前用地功能与周边发展存在矛盾、用地效率低、人居环境差的地块。微更新包括综合整治、局部改造提升、建筑修缮、完善配套、生态修复、历史文化保护等类型。

此外,根据《佛山市城市更新("三旧"改造)专项规划(2021—2035年)》,旧厂房改造包含全面改造项目和微改造项目两类,进一步可细分为"工改工"和"工改其他用途"两类全面改造项目,以及局部加拆建类和功能改变类两类微改造项目。旧城镇改造原则上应采取微改造方式,在一定情况下,可以实施全面改造。旧村居改造包括全面改造项目和微改造项目两类,其中,城中村改造可分为拆除新建、拆整结合、整治提升三类。

案例分析:

1. 佛山市"三旧改造"的内涵是什么?
2. 请论述佛山市政府推动城市更新的主要做法。

资料来源:本案例由作者参考以下资料编写。

(1)谭海琪,唐易婷,吕嘉怡,2020.旧貌换新颜 宜居又宜业[N].佛山日报,11-12(A5).

(2)许德友,2013.以"产城融合"推进中国新型城镇化[J].长春市委党校学报(5):34-37.

案例七

上海市新天地改造项目

旧城区改造是城市发展到一定阶段的产物,它对于优化城市布局、促进产业结构调整、提升基础设施建设水平以及改善社会民生条件具有重要意义。上海市大规模的旧城区改造开始于20世纪90年代,1992年,上海市第六次党代会报告《解放思想,把握机遇,为把上海建设成为社会主义现代化国际城市而奋斗》明确提出,要深化住房制度改革,加快住房建设步伐,改善市民居住条件;力争于20世纪90年代新建住宅超过6000万平方米,完成全市365万平方米棚户、简屋、危房的改造任务。在此背景下,1996年,上海市原卢湾区(现已合并至黄浦区)政府将集中了全区里弄约1/4数量的太平桥地区列为重点改造区域,新天地地块正位于该地区的思南路、兴业路风貌保护区内。旧城区改造是一项花费巨大的系统工程,部分项目还对资金和技术等有着很高的要求,这使得政府往往会借助私营部门的力量进行投资开发,共同合作完成特定的改造项目,并由此形成公私合作伙伴关系(Public-Private Partnership,PPP)。[①]

1996年,经过反复协商,上海市原卢湾区政府与中国香港的瑞安集团签署了改造太平桥地区的合作协议,由前者出让土地使用权,而后者主要承担再开发任务。作为瑞安集团在中国内地的房地产旗舰公司,瑞安房地产有限公司成为新天地项目的主要投资人,同时由于政策要求有境外投资主体参与的项目要有当地参与者,因

---

① 有关PPP的详细介绍,可参见本书第五章的PPP案例。

此上海复兴建设发展有限公司也为该项目提供了小部分投资。上海复兴建设发展有限公司是以房地产开发经营为主的国有企业，尽管投资份额较小，但其充当了政府与私有企业合作沟通的桥梁，使得项目开发得以更顺利地进行。在实践中，上海市新天地改造项目不仅是一个房地产开发项目，还是一个旧建筑保护项目，其改造借鉴了国外的经验，在对原有石库门里弄格局和建筑外观进行保护性改造的同时，引入现代元素和设施，总投资高达 14 亿元，每平方米改造成本约 20000 元，拆迁安置费用达到 6.7 亿元。显然，如此高昂的投资开发费用，对于政府而言，无疑是沉重的负担，而引入私有企业，采取 PPP 方式，则能实现多方合作共赢。

上海市新天地改造项目主要涉及政府、开发商和社区居民三方利益相关主体。其中，上海市人民政府和原卢湾区人民政府作为旧城区改造的发起者和推动者，扮演着管理者和合作者的角色；瑞安集团作为主要投资者和开发商，扮演着主要参与者的角色；社区居民作为旧城区的原住民，扮演着次要参与者的角色。

首先，政府部门使国有资本背景的开发商——上海复兴建设发展有限公司以合资形式参与再开发进程，并凭借政治资源和土地资源，通过政策调节（包括税收优惠、土地出让金减免、配套提供公共设施建设、容积率奖励、简化审批手续等）、规划控制、法规约束和监督管理等手段，进行调控和监管。

其次，拥有大量经济资源的私有资本开发商——瑞安集团负责该项目从投资、设计到建设、管理的再开发全过程，通过实质性的资金投入带来该项目物质形态上的转变和空间价值上的大幅提升，实现利润最大化。

最后，社区居民作为原有社区空间的使用者，在改造过程中，需要让渡空间，并面临拆迁补偿、协调安置等问题。

在三方博弈中，由于各方掌握资源的不均等，其地位存在明显差异，因此政府和私有企业作为主动、强势的两方，在此次改造过程中具有较大的话语权，而社区居民作为缺乏相关资源的弱势方，其权益能否得到有效保障高度依赖于政府社会民生职能的履行是否到位。就此次改造的结果来看，上海市新天地改造项目被普遍认为是较为成功的，其将私有企业的资金引入该项目中，较好地缓解了政府的资金压力，并实现了房地产开发与旧建筑保护的统一，创造了巨大的商业价值。时至今日，上海市新天地已成为大型的城市核心国际综合性社区，在保留上海石库门建筑特色的同时，融合了现代时尚元素，使得城市文化与现代特色及配套设施相得益彰，并被评为《福布斯》"全球 20 大文化地标"之一，其改造项目成为世界银行全球 Urban Renewal 经典案例。

案例讨论：

上海市新天地改造项目中政府的角色与作用是什么？

资料来源：本案例由作者参考以下资料编写。

（1）严华鸣，2012. 公私合作伙伴关系在我国城市更新领域的应用：基于上海新天地项目的分析[J]. 城市发展研究，19（8）：41-48.

（2）HE S J, WU F L, 2005. Property-led redevelopment in post-reform China: a case study of Xintiandi redevelopment project in Shanghai[J]. Journal of urban affairs, 27(1): 1-23.

案例八

智慧城市的产生与发展

智慧城市是全球城市发展的新理念和新形态，其提出可追溯到 20 世纪 90 年代。1990 年，在美国旧金山召开了以"智慧城市、快速系统、全球网络"为主题的国际会议，会上探讨了城市通过信息技术聚合"智慧"以形成可持续的城市竞争力的成功经验。1992 年，该会议的论文集 *Technopolis Phenomenon：Smart Cities，Fast Systems，Global Networks* 出版。受限于经济条件、技术发展等，此次会议提出的"智慧城市"并未受到广泛重视。直至 2007 年，《欧洲中型城市的"智慧城市"排名》再次重申智慧城市议题。2008 年 IBM 提出"智慧地球"设想，智慧城市才在世界各国引起热烈反响。迄今为止，智慧城市尚未形成统一的定义，IBM 商业价值研究院发布的《智慧地球赢在中国》提出，智慧城市能够充分运用信息和通信技术手段去感测、分析、整合城市运行核心系统的各项关键信息，从而对包括民生、环保、公共安全、城市服务、工商业活动在内的各种需求做出智能的响应，为人类创造更美好的城市生活。中国国家标准《智慧城市 术语》（GB/T 37043—2018）提出，智慧城市是运用信息通信技术，有效整合各类城市管理系统，实现城市各系统间信息资源共享和业务协同，推动城市管理和服务智慧化，提升城市运行管理和公共服务水平，提高城市居民服务感和满意度，实现可持续发展的一种创新型城市。

（一）中国智慧城市建设

中国自 2008 年开始推进智慧城市建设，至今已走过智慧城市探索期、智慧城市调整期、智慧城市突破期、智慧城市融合期等几个阶段。

在 2008 年年底至 2014 年的智慧城市探索期，中国强调更多的是从技术层面解决城市信息化问题，各区域和各部门在推动智慧城市建设过程中表现得相对分散和无序。特别地，2012年，《住房城乡建设部办公厅关于开展国家智慧城市试点工作的通知》发布。2013年，科技部和国家标准委正式公布，我国要在大连、青岛等20个城市开展智慧城市试点示范工作。

在2014年至2015年的智慧城市调整期，中国从国家层面成立了"促进智慧城市健康发展部际协调工作组"，各部门开始协同指导区域智慧城市建设。2014年，《国家新型城镇化规划（2014—2020年）》正式出台，该规划将智慧城市作为城市发展的全新模式，列为中国城市发展的三大试点项目之一。同年，中国首份对智慧城市建设作出全面部署的权威文件《关于促进智慧城市健康发展的指导意见》出台。2015年，"智慧城市"和"互联网+"行动计划首次写进政府工作报告。同年，《国务院关于积极推进"互联网+"行动的指导意见》提出，要引导工业互联网、智能电网、智慧城市等领域基础共性标准、关键技术标准的研制及推广。

在2015年至2020年的智慧城市突破期，中国提出新型智慧城市理念并将其上升至国家战略，智慧城市成为国家新型城镇化的重要抓手，重点内容是以推动政务信息系统整合分享打破信息孤岛和数据分割。

在2020年以来的智慧城市融合期，人工智能、物联网、5G、大数据、云计算等新一代信息技术的发展与应用为智慧城市的融合发展培育了创新土壤，新冠疫情也为城市带来了细化治理的线上新常态，中国智慧城市建设呈现智慧城市数量快速增加、发展规模不断壮大、多样性不断增加、信息化技术和基础设施智能化愈发重要等特征。

（二）新加坡智慧国家建设

新加坡政府领导规划了新加坡数字化发展愿景，并设立了专门政府部门负责推进智慧国家建设以及协调各机构工作。2006年，新加坡推出为期10年的"智能城市2015"信息化计划，目的是通过大力发展信息与通信技术（Information and Communications Technology, ICT）产业，应用ICT，提高关键领域的竞争力，将新加坡建设成为由ICT驱动的智慧国家。2014年，新加坡将该发展蓝图升级为"智慧国家2025"计划，希望通过ICT改善人们的生活，创造更多的机会，将新加坡建设成智慧国家。"智慧国家2025"计划是新加坡政府与行业组织、市民共同创造的以人为本的创新解决方案，这也是全球第一个智慧国家发展蓝图。新加坡为了实现该计划，新加坡智慧国家和数字政府办公室进一步明确细分领域的建设目标，于2018年更新发布《智慧国家：前进之路》，其中新加坡智慧国家发展的总体框架核心内容由两大智慧国家基础（数字系统基础、国民与文化）、三大智慧国家支柱（数字经济、数字政府、数字社会）、六大智慧国家新方案（国家战略、交通、城市生活、电子政务、健康、创业与商业）组成。针对提及的三大智慧国家支柱，新加坡政府制定了《数字经济行动框架》《数字政府蓝图》和《数字化储备蓝图》，为"智慧国家2025"计划的落地实施提供政策支撑。2019年，新加坡政府发布了《国家人工智能战略》，该战略包含新加坡未来人工智能发展愿景、方法、重点计划、建立人工智能生态等内容，成为新加坡完成"智慧国家2025"计划的重要一步。2023年，新加坡政府发布了《国家人工智能战略2.0》，在"人工智能服务于公共利益、新加坡和世界"的发展愿景下，围绕卓越、赋能两大战略目标，聚焦于活动推手、人与社会、基础设施与环境三大系统，制定了推进人工智能领域发展的十项抓手和十五项行动。

（三）美国智慧城市建设

在智慧城市建设过程中，美国逐步形成了从试行智能电网到建设智慧城市重点领域再到与社区共同推进发展智慧城市的路径。面对2008年的全球金融危机，美国政府发布了《2009年美国复苏与再投资法案》，计划将72亿美元用于宽带网络建设，110亿美元用于智能电网建设，190亿美元用于智慧医疗建设。2015年，美国政府先后发布《白宫智慧城市行动倡议》《美国创新战略》以及《智慧互联社区框架》等重要政策，从国家层面推进智慧城市建设。2017年，美国网络与信息技术研发计划智慧城市和社区任务组发布《智慧城市与社区联邦战略计划：共同探索创新》，以更好地指导智慧社区中智能电网、智慧交通系统和智慧远程医疗等的建设。此外，作为美国智慧城市和社区计划的重要组成部分，自2014年以来，美国国家标准与技术研究院（National Institute of Standards and Technology, NIST）致力于通过整合数字技术来改善城市环境。2024年，《全球社区技术挑战赛战略计划2024—2026年（初稿）》发布，确立了三大目标：第一，为NIST智慧城市基础设施计划以及更广泛的智慧城市社区奠定基于研究和科学的基础；第二，拓展智慧城市的范围和议程，以应对当前的挑战，并确保社区居民、企业和组织能够公平分享发展成果；第三，构建国家智慧城市项目、研究机构、私有企业，以及下一代社区领袖、科学家和研究人员之间的公私合作伙伴关系。

（四）欧盟智慧城市建设

欧盟的智慧城市建设强调通过应用信息通信技术，来实现智慧治理、智慧生活、智慧移动性、智慧经济和智慧环境。其重点政策涵盖能源、可持续交通、数字单一市场建设等方面。其中，欧盟于2007年推出"欧盟战略能源技术计划"（SET-Plan），加速对低碳技术的开发和应用；2012年，欧盟发布2012/27/EU号能源效率指令，推动能源效率提升；2015年，欧盟启动了以《能源联盟战略框架》为核心的能源联盟，确保能源安全、可持续和充满竞争力。特别地，自2016年以来，《欧盟城市议程》将欧盟委员会、欧盟成员部委、欧盟成员城市当局和其他利益相关主体聚集在一起，共同推动城市政策的制定和实施。2020年，欧盟委员会发布了《可持续与智能交通战略》，提出10项旗舰目标和82项举措计划，推动其交通运输系统实现绿色和数字化转型。2021年，欧盟启动了"地平线欧洲"（Horizon Europe）计划，为研究和创新项目提供资助，总预算高达955亿欧元。此外，欧盟自2015年正式启动"单一数字市场"（Digital Single Market）战略，以打破欧盟境内的数字市场壁垒。2020年，欧盟委员会发布了《塑造欧洲的数字未来》《欧洲人工智能白皮书》和《欧洲数据战略》3份文件，从战略层面推动欧盟加快数字化转型。2021年，《2030数字指南针：欧洲数字十年之路》计划发布，为欧盟到2030年的数字化转型工作提供指引。2022年，《欧洲数字权力与原则宣言》出台，进一步确立了欧盟数字化转型的主要实施原则。

案例讨论：

在智慧城市开发进程中，政府应承担的角色与应有的作用是什么？

资料来源：本案例由作者参考以下资料编写。

（1）贵州省大数据发展管理局，2022. 2022智慧城市白皮书[EB/OL].（05-25）[2024-04-13]. https://dsj.guizhou.gov.cn/xwzx/gnyw/202205/t20220525_74212288.html.

（2）贵州省大数据发展管理局，2022. 智慧城市标准化白皮书（2022版）[EB/OL].（08-09）[2024-04-13]. https://dsj.guizhou.gov.cn/xwzx/gnyw/202208/t20220809_76025585.html.

（3）朱春奎，王彦冰，2021. 美国智慧城市建设的发展战略与启示[J]. 地方治理研究（4）：56-63.

（4）Think Tank European Parliament, 2014. Mapping Smart Cities in the EU[EB/OL]. (01-15)[2024-05-10]. https://www.europarl.europa.eu/thinktank/en/document/IPOL-ITRE_ET(2014)507480.

（5）European Commission, 2021. Smart Cities[EB/OL]. [2024-05-11]. https://commi

ssion.europa.eu/eu-regional-and-urban-development/topics/cities-and-urban-development/city-initiatives/smart-cities_en#related-policies.

案例九

广东省 2023 年将办好十件民生实事

（一）深入实施"粤菜师傅""广东技工""南粤家政"三项工程

开展"粤菜师傅"培训 4 万人次以上。实现技工院校招生规模 19 万人以上；支持劳动者积极参与职业技能培训，新增取得职业资格或技能等级证书的劳动者 50 万人次以上。开展"南粤家政"培训 16 万人次以上。

（二）优化生育支持政策

免费为超过 50 万名适龄妇女提供一次乳腺癌、宫颈癌筛查，提高妇女"两癌"早诊早治率。免费为 64 万名孕妇提供地中海贫血、唐氏综合征、严重致死致残结构畸形的产前筛查。新增公办幼儿园学位 6 万个，落实全省学前教育生均拨款不低于每生每年 500 元，巩固公办幼儿园在园幼儿占比达到 50%、公办和普惠性民办幼儿园在园幼儿占比达到 83%。建设 21 个城乡学前教育一体化管理资源中心，以乡镇中心幼儿园带动镇域内幼儿园开展教研活动、规范园所管理、提高办园质量。

（三）推进城镇保障性安居工程建设

推动重点城市加快筹建保障性租赁住房，新增筹集建设保障性租赁住房不少于 22 万套（间），有效促进解决新市民、外来务工人员等群体住房困难问题。发放城镇住房保障家庭租赁补贴不少于 3 万户。新开工改造城镇老旧小区不少于 1100 个。

（四）大力推动健康养老服务体系建设

持续增加医养结合机构数，65 岁及以上老年人医养结合服务率超 30%。推进家庭医生签约服务，65 岁及以上老年人城乡社区规范健康管理服务率超 60%。新增 64 个社区（村居）心理关爱项目点，开展老年人心理关爱行动。为 2.2 万户特殊困难老年人家庭开展适老化改造。

（五）深入推进"四好农村路"建设和农村生活污水治理

新建和改造提升农村公路超 3868 公里，对 248 座农村危旧桥梁（含渡改桥 3 座）进行全面改造，完成村道安全生命防护工程 1000 公里。因地制宜地进行农村生活污水治理，新增完成 1000 个自然村生活污水治理提升工程。

（六）加大食品药品安全监督检测力度

学生集体用餐配送单位抽检不少于 9000 批次，实现现场检查评价及供餐质量安全监测全覆盖,农贸市场食用农产品快速检测不少于800万批次,食品抽检达到每千人5.5批次。完成药品监督抽检不少于1.5万批次,省内生产的国家集中招标采购中标品种抽检覆盖率达到100%。

(七)开展"放心消费粤行动"

引导知名街区(商圈)、餐饮店、电商平台和品质化农贸市场开展放心消费承诺活动。新增放心消费承诺单位8000家,线下无理由退货承诺店3000家。提高消费者举报投诉处理效率,12315平台上的投诉按时办结率和举报按时核查率均超过95%。

(八)开展病险水库除险加固和地质灾害隐患治理

全面完成12座大中型、826座小型病险水库除险加固,提前两年完成现有病险水库除险加固任务。对20处大型及以上地质灾害隐患点开展工程治理,完成30个重点镇、3000平方公里的1∶10000地质灾害风险调查。

(九)提高低保、特困人员、孤儿基本生活和残疾人两项补贴保障水平

城乡低保对象最低生活保障人均补差水平分别从每月653元、300元提高到676元、311元;特困人员基本生活标准不低于当地最低生活保障标准的1.6倍。集中供养孤儿从每人每月1949元提高到2017元,散居孤儿(含艾滋病病毒感染儿童)、事实无人抚养儿童从每人每月1313元提高到1359元。困难残疾人生活补贴、重度残疾人护理补贴标准分别从每人每月188元、252元提高到195元、261元。

(十)提高惠企利民服务便捷度

整合设立市场主体诉求响应平台,全面纳入"粤省心"全流程接办体系,实现7×24小时响应接办、全流程督办、限时办结,打造不少于50类诉求智能化分办场景,实现诉求分办提速20%。深化"粤智助"政府服务自助机在基层的应用,推动户政、交管、社保、医保、公积金、就医挂号和适老助残等高频服务上线不少于200项。打造全省统一接听的12355青少年服务热线,为全省青少年提供无差别、同标准、高品质的心理咨询、法律援助、困难救助等综合服务。

案例讨论:

1. 请论述广东省民生实事的内涵。
2. 请论述广东省政府在社会民生事业中的角色与作用。

资料来源:

王伟中,2023. 政府工作报告:2023年1月12日在广东省第十四届人民代表大会第一次会议上[N]. 南方日报,01-18(A6).(有改动)

案例十
2020年全球应对新冠疫情的主要社会保障表现

2019年年底,新型冠状病毒(COVID-19)疫情(简称新冠疫情)突发;2020年1月30日,世界卫生组织将其列为国际关注的突发公共卫生事件(PHEIC);2020年3月11日,其在全球超过100个国家和地区迅速蔓延,世界卫生组织评估认为新型冠状病毒已具有大流行特征。作为百年来最严重的传染性疾病之一,新冠疫情已经造成了无法估量的灾难性后果。世界卫生组织的相关数据显示,截至2023年5月18日,全球报告了超过7.6亿例新型冠状病毒确诊病例,累计死亡人数超过693万人,其对经济社会的深刻影响还在继续。面对新冠疫情的冲击,各国政府将社会保障作为保护人民健康、就业和收入以及确保社会稳定的首要对策。必要时,政府将社保覆盖范围扩大到迄今尚未受保护的群体,提高待遇水平或引入新的福利待遇,调整行政管理和发放机制,并调动额外财政资源。2020年2月至12月,几乎所有的国家和地区都采取了行动,总共宣布了1600多项社会保障措施。

1. 拓展医疗保障制度范围

泰国、菲律宾等采取措施,构建有效的医疗保健体系,加大财政补助力度,缩小社会差距。具体措施包括向卫生系统提供额外的财政资源,提高全民卫生服务的可获得性,提升卫生服务质量等。为提升医疗机构和医务人员服务能力,西班牙、英国等征用私人卫生设施,临时加强了公共卫生设施供应。中国将远程医疗等预防、检测和治疗措施纳入医疗保险。其他措施还包括加强对医疗费用的财政支持,扩大现有医疗保障制度覆盖范围,确保保障的普遍性和连续性,泰国还将外国居民治疗纳入保障范围。

2. 提供疾病福利保障病假期间收入

奥地利、法国、德国、英国、越南等在检疫或自我隔离情况下向个人支付疾病津贴,以防止新型冠状病毒传播。澳大利亚、加拿大、葡萄牙取消了支付疾病津贴的等待期,奥地利和日本则免除了提交疾病证明的要求。德国、爱尔兰、葡萄牙、英国由政府资助,向原本无权享受疾病福利的工作者发放疾病补助金。

3. 提供失业保障

丹麦、多米尼加、德国、意大利、日本、马来西亚、荷兰和泰国等通过短期工作福利或部分失业福利,支持企业留住员工,防止其失业。澳大利亚、爱尔兰、菲律宾等向自营就业者发放失业救济金。澳大利亚、意大利、日本等对没有资格参加失业保险的下岗工人发放了一次性紧急救济金。中国、韩国等提供就业匹配、技能发展和积极劳动力市场政策等就业服务，比利时、爱沙尼亚、马来西亚等通过在线工作咨询和调解，帮助求职者找到新工作。

4. 调整公共就业计划

埃塞俄比亚修订了"生产安全网"计划，允许参与者获得3个月预付款，同时免除该期间参与者的工作义务。卢旺达暂时免除主要公共工程计划参与者的工作要求，同时继续支付现金，以使人们保持距离。菲律宾实施了一项公共就业计划，要求就业者对其家庭和附近地区进行消毒。

5. 养老收入保障

阿根廷、秘鲁、乌克兰等提前支付了社会养老金。其他措施还包括确保老年人可以有效获得医疗服务，减少老年人领取社会养老金时的身体接触。阿尔及利亚允许社会养老金领取者委托代理人代领。

6. 为残疾人提供收入支持和社会服务

阿根廷、中国、秘鲁、新加坡等通过充分维持现有残疾抚恤金来为残疾人提供收入保障。玻利维亚、埃及等除了实物福利和现有现金支付外，还推出了紧急现金支付，临时提高福利水平。澳大利亚、法国等调整了对残疾人的护理和支持政策。英国在3个月内暂停了其主要收入资助措施对残疾人的要求和限制。

7. 提供家庭福利并引入特殊的家庭休假护理政策

100多个国家为儿童及其家庭提供了支持，关键措施是普遍和专项儿童福利，以及公用事业费用减免和粮食援助。蒙古国、南非等显著提高了儿童福利待遇。加拿大、德国等在现有儿童福利之外提供一次性儿童福利金。菲律宾、危地马拉等暂时免除了享受家庭福利的附加条件。乌兹别克斯坦暂时将有子女的低收入家庭获得社会津贴的资格期限延长6个月。随着100多个国家的中小学、大学和托儿服务园所关闭，8亿多儿童和青少年受到影响，家庭休假护理政策成为关注焦点。法国、意大利等扩大了特别家庭假，以支持受学校关闭影响的在职父母。日本还对给予带薪护理假的雇主提供补贴，意大利、波兰、葡萄牙、韩国等为保姆或其他儿童保育服务提供者发放现金补贴或代金券。奥地利、法国、荷兰等为卫生保健工作者的子女提供儿童保育设施福利。

8. 扩大制度覆盖面，保护非正式就业者

越南向失去收入但没有资格参加失业保险的个人提供现金，向每年纳税申报收入低于 1 亿越南盾的暂停营业的家族企业提供现金资助。哥斯达黎加推出了一项紧急福利，为失业者提供 3 个月现金待遇。纳米比亚的紧急收入补助金给非正式工作者提供了一次性待遇。巴西向尚未参加国家社会保障的人提供网站或电话申请登记方式。厄瓜多尔向非正式就业者中的感染者、其他受影响的就业者及其家庭，提供了特别应急福利。

9. 向移民和流离失所者提供援助

在原籍国、过境国和目的地国，移徙人员在获得医疗服务和收入保障方面面临重大挑战。因此，国际劳工组织强调，各国政府必须充分考虑移民和被迫流离失所者在新冠疫情中的特殊需要。许多移徙人员生活在过度拥挤的环境中，缺乏基本卫生设施，没有条件保持安全距离，无法采取预防措施。这些情况增加了流动人口中的感染比例。一些国家努力向移民提供医疗和社会保障福利。法国和西班牙将居住许可证延长 3 个月。卡塔尔向移民免费提供新型冠状病毒检测服务。葡萄牙给予非本国国民某些权利和支持，包括医疗保健、社会支持、就业和住房。

10. 为弱势群体扩大或引入新的社会援助福利

在中国，地方政府提高了低保福利水平，具体政策由各省（自治区、直辖市）确定。印度尼西亚在 9 个月内将其平价食品计划的受益额增加了 1/3。爱尔兰和英国放宽了资格标准，以增加其低收入人群资助措施的覆盖面。萨尔瓦多、法国和西班牙等为无家可归者等弱势群体提供了额外资助。佛得角扩大社会收入促进紧急包容计划覆盖范围。西班牙推出了新的最低保障收入计划。在国家社会保障体系不健全的情况下，一些人道主义干预措施紧急填补了新冠疫情期间的保障缺口，为人民提供社会保障。例如，索马里启动计划，首次向贫困和弱势家庭提供现金。伊拉克实行了一项临时每月赠款制度。

11. 特殊或通用的现金支付

塞尔维亚、新加坡、美国等国家和地区向全体居民提供一次性现金支付；图瓦卢实施了紧急普及基本收入政策；索马里启动了 Baxnaano 方案，首次向 120 万人提供现金转移；多哥通过手机应用程序为在非正规部门工作的贫困人群实施了为期 5 个月的 "Novissi Give Directly" 移动现金转移方案，在一个月内惠及 50 多万人。

12. 缓缴社会保障费

为了缓解企业面临的资金流动困难,多国政府推迟或暂停社会保障缴费,或采取其他措施提高灵活性。中国、法国、匈牙利、泰国、越南等允许企业缓缴社会保障费,在某些情况下还允许员工缓缴。

新冠疫情之下,各国政府不得不暂停经济活动,实施程度不一的封锁措施以遏制新型冠状病毒的传播并保护国民。2020年,相对于2019年第4季度,全球工作时间损失了8.8%,相当于2.55亿个全职工作岗位,此时,社会民众能否获得充足的医疗保健、疾病和失业福利待遇显得至关重要。自新冠疫情暴发以来,由于对医疗保健服务、收入保障措施的需求增加,以及新冠疫情导致的经济衰退,因此建立社会保障底线的资金缺口扩大了约30%。为了通过国家界定的社会保障底线来保证提供至少达到基本水平的社会保障,中低收入国家每年需要额外投资3629亿美元,中高收入国家每年需要额外投资7508亿美元,分别相当于两个类别组各自GDP的5.1%和3.1%。低收入国家需要额外投资779亿美元,相当于其GDP的15.9%。新冠疫情期间,社会保障制度提供了不可或缺的支撑作用,通过制定预防性公共卫生措施和目标、保障收入和就业,从而成为强有力的经济社会稳定器。

案例讨论:

请论述世界各国政府在突发公共卫生事件中的角色与作用。

资料来源:本案例由作者参考以下资料编写。

(1)博鳌亚洲论坛,2020.《疫情与变化的世界——对新冠肺炎疫情的十点观察与思考[EB/OL]. [2024-04-17]. https://www.boaoforum.org/u/cms/www/202006/03085333wqgv.pdf.

(2)秦靖沂,2021. 社会保障应对新冠疫情的全球答卷[J]. 中国社会保障(4): 30-31.

(3)International Labour Organization, 2021. World Social Protection Report 2020—22: Social protection at the crossroads-in pursuit of a better future[EB/OL]. (09-01) [2024-04-16]. https://www.ilo.org/global/publications/books/WCMS_817572/lang--en/index.htm.

第三节 点评与思考讨论题

一、点评

点评 1

政府肩负国家或区域产业发展、城市建设、社会民生三大经济职能。与三大经济职能相对应的是国家或区域存在的与产业发展相关联的"可经营性资源",与社会民生相关联的"非经营性资源",与城市建设相关联的"准经营性资源"。在本章第二节的案例中,案例一至案例二主要揭示了一国政府经济职能在经济发展中的演化与完善过程;案例三至案例五主要揭示了国家或区域政府的产业经济调节政策;案例六至案例八主要分析了国家或区域政府现有的城市经济调节政策;案例九至案例十主要分析了国家或区域政府现有的民生经济调节政策。

点评 2

经济学范畴的准经营性资源就是资源生成或生成性资源。资源生成是指在经济社会中原先被视为非经营性质(公共物品)的资源,在市场主体(中观经济的区域政府或微观经济的企业)的推动下,转为具备可经营性质(非公共物品)的资源。资源生成领域原生性、次生性和逆生性三类生成性资源的投资、开发与建设,符合准经营性资源这一范畴的内涵。

点评 3

政府对可经营性资源——产业经济的调节政策应该是:规划、引导;扶持、调节;监督、管理。而不仅仅是当前经济学术界热议的产业补贴。

点评 4

政府对非经营性资源——民生经济的调节政策应该是:基本托底、公平公正、有效提升。它是一个国家或一个区域的基本政策。

点评 5

政府对准经营性资源——城市经济的调节政策应该是:规划布局、参与建设、有序管理。它是国家或区域政府双重属性特征的典型表现,又是市场决定资源配置、更好地发挥政府作用的重要切入点。

点评6

　　政府对国家或区域三类资源调节的边界应该是：对产业经济——坚持退出竞争性领域，通过产业政策的引导作用，来优化非政府投资的方向、规模与结构；对民生经济——明确社会公共需要的基本范围，通过确定财政收支的合理比例，来优化社会公益事业和公共物品的方向、规模与结构；对城市经济——调整财政支出结构，通过创新财政资源的配置方式，来优化城市基础设施等（准经营性资源）的投资方向、规模与结构。

二、思考讨论题

　　1. 从对案例一、案例二的分析中，探讨一个国家或区域政府的三大经济职能是什么？国家或区域政府调配的三类资源是什么？

　　2. 准经营性资源的内涵是什么？它与资源生成或生成性资源是什么关系？

　　3. 准经营性资源向可经营性资源转换的条件有哪些？政府在其转换过程中，为什么需要去思考和解决投资资金来源、组织管理方式和市场资本运营等问题？

　　4. 从对案例三至案例十的分析中，探讨政府对区域三类资源调节的政策与边界应该是什么？

第三章

竞争优势理论

在前文介绍资源生成理论和分类区域资源的基础上，本书将竞争优势理论作为开启中观经济学的第三个章节，旨在从整体上介绍区域经济发展的动态变化，进而揭示区域政府进行资源配置的阶段性特征。本章所提出的"竞争优势理论"有着丰富而厚重的经济学理论渊源：一是比较优势相关理论，其发轫于斯密的绝对优势理论，形成于李嘉图的比较优势理论，后经赫克歇尔和俄林的要素禀赋理论拓展，继续发展完善下去；二是波特提出的竞争优势理论。为此，本章第一节在陈述比较优势相关理论和竞争优势理论的基础上，阐明中观经济学竞争优势理论的相关内容；第二节通过若干现实案例，勾勒中国经济发展的历史脉络，建立起理论和现实的联系；第三节进行简要点评，深化对竞争优势理论的理解和认识。

第一节 比较优势相关理论与竞争优势理论

一、斯密的绝对优势理论

15 世纪初到 17 世纪中叶，重商主义广为流行，其将金银等贵金属视为社会财富的主要乃至唯一形态，将国际贸易视为互通有无和赚取货币的"零和游戏"，提倡国家干预经济，奖励出口并限制进口，以实现贸易顺差和货币净流入。但随着第一次工业革命的爆发和工业经济时代的到来，重商主义狭隘的财富观和奖出限入的贸易政策主张严重阻碍了国际贸易规模的扩大，不利于资本主义大工业的发展。在这种背景下，1776 年，古典经济学家斯密在《国富论》一书中，对重商主义进行了无情的批判，并创造性地提出了绝对优势理论。斯密认为，出于利己的考虑，人类天然具有交换的倾向，这种交换有利于劳动分工的萌生，劳动生产率的提高则是劳动分工的结果。以制针业为例，在当时的生产条件下，制针大约需要抽丝、拉直等大约

18道不同的工序，通过分工，10名工人每天可以生产48000枚针，平均每人能制针4800枚。若没有分工，那么一人一天甚至可能造不出一枚针。既然分工可以提高劳动生产率，那么如果每个人都专门从事其最有优势的产品的生产，然后彼此进行交换，则对每个人都有益。同样地，对于家庭而言，斯密认为，凡是制作起来比购买更费钱的商品，不要在家里制作。

这种劳动分工理论也同样适用于国家之间。斯密认为，既然劳动分工对一个家庭来说是精明的行为，那么对一个国家来说不可能是愚蠢的行为。凡是外国能以比本国更加低廉的价格供应的商品，本国最好用自己具有绝对优势的商品去交换上述外国商品，国际分工和国际贸易由此形成。

以葡萄酒为例，由于苏格兰的气候并不适宜种植葡萄，若在暖房中种植葡萄，以酿造出与从外国购买的、品质至少一样好的葡萄酒，其成本大约是外国的30倍。在这种情形下，若鼓励苏格兰在本地生产葡萄酒，而通过法律手段禁止进口外国的葡萄酒，显然得不偿失。该例蕴含了绝对优势理论的基本原理，即两国进行国际贸易的原因建立在两国生产同种同质商品的成本差异上，如果一国生产某商品的成本绝对低于他国，且品质差异不大，那么该国就具备生产该商品的绝对优势。各国都应按照自身的绝对优势进行国际分工，生产具有绝对优势的商品，并同另一国具有绝对优势的商品相交换，这种国际贸易模式将使得进出口双方同时受益。

此外，斯密还将一国的绝对优势归结为自然优势和获得性优势两种，前者是指在先天的气候、土地、矿产等方面处于相对固定状态的优势，后者是指后天通过长期积累或培训所获得的技术、经验等方面的优势。

二、李嘉图的比较优势理论

斯密的绝对优势理论较为科学地解释了国际贸易产生的原因、模式及其所得，并有力地反驳了重商主义所主张的国际贸易"零和游戏"和奖出限入政策，具有重大的理论和现实意义。然而，该理论将互惠贸易限定在两国各自都拥有具有绝对优势的商品的前提下，却不能解释现实中存在的，一个国家在全部商品都处于绝对劣势时，仍能同另外一个国家进行国际贸易并使双方同时受益的现象。

在此基础上，1817年，李嘉图在《政治经济学及赋税原理》一书中继承和发展了斯密的绝对优势理论，进而提出了更具一般性的比较优势理论。该理论认为，国际劳动生产率的不同是国际贸易的唯一决定因素，如果一个国家在本国生产某商品的机会成本（用其他商品来衡量）低于在其他国家生产该商品的机会成本，则该国在生产该商品上就具有比较优势。各国应按照自身的比较优势进行国际分工，即按照"两优取其重，两劣取其轻"的原则，由一国生产比较优势较大的产品，另一国生产比较劣势较小的产品，并彼此交换，进出口双方将因此同时受益。

李嘉图借助一个简单易懂的数学模型，对比较优势理论进行了直观说明。如表 3-1 所示，劳动分工前，在葡萄牙，生产 1 单位葡萄酒和 1 单位毛呢所需劳动量均少于英国（80<120，90<100），即劳动成本都低于英国，因此它在这两种商品上都具有绝对优势。按照斯密的绝对优势理论，葡萄牙自己生产葡萄酒和毛呢更为便宜，无须与英国进行贸易。但根据李嘉图的比较优势理论，葡萄牙和英国仍然可以基于比较优势，进行双方都有利可图的国际贸易。

表 3-1　李嘉图模型中葡萄牙、英国两国的生产方式（劳动分工前）

国别	毛呢		葡萄酒	
	劳动量（人/年）	产量（单位）	劳动量（人/年）	产量（单位）
葡萄牙	90	1	80	1
英国	100	1	120	1

从机会成本来看，葡萄牙生产 1 单位葡萄酒的机会成本约为 0.89（80/90）单位毛呢，英国生产 1 单位葡萄酒的机会成本是 1.2（120/100）单位毛呢，因此葡萄牙具有生产葡萄酒的比较优势，同理可推知英国具有生产毛呢的比较优势。假设在世界市场上，1 单位葡萄酒可交换 1 单位毛呢。若按表 3-2 的生产方式分工，葡萄牙集中生产葡萄酒，投入 170 人/年的劳动量，可以生产出 2.125 单位葡萄酒；英国集中生产毛呢，投入 220 人/年的劳动量，可以生产出 2.2 单位毛呢。然后两国进行交换，葡萄牙使用 1 单位葡萄酒换取英国 1 单位毛呢，这使得葡萄牙拥有了 1 单位毛呢和 1.125 单位葡萄酒，英国拥有了 1 单位葡萄酒和 1.2 单位毛呢。显然，分工后，两国各自投入的劳动量没有变化，但两种商品的总产量却增加了，即葡萄酒增加 0.125 单位，毛呢增加 0.2 单位，贸易双方都因此受益。

表 3-2　李嘉图模型中葡萄牙、英国两国的生产方式（劳动分工后）

国别	毛呢		葡萄酒	
	劳动量（人/年）	产量（单位）	劳动量（人/年）	产量（单位）
葡萄牙	0	0	80+90=170	(80+90)/80=2.125
英国	100+120=220	(100+120)/100=2.2	0	0

三、赫克歇尔和俄林的要素禀赋理论

李嘉图的比较优势理论突破了绝对优势理论的局限,更为科学也更具一般性地揭示了国际贸易和国际分工产生的根源,为世界各国参与国际分工、扩大国际贸易规模提供了理论依据,是国际贸易领域最为经典的基础理论之一。

然而,该理论亦有不足之处,其论证建立在一系列严苛的前提假定上[①],不符合经济现实条件,一国的贸易实践若完全按照比较优势理论的主张,则很可能陷入"比较优势陷阱"[②]。为此,1919 年,瑞典经济学家赫克歇尔在论文《对外贸易对收入分配的影响》中,提出了要素禀赋理论的基本论点;1933 年,俄林在《区域贸易和国际贸易》一书中,对其导师赫克歇尔的思想进行了更为深入和广泛的阐释,使得要素禀赋理论最终成型。要素禀赋理论因由赫克歇尔和俄林共同创立,所以也被称为赫克歇尔-俄林理论(H-O 理论)。此外,因该理论强调了各生产要素在各国资源中所占的比例及其在各商品的生产投入中所占的比例这两者之间的相互作用,所以又被称为要素比例理论。

该理论从各国之间的要素禀赋[③]差异来解释国际贸易产生的原因,认为国内各种资源(对应要素丰裕度[④])和生产技术(影响要素密集度[⑤])之间的相互作用会对一国的比较优势产生影响。其基本逻辑在于:两国生产同种商品的价格差异是国际贸易产生的直接原因。在市场完全竞争的条件下,商品价格取决于生产成本,而生产成本又取决于要素价格,因此,两国的要素价格差异决定了其商品价格差异。在要

---

① 李嘉图模型的主要前提假定包括:只有劳动要素一种生产要素,且所有的劳动要素都是同质的;生产是在成本不变的基础上进行的,且商品的国内价格取决于劳动成本;劳动要素可在国内自由流动且实现充分就业,但不能在不同国家间自由流动;市场是完全竞争的;不考虑运输成本和技术进步的影响。
② 一国(尤其是发展中国家)完全按照比较优势理论,生产并出口初级产品和劳动密集型商品,则在与技术和资本密集型商品出口为主的发达国家的国际贸易中,虽然能获得利益,但贸易结构不稳定,总是处于不利地位,从而落入"比较优势陷阱"。
③ 要素禀赋是指一国拥有的生产要素状况。
④ 要素丰裕度衡量了一国拥有的生产要素的相对丰裕状况,如果一国的资本要素与劳动要素之比高于另一个国家,或者一国的资本价格与劳动价格之比低于另一个国家,那么该国的资本要素相对丰裕,而另一国的劳动要素相对丰裕。
⑤ 要素密集度衡量了商品生产中不同要素的相对密集使用程度,如果某商品在生产中投入的资本要素与劳动要素之比高于另一产品,则该商品是资本密集型产品,而另一商品是劳动密集型产品。

素市场完全竞争的条件下，一国的要素价格取决于要素的供求状况，而在生产技术水平相同的条件下，两国生产同种商品所需的劳动要素和资本要素之比相同。因此，要素价格主要由其供给决定，而一国的要素禀赋决定了要素的供给。劳动丰裕的国家，能够供给的劳动要素相对丰裕，劳动要素价格即工资水平就相对较低。同理，资本丰裕的国家，能够供给的资本要素相对丰裕，资本要素价格即利率水平就相对较低。因此，一国倾向于出口密集使用其丰裕要素进行生产的商品，换言之，劳动丰裕的国家拥有生产劳动密集型商品的比较优势，往往生产和出口劳动密集型商品；资本丰裕的国家拥有生产资本密集型商品的比较优势，往往生产和出口资本密集型商品。在这种贸易模式下，一国丰裕要素的所有者将在贸易中获利，稀缺要素的所有者将因贸易而受损。

四、波特的竞争优势理论

赫克歇尔和俄林的要素禀赋理论对斯密的绝对优势理论和李嘉图的比较优势理论进行了补充和拓展，其"靠山吃山，靠水吃水"的政策含义，更是成为世界各国参与国际贸易的重要准则，但其仍然局限于不存在规模经济和要素不可跨国流动等前提下，与现实经济条件不相符合。特别地，1953年，美国经济学家里昂惕夫在论文《国内生产和对外贸易：美国资本状况的再检验》中实证发现美国进口资本密集型产品，而出口劳动密集型产品。1956年，里昂惕夫在论文《生产要素比例和美国贸易结构：进一步的验证和经验分析》中再次验证了该结论。这一结论有悖于要素禀赋理论的观点，被称为"里昂惕夫之谜"，这标志着第二次世界大战后比较优势理论发展的新起点，弗农的产品生命周期理论、克鲁格曼的新贸易理论等相继被提出。在比较优势理论发展得如火如荼的同时，另一个代表性的优势理论——竞争优势理论也逐渐兴起。1980年，美国哈佛大学商学院教授波特出版了《竞争战略》，1985年又出版了《竞争优势》，1990年进一步出版了《国家竞争优势》。这三本著作从企业、产业和国家层面，系统地构建了其竞争优势理论的基本框架，被称为"竞争三部曲"。

（一）国家竞争优势的钻石模型

波特构建了钻石模型，认为一国的产业在国际上是否具备竞争力，取决于该国的国家竞争优势。国家竞争优势的构建依赖于四大关键要素，如图3-1所示，这四个相互依赖的关键要素组成钻石模型的主体，它们是一国国家竞争优势的核心支撑。

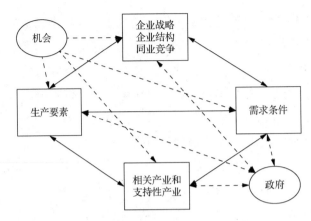

图 3-1 国家竞争优势的钻石模型

第一，生产要素。包括人力资源、自然资源、知识资源、资本资源和基础设施等，可细分为初级和高级生产要素两类，或者一般性和专业性生产要素两类。一国要想凭借生产要素建立起强大又持久的竞争优势，则必须着力于发展高级或专业性生产要素，若过度依赖初级或一般性生产要素，则通常不稳定。

第二，需求条件。它对应国内需求市场的性质（如客户的需求形态）、规模、成长模式以及将国内市场需求转换为国际市场需求的能力等方面。需求条件是一国产业发展的动力，它能够刺激该国产业及企业的改进和创新。

第三，相关产业和支持性产业。主要是指一国的上下游产业及其配套产业。很多产业的潜在优势源自其相关产业具有竞争优势，相关产业的表现与能力，自然会带动上下游产业的创新和国际化，从而提升整个产业链以及国家的竞争优势。

第四，企业战略、企业结构、同业竞争。包括如何创立、组织、管理企业，以及如何掌握竞争者的状况等。企业的战略和结构，以及同业竞争状况往往会随着产业和国情的差异而有所不同，这些差异条件的最佳组合就形成了国家竞争优势。同时，本国竞争者的状况也会在企业创新过程和国际竞争优势的形成中起到重要作用。

此外，钻石模型还囊括了影响一国国家竞争优势的两大变数。

第一，机会。其一般与该国产业所处的国内环境无关，也并非企业内部的能力，甚至不是政府所能影响的，主要受基础科技的发明创新、能源危机、战争等突发事件影响，这些事件会打破原本的状态，提供新的竞争空间，并使得钻石模型中的四大关键要素产生变化，从而影响该国的竞争优势。

第二，政府。其与四大关键要素之间存在错综复杂的关系，在国家形成竞争优势的过程中，政府发挥的作用是正面的还是负面的，要看其对钻石模型的影响，还要根据公共政策的表现加以观察。整体而言，钻石模型表明一国要想形成国家竞争优势，必须善用四大关键要素，同时加入机会要素、政府要素，彼此互动。

（二）国家竞争优势发展的四个阶段

波特认为一国在经济发展的不同阶段会表现出不同的竞争优势，并论述了国家竞争优势发展的四个阶段，如图3-2所示，这四个阶段依次为生产要素导向阶段、投资导向阶段、创新导向阶段和富裕导向阶段[1]，其中，前三个阶段是国家竞争优势发展的提升阶段，通常会促进经济繁荣发展，第四个阶段则是经济上的转折点，国家经济有可能由此逐渐衰退。

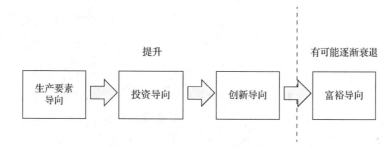

图 3-2　国家竞争优势发展的四个阶段

在生产要素导向阶段，一国产业的成功发展主要依赖于基本生产要素，即自然资源、地理环境以及丰裕廉价的劳动要素等，企业能够生产的商品有限，所需的工艺技术层次偏低，国家竞争优势主要体现为钻石模型中的生产要素。

在投资导向阶段，从政府到企业都致力于生产要素的发展活动，大量投资现代化的基础设施，以提高各产业及产业环节的紧密程度并增强竞争优势，国家竞争优势以各经济主体积极投资的意愿和能力为基础，主要体现在钻石模型中的生产要素、需求条件，以及企业战略、企业结构和同业竞争这几个方面。

在创新导向阶段，许多产业已形成完整的钻石模型，各关键要素不但自身发挥功能，且彼此有强烈的交互作用，产业和产业环节中的竞争开始深化与扩大，企业不仅拥有改善技术和生产方式的能力，还具备创造力。

在富裕导向阶段，由于国内出现竞争活动衰退、经营战略由积极转向保守、企业再投资的意愿降低、大企业左右政府保护政策以隔离竞争者等现象，因此企业开

---

[1] 因翻译差异，也称作生产要素驱动阶段、投资驱动阶段、创新驱动阶段以及共享驱动阶段。

始丧失在国际上的竞争优势，随着前三个阶段积累下来的财富不再能支撑经济本身的需求，国家经济活力开始下降。

五、中观经济学的竞争优势理论

波特的竞争优势理论突破了传统的比较优势理论的局限，从竞争优势的角度，为世界各国在更高层次上参与国际竞争提供了理论依据，并从动态发展的角度，为一国培育国家竞争优势、实现竞争阶段的转换提供了方法和思路。然而，该理论对政府作用的认识还不够全面，仅将政府因素视为一个变数，排除在钻石模型的关键要素之外。但事实上，一些国家尤其是发展中国家，政府甚至能够跨越四大关键要素，直接投资某些产业并形成竞争优势，支撑和引领一国经济实现经济发展阶段的跃升。特别地，在当今的全球经济总量日益庞大、城市化水平大幅提高、经济结构深度调整的现实背景下，区域政府在区域经济发展中的重要性与日俱增。为此，中观经济学尤其强调区域政府在资源生成领域形成竞争优势方面的重要性，并提出了系统的竞争型经济增长理论，对现有的比较优势理论和竞争优势理论进行了补充和拓展。中观经济学的竞争优势理论涵盖三个层次的内容：一是区域政府的"三类九要素"竞争；二是竞争型经济增长的四个阶段；三是区域经济竞争梯度推移模型。

（一）区域政府的"三类九要素"竞争[①]

中观经济学认为，一国的经济增长是由双动力驱动的，企业和区域政府都是推动经济增长的主体——企业竞争对促进产业经济发展具有重要作用，区域政府竞争对促进城市经济增长具有重要作用。其中，区域政府竞争通过对区域资源要素的有效配置来体现，广义的区域政府竞争体现为对"可经营性资源""准经营性资源""非经营性资源"三类资源配置的全要素竞争，狭义的区域政府竞争则侧重体现为对"准经营性资源"的结构调整与有效配置上。

进一步，中观经济学使用"三类九要素"理论概括区域政府竞争的主要表现：区域政府竞争集中体现在经济发展水平、经济政策措施、经济管理效率三大类别上，每个类别又包括三个要素，由此形成与经济发展水平相关的项目竞争、产业链竞争和进出口竞争，与经济政策措施相关的基础设施竞争、人才科技竞争以及财政金融

---

① 本部分仅对区域政府的"三类九要素"竞争作初步介绍，详细内容，参见本书第五章。

竞争，与经济管理效率相关的政策体系竞争、环境体系竞争和管理体系竞争。

（二）竞争型经济增长的四个阶段

中观经济学认为，世界各国或各区域经济增长的基调都是竞争型经济增长。从区域政府的经济发展来看，区域政府的资源配置路径主要经历了"要素驱动—投资驱动—创新驱动—共享驱动"四个阶段。在区域政府资源配置路径的动态变化中，区域经济增长的核心驱动力存在差异，由此形成竞争型经济增长的四个阶段，分别是：由产业经济竞争主导的增长阶段、由城市经济竞争主导的增长阶段、由创新经济竞争主导的增长阶段以及由竞争与合作经济主导的经济增长阶段。

1. 由产业经济竞争主导的增长阶段

由产业经济竞争主导的增长阶段，是指主要依靠要素和产业经济竞争驱动经济增长的发展阶段。 对于区域政府来说，产业经济竞争主要是在区域经济增长的初始阶段，即要素驱动阶段占据主导地位，主要表现为区域产业链配套与产业集群发展程度和区域产业政策的竞争，其实质是区域生产要素配置的竞争，是区域政府对原生性资源的一种调配与争夺。在区域经济发展的初始阶段，经济增长主要依靠产业经济领域的竞争带动，这一领域的主要竞争主体是企业，而几乎所有成功的企业都依赖于本区域的基本生产要素如劳动、土地、资本等。

这一阶段的本地企业主要有如下特征。一是以价格竞争为主要竞争形式，本地企业能够提供的商品不多，应用的技术层次也不高。二是本地企业自身无法创造技术，必须依靠外来企业提供经验与技术。三是本地企业很少能与商品的最终顾客进行直接接触，国内外市场的贸易机会多数掌握在外来代理商手中。因此，在这一阶段，各国区域政府应该采取有效措施，大力招商引资，开展项目竞争，完善产业链配套，形成产业集群，鼓励进出口贸易，发挥生产要素优势，驱动资源配置，不断推动区域经济增长。

这一时期的经济发展大致会经历三个阶段。第一个阶段是区域依赖本地资源发展的阶段，区域经济发展的起步和产业的短期崛起都依赖于大量投入生产要素并粗放式扩大其规模。但从长期看，这种仅依赖本地资源的生产要素驱动式增长后继乏力，只是一种初级的、短期扩张的手段。因此，从本地吸纳资源的发展模式终究会转向从域外争夺资源的模式。这就是第二个阶段，即区域全力开展招商引资、招才引智的阶段。此时区域的产业发展就不仅仅依赖于争夺项目、完善产业链配套、形成产业集群、扩大进出口贸易、占领国内外市场等方面的竞争，更依赖于科技人才和环境配套。在此阶段，作为招商引资载体的各类产业园区陆续脱颖而出，这些竞争将很快推动区域经济发展进入第三个阶段。在第三个阶段，区域政府将展开政策配套和环境优化的竞争。由于区域政府的配套政策对招商引资、招才引智的成效具有重要影响，因此各区域会在项目政策、土地政策、产业补贴政策、人才支撑政策、科技投资政策、担保贴息政策，甚至相关的子女就学政策、父母就医政策等方面展开竞争。

2. 由城市经济竞争主导的增长阶段

由城市经济竞争主导的增长阶段，是指主要依靠投资和城市经济竞争驱动经济增长的发展阶段。对于区域政府来说，城市经济竞争主要是在区域经济增长的第二阶段，即投资驱动阶段占据主导地位，主要表现为城市基础设施软硬件乃至智慧城市开发建设，以及与之配套的政策措施方面的竞争，其实质是区域突破了由生产要素驱动经济增长的局限，迈向由投资驱动增长的阶段，是区域政府对次生性资源的开发与争夺。在这一阶段，由于区域人均收入水平普遍上升，人们开始追求高品质的生活，因此对区域发展提出更高的要求，这在客观上会迫使区域政府提供更好的环境、更发达的交通、更便捷的通信以及更高水平的教育、卫生、保健服务等。此时，经济增长主要依靠城市经济领域的竞争带动，这一领域的主要竞争主体是区域政府，其发挥着"规划布局、参与建设、有序管理"的三重作用，即不仅要做好规划布局，而且要遵循市场规则，还要在该领域的投资、开发、运营和管理中，发挥宏观引导、有效调节和监督管理的作用，通过配套政策，达到政府推动、企业参与、市场运作三位一体有效结合的效果。

特别地，城市经济的规划布局，涉及区域资源配置的三个层次：第一层次是区域经济发展的概念规划，它体现了一个区域的主要经济和社会功能的界定，其目标是使区域朝着宜居、宜业、宜游的方向，实现创新发展、协调发展、绿色发展、开放发展、共享发展；第二层次是区域经济发展的城乡规划，它侧重于对城乡一体化基础设施软硬件的布局、开发、投资与建设，这将直接影响城市经济的竞争力；第三层次是区域经济发展的土地规划，区域政府应严格按照用地性质，区分不同的投资项目，制定严格的准入制度，构建科学合理的城市资源配置格局。概念规划、城乡规划和土地规划三位一体，划定了城市经济竞争的政策范围，使区域政府在城市经济的战略规划、实施标准、项目评估、市场准入、法治保障等方面制定细则，发挥作用，促进城市经济发展。

3. 由创新经济竞争主导的增长阶段

由创新经济竞争主导的增长阶段，是指主要依靠创新和创新经济竞争驱动经济增长的发展阶段。对于区域政府来说，创新经济竞争主要是在区域经济增长的第三阶段，即创新驱动阶段占据主导地位，主要表现为区域政府在促进理念、技术、管理以及制度创新的政策措施方面的竞争，主要特征是对逆生性资源的一种调控与遏制。

在这一阶段，区域政府理念创新是区域竞争的焦点。如前所述，在区域经济发展处于要素驱动和投资驱动阶段时，经济增长以拼资源、拼成本为主，容易产生过分掠夺致使产业资源和城市资源枯竭、生产效率低下、技术滞后、人才流失、社会矛盾激化等问题，必须尽快转型。这时，区域下一阶段的发展思路、方向和方式就至关重要，需要先进理念来引领。区域政府的理念创新既包括对区域资源的整体把握和调控，对区域未来发展战略的定位和发展模式的全面规划，也包括在顶层设计上解决好发展方式和发展动力等问题。在生产要素驱动阶段和投资驱动阶段之后，区域政府应该用创新发展、协调发展、绿色发展、开放发展、共享发展等理念超前引领，推动区域经济可持续发展。

在这一阶段，区域政府技术创新是区域竞争的制胜点。技术创新对经济发展的驱动作用是爆发式的，能够推动区域经济产生从量变到质变的飞跃，使区域经济实现全过程、全要素的突破性发展，使资源得到优化配置。因此，在此阶段，技术创新是核心驱动力，能够催生新产品、新产业、新模式、新业态。技术创新与金融、产业创新相融合，将激发持续的创新驱动力。

在这一阶段，区域政府管理创新是区域竞争的关键。当经济发展阶段从要素驱动阶段过渡到投资驱动阶段，区域竞争的主要手段是扩大投资规模，刺激经济增长。在这一阶段，区域政府的管理创新能力成为关键，政府应加强管理的规范性，强化快速反应能力，贴近市场，服务企业，发展网络结构和矩阵结构，减少管理层次，以更高的效率和灵活性有效提高管理水平，促进经济稳定、有序发展，助力区域竞争。

在这一阶段，区域政府制度创新是区域竞争的必然选择。制度创新是理念、技术和管理创新的根本保障，能够促进三者融合发展。如果各区域的经济发展都沿着生产要素驱动、投资驱动、创新驱动和共享驱动阶段的轨迹前行，那么，在三大产业发展日新月异、民众环境意识越来越强、新的经济发展模式和个人成长模式推陈出新的创新驱动阶段，区域政府就不仅需要理念创新、技术创新和管理创新，还需要制度创新来确保区域的竞争优势。因为在创新驱动阶段，经济发展呈现灵活、迅捷、多样的特点，政府只有使制度与之相匹配，才能紧随创新驱动时代的潮流，引领经济发展方向，保持经济的持久活力。

综上所述，在由创新经济竞争主导的经济增长阶段，区域政府既要以技术创新引领经济发展，又要全面地、创造性地处理经济发展给该区域带来的危害。在这一阶段，区域政府应根据经济的实际运行状况，科学地开展全方位、全过程、全要素的理念、技术、管理和制度创新，这将促进区域经济科学、可持续发展，在创新驱动阶段取得可喜的成效，即实现基于提高"全要素生产率"①的增长。

4. 由竞争与合作经济主导的增长阶段

由竞争与合作经济主导的增长阶段，是指主要依靠竞争与合作和共享经济驱动经济增长的发展阶段。对于区域政府来说，竞争与合作主要是在区域经济增长的第四阶段，即共享驱动阶段占据主导地位，主要表现为对思想性公共物品、物质性公共物品、组织性公共物品、制度性公共物品四类公共物品的一种争夺与共享。在这一阶段，区域经济将经历更为深刻的转化过程：从依赖本区域资源转向探索域外、开发各类国际经济资源（如太空资源、深海资源、极地资源等），切换经济发展模式；从单纯通过企业竞争配置产业资源，到区域政府相互竞争，参与配置城市资源和其他新的生成性资源；从单一市场机制发挥作用，到有为政府与有效市场相结合，构建区域经济增长的投资新引擎和创新新引擎。在这一转化过程中，区域间的竞争必然涉及如何维护经济治理体系的公平、公正原则的问题。一方面，需要维护各区域的经济利益和区域间的经济秩序，也需要维持和扩大开放型经济体系；另一方面，各区域在开拓经济新领域的过程中，为应对新问题，需要制定新规范，会不断产生跨区域的新挑战，这在客观上会导致区域间竞争与合作共存的格局。

在这一阶段，区域产业体系已升级为具有区域竞争力的现代产业体系；区域基础设施已形成区域内互联互通、区域外通道顺畅的功能完善的网络；区域通过技术创新，已形成集聚创新资源的开放型区域协同创新共同体。进一步，区域的竞争型增长，在客观上形成了人类社会的四种共享产品或公共物品。第一是思想性公共物品。比如对市场机制运作体系的重新认识，即市场竞争不仅存在于产业经济的企业

---

① 所谓全要素生产率，是20世纪50年代诺贝尔经济学奖获得者索洛提出的概念，其实质是技术进步率，即除去所有有形生产要素（劳动、资本、土地等）以外的纯技术进步带来的生产率的增长。换句话说，全要素生产率的增长就是在所有的有形生产要素的投入量保持不变时，那些无形生产要素的变动带来的生产量的增加，它是长期经济增长的重要动力。

竞争中,还存在于城市经济的区域政府竞争中,成熟市场经济应该是有为政府与有效市场相融合的经济体系等。第二是物质性公共物品。比如,信息化与工业化、城市化、农业现代化、国际化的结合,相关的软硬件基础设施建设推动了区域公共交通、城市管理、教育、医疗、文化、商务、能源、环保等物质条件的改善与提升。第三是组织性公共物品。比如,传统的城市建设如摊大饼,现代化的城市发展则要求组团式布局,因此区域经济秩序的架构在从摊大饼模式走向组团式布局时,就实现了组织管理的改革创新。第四是制度性公共物品。比如,在"让区域带来更多发展机遇""让经济增长成果普惠共享"等原则指导下的制度安排,使区域的劳动、就业、保障和社会政策等进一步完善,其成果具有共享性。由此可见,在区域由竞争与合作经济主导的增长阶段,即共享驱动阶段,区域政府间应遵循的基本原则是:第一,改革引领,创新发展;第二,统筹兼顾,协调发展;第三,保护生态,绿色发展;第四,合作共赢,开放发展;第五,惠及民生,共享发展。总之,构建竞争与合作相融合的创新型、开放型、联动型、包容型和共享型区域经济体系,将是这一阶段的可持续的经济增长方式。

(三)区域经济竞争梯度推移模型

中观经济学使用区域经济竞争梯度推移模型来阐释区域经济发展的动态变化特质以及其中区域政府进行资源配置的侧重点。该模型如图3-3所示,其中,A至I表示不同的区域,1至4表示区域经济发展的四个阶段。

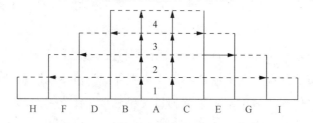

图3-3 区域经济竞争梯度推移模型示意图

由产业经济竞争主导的经济增长阶段为第一阶段,属于区域经济发展的初始阶段,在此阶段,技术水平较低,资本积累较少,区域更多依靠劳动力、自然资源等生产要素在数量上的简单扩张来形成增长动力,因此呈现出要素驱动的特征,其经济增长方式具有基础性和普适性,这是区域政府竞争的第一个层次。

由城市经济竞争主导的经济增长阶段是第二阶段,属于区域经济发展的扩张阶段,此阶段以城市硬件基础设施的大量投资为起点,以城市软件基础设施和城乡一体化的软硬件设施的大量投资为过程，以智慧城市的开发和完善为终点。区域经济增长由此出现一个又一个高潮，因此呈现出投资驱动的特征，其经济增长方式中政府参与的痕迹明显，这是区域政府竞争的第二个层次。

由创新经济竞争主导的增长阶段是第三阶段，属于区域经济发展的高质量阶段，在此阶段，技术创新作为主导力量，引领理念、组织和制度的全面创新，从而使经济增长模式不断推陈出新，经济发展的质量获得全方位提升，呈现出创新驱动的特征，推动着区域经济竞争向高端化发展，这是区域政府竞争的第三个层次。

最终，区域政府将迈向第四阶段，即竞争与合作相融合的高级阶段，在此阶段，区域经济将沿着"竞争为主→竞争与合作共存→合作共赢为主"的轨迹前行，表现出共享驱动的特征。此时，在区域经济竞争中形成的思想性公共物品、物质性公共物品、组织性公共物品和制度性公共物品，将成为区域间普惠共享的经济增长成果，推动各区域经济与社会的共同进步。

1. 区域经济竞争梯度模型对应的四种经济学说

与上述四个发展阶段相对应，存在着四种经济学说。

第一，产业效应说。在由产业经济竞争主导的经济增长阶段，由于区域经济发展在空间上并不同步，往往是一些具备产业发展内在因素和外在条件的区域率先发展，因此这些区域的产业逐渐集聚、经济不断增长，并与产业发展滞后的区域相互影响，使产业发展需要的各种生产要素不断从经济欠发达区域向经济发达区域集聚，形成区域竞争优势和产业效应。因此，在这一阶段，区域政府要在竞争中脱颖而出，就应大力招商引资、引进项目、完善产业链、鼓励进出口、拓展国内外市场，加强对产业经济的规划引导、扶持调节、监督管理等配套政策。

第二，城市扩展说。在由城市经济竞争主导的经济增长阶段，区域经济增长的动力主要来自多层次的城市基础设施的投入和城乡一体化的发展，具体包括核心城市软硬件基础设施的投资、城乡一体化基础设施的建设和智慧城市的开发运用等。处于多层次城市系统中的各区域政府，对城市基础设施投资建设时，应遵循"政府推动、企业参与、市场运作"的原则来配套政策，只有这样，才能推动城市功能的延伸、扩展，改善并优化区域经济发展环境，建设完善的城市经济系统，确立区域竞争优势，从而促进区域经济在此阶段实现可持续增长。

第三，创新驱动说。在由创新经济竞争主导的经济增长阶段，处于创新驱动阶段的区域（一般都是经济发达的区域），其产业部门、产品、技术、生产方式和商业营销模式等方面会出现一系列创新活动，以此为基础还会延伸出组织管理方式、制度政策措施等一系列创新活动。随着时间推移，这类源于经济发达区域的创新又会逐渐向经济欠发达区域传递。在这一阶段的区域经济竞争中，区域政府应及时、有效地推动各项有利于创新的政策措施，从而促进区域经济发展，建立区域经济优势。

第四，协同发展说。在由竞争与合作经济主导的经济增长阶段，竞争会使产业资源和城市资源向经济发达区域不断集中，但经济发达区域的增长天然地受到这一阶段区域内在因素和外在条件的制约，因此区域间会形成各类共享性的公共物品，从而保障各区域经济和社会的持续进步。因此在这一阶段，区域政府的各类经济政策和措施应沿着"以竞争为主→竞争与合作共存→以合作共赢为主"的轨迹，促进各区域协同发展。

2. 区域经济竞争梯度推移模型的四个特点

结合上述分析，图 3-3 所呈现的区域经济竞争梯度推移模型有以下四个特点。

一是区域经济竞争最早是由率先推动产业经济、城市经济、创新经济发展的经济发达区域启动，随着时间的推移及各区域内在因素和外在条件的变化，区域经济竞争从以经济发达区域为主逐渐向经济欠发达区域横向推移。即从图 3-3 中的 A、B、C 区域向 D、E、F、G、H、I 区域横向推移。

二是随着经济发展水平逐渐成熟和经济增长阶段的不断升级，区域经济竞争逐渐从产业经济纵向扩展至城市经济、创新经济等领域，即从图 3-3 中的阶段 1 向阶段 2、3、4 纵向推移。

三是在由产业经济、城市经济和创新经济竞争主导的阶段，率先推出有效的政策措施的区域，其经济发展将具有领先优势，各区域政策措施的力度和效用差异，将使其在区域间梯度经济结构中居于不同的位置，图 3-3 中 A、B、C 区域就优于其他区域。

四是经济增长阶段的升级，即从产业经济竞争主导阶段，到城市经济竞争主导阶段，再到创新经济竞争主导阶段，最后到竞争与合作经济主导阶段，这是个漫长的历史进程。但人类经济社会共同创造的各类公共物品，终将推动共享经济的普及，促成区域间经济的协同发展。竞争与合作相互作用，共同推动经济增长。尽管各区域的经济发展存在差异，但呈现横向有序推移、纵向协同发展的趋势，最终使合作共赢成为主流。

第二节 案例分析

案例一

招商引资

所谓招商引资,从狭义来看,是指招商引资主体利用区域内的土地资源、政策资源、劳动力资源等交换投资者的投资。从广义来看,则包括营造区域投资环境的各种行为。招商引资的主体涵盖在招商引资活动中主动或被动接受他人委托进行招商引资的机构、组织或个人,既包括政府部门及其下属事业单位和派出机构,又包括投资咨询机构、行业协会等社会中介组织,以及土地开发商、运营商等企业。招商引资的客体是资本,包括实物资产(如土地、厂房、机器设备等)、专利技术、人力资源及其他生产要素。

自改革开放以来,中国各地方政府主要借助经济特区、开发区、高新区、工业园区、保税区等载体,利用税收和土地等优惠政策、财政奖励政策和金融支持政策等,来推动招商引资活动的发展。伴随着改革开放的深化和投资环境的改善,中国的招商引资实践大致经历了四个阶段:以经济特区为载体的探索起步阶段;以开发区、高新区、工业园区保税区等经济园区为载体的快速推进阶段;以新城区建设、棚户改造、市政建设等为载体的调整优化阶段;以"招商引资、招才引智"为主要特征的"双招双引"阶段。

(一)探索起步阶段(1978—1991年)

改革开放初期,中国产业资本严重不足,国内过低的储蓄水平无法推动经济的持续增长,亟须引入国外资本。作为吸引国外资本的初步探索,1980年8月,第五届全国人民代表大会常务委员会第十五次会议决定,批准施行《广东省经济特区条例》,在广东省深圳、珠海、汕头三市分别划出一定区域,设置经济特区,进行招商引资政策试验。根据《广东省经济特区条例》,客商用地享有优惠;经济特区企业进口生产等所必需的机器设备、零配件、原材料、运输工具和其他生产资料,免征进口税;经济特区企业所得税税率为15%,符合条件的企业还享有特别优惠待遇。随着中国进一步对外开放,各地的招商引资工作进一步发展。1984年,国务院批准大连、秦皇岛、天津等14个沿海城市为首批对外开放城市;1985年,国务院批准长江三角洲、珠江三角洲和闽南厦漳泉三角地区为沿海经济开放区；1988年，中国决定设立海南经济特区，并发布《国务院关于鼓励投资开发海南岛的规定》等，给予政策扶持。在这一阶段，中国的招商引资活动局限在中央政府批准率先开放的地区，同时，其主要以经济特区为载体，并以税收优惠、降低土地价格和廉价劳动力为抓手，初步形成中央政府从宏观层面设计制度、地方政府从中观层面提供政策、招商部门从微观层面具体落实的政府主导型招商引资模式。

（二）快速推进阶段（1992—2002年）

1992年，邓小平同志发表南方谈话，中国的招商引资工作随之快速推进。在这一阶段，以开发区、高新区、保税区等经济园区为载体，各地方政府开展了卓有成效的招商引资活动，尤其是我国东部沿海地区通过积极的招商引资，建立起相对完善的外向型产业体系，完成了产业资本的原始积累。与此同时，从1999年开始，中国相继提出了"西部大开发"战略、"振兴东北地区等老工业基地"战略和"中部地区崛起"战略，以推动区域协调发展，并带动中西部地方政府开展招商引资活动。伴随着中国吸引外商直接投资规模的急剧扩张，招商引资开始走向市场化和社会化，同时，各地招商引资的主体逐步由中央政府转变为地方政府。随着地方政府经济管理权限的增长、自主行为空间的扩张以及财政压力的加大，地方政府促进本地经济发展的动力机制初步形成，区域经济发展的主要数据成为当地领导干部绩效考核的主要指标，因此，在经济政治双重利益的激励诱使下，各地方政府都竭尽所能地开展招商引资工作，以此带来当地经济的高增长。

（三）调整优化阶段（2003—2012年）

从2003年开始，中国的招商引资工作进入了调整优化阶段。在前一阶段的招商引资工作取得巨大成就的同时，也出现了很多问题。地方政府在招商引资的过程中出现了无序竞争行为，为吸引企业和项目落地，各地方政府竞相出台更加优惠的招商引资政策，以更多的税收返还和更低的土地价格吸引投资者，甚至出现了"引税"现象，严重影响了国家的财政收入。为此，中央对地方政府设立的各类经济园区进行了清理整顿，引导地方政府转变招商引资工作的思路和措施，促使地方政府在招商引资中更加注重投资项目的质量和效益，在有限的土地供给下实现招商引资的利益最大化。在这一阶段，地方政府逐渐优化过去的以工业化为导向、依托于经济园区的招商引资模式，在新城区建设、棚户区改造、矿区改造、市政建设等方面积极吸引国内外投资，以弥补城市化过程中的资金缺口。通过政府投资与市场投资的相互融合，实现城市建设投资主体的多元化，不仅能加快城市基础设施建设的步伐，还提升了城市的经济载体功能，推动城市经济的发展。与此同时，伴随着世界产业转移和中国各级政府招商引资策略的调整，跨国公司开始改变对华投资的产业分布，并大规模进入资本和技术密集型产业，力图顺应中国制造业转型升级的现状。加之服务业的逐步放开，中国外商直接投资也开始转向服务业。在这一阶段，中国的招商引资体系也愈发完善，政府建立的招商引资机构与民间创立的招商引资机构相互配合、相互补充，有力地推动了招商引资工作的进行。

（四）"双招双引"阶段（2013年至今）

随着中国经济转入高质量发展的新阶段，中国地方政府招商引资的对象也相应地由资本意义上的招商引资转向组合创新要素和完善产业链意义上的招商引资。党的十八大报告提出，要"利用外资综合优势和总体效益，推动引资、引技、引智有机结合"，中国的招商引资活动也随之转向"双招双引"新阶段。在这一阶段，中国各地方政府招商引资优惠和奖励政策经历了从规范管理到"再加码"的变化。2013年，党的十八届三中全会提出，完善税收制度，要"按照统一税制、公平税负、促进公平竞争的原则，加强对税收优惠特别是区域税收优惠政策的规范管理"。2014年，《国务院关于清理规范税收等优惠政策的通知》强调，在全面清理已有的各类税收等优惠政策的同时，要从统一税收政策制定权限、规范非税收等收入管理、严格财政支出管理等方面切实规范各类税收等优惠政策。"十三五"期间，受美国等发达经济体"再工业化"和印度尼西亚等东南亚发展中经济体低成本要素优势双重夹击的影响，中国实际使用外商直接投资的增速不断下滑，为此，国务院连发数文着力"稳外贸"。2020年，在新冠疫情的冲击下，国务院办公厅印发《关于进一步做好稳外贸稳外资工作的意见》，从引导加工贸易梯度转移、给予重点外资企业金融支持、加大重点外资项目支持服务力度、降低外资研发中心享受优惠政策门槛等方面提出15项具体政策措施。在上述背景下，从2017年起，地方政府再次掀起了新一轮招商引资热潮，并实施更大力度的优惠政策。

总的来说，改革开放四十多年来，招商引资作为中国经济发展的重要力量，在优化产业结构、增加税收、促进就业等方面发挥了至关重要的作用。根据商务部发布的《中国外商投资报告2022》，2021年中国全年实际使用外资达到1809.6亿美元，增速达21.2%，新设外资企业4.8万家，同比增长23.5%，实现引资规模和企业数量"双增长"。同时，中国招商引资呈现出一些新特点。一是利用外资结构持续优化，高技术产业引资增长22.1%，占比提升到28.8%，成为引资新增长点。二是重大项目支撑作用显著，合同外资5000万美元、1亿美元以上的大项目数量分别增长了26.1%和25.5%。三是开放平台引资效应凸显，21个自由贸易试验区实际使用外资占全国吸收外资的18.6%。230家国家级经济技术开发区实际使用外资同比增长25.7%，增速高于全国平均增速5.5个百分点，为稳外资作出了积极贡献。四是外资企业在华经营态势持续向好，规模以上外资工业企业营业收入、经营利润连续两年正增长，且增长速度加快，进一步增强了外资企业在华投资信心。

案例讨论：

1. 为什么政府在遵循资源禀赋推动经济增长的基础上，要大力开展"招商引资""招才引智"的经济活动？

2. 请论述"双招双引"对经济增长的促进作用。

资料来源：本案例由作者参考以下资料编写。

（1）马相东，张文魁，刘丁一，2021. 地方政府招商引资政策的变迁历程与取向观察：1978—2021年[J]. 改革（8）：131-144.

（2）潘同人，2017. 嵌入关系：中国招商引资中的政府与市场[M]. 上海：上海人民出版社.

案例二

产业园区

产业园区，也称开发区，根据联合国环境规划署（The United Nations Environment Programme，UNEP）的定义，是指在一大片土地上聚集若干企业的区域。具体地说，产业园区是一个国家或区域政府根据自身经济发展的内在要求，通过行政手段划出一块区域，聚集各种生产要素，在一定空间范围内优化功能布局，使之成为结构高级化和竞争力较强的现代化产业分工协作的生产区。自改革开放以来，中国涌现了工业园区、经济技术开发区、高新技术产业开发区、保税区等一大批产业园区，其发展可分为孕育期、初始培育期、高速发展期、稳定整顿期和创新发展期五个阶段。

（一）孕育期（1979—1983年）

1978年，党的十一届三中全会揭开了改革开放伟大征程的序幕。1979年1月，原交通部（现交通运输部）和广东省联合向国务院上报《关于我驻香港招商局在广东宝安建立工业区的报告》。1979年1月31日，中央批复同意了建立蛇口工业区的请示,蛇口工业区作为中国第一个对外开放的工业园区,正式设立。同年 7 月,中共中央、国务院批转广东省的《关于发挥广东优越条件,扩大对外贸易,加快经济发展的报告》和福建省的《关于利用侨资、外资,发展对外贸易,加速福建社会主义建设的请示报告》,确认"两省对外经济活动实行特殊政策和灵活措施,给地方以更多的主动权,使之发挥优越条件,抓紧当前有利的国际形势,先走一步,把经济尽快搞上去""关于出口特区,可先行在深圳、珠海两市试办,待取得经验后,再考虑在汕头、厦门设置的问题"。1980 年 5 月,中共中央、国务院批转《广东、福建两省会议纪要》,正式决定将"出口特区"改名为"经济特区"。同年 8 月,第五届全国人大常委会第十五次会议审议批准在深圳、珠海、汕头、厦门设置经济特区。在四大经济特区良好的经济发展态势下,我国中央政府和地方政府建立产业园区的想法愈发迫切。

(二)初始培育期(1984—1991 年)

1984 年 5 月,中共中央、国务院批转《沿海部分城市座谈会纪要》,决定进一步开放天津等 14 个沿海港口城市,并提出逐步兴办经济技术开发区。《中国开发区审核公告目录》(2018 年版)的相关数据显示,1984—1991 年,国务院一共批准设立 15 个国家级经济技术开发区、27 个国家级高新技术产业开发区、3 个保税区以及 3 个其他类型国家级开发区。这一时期,中国处在产业园区建设和管理的摸索阶段,形成了产业园区"办成技术的窗口、管理的窗口、知识的窗口和对外政策的窗口"的"四窗口"模式,以及"以发展工业为主、以利用外资为主、以出口创汇为主和致力于发展高新技术产业"的"三为主、一致力"发展方针。这一阶段的产业园区着力完善基础设施建设,由"三通一平"向"五通一平"及更高水平[①]提升,并依靠国家的土地、税收等优惠政策获得发展机遇,形成了具有一定吸引力的投资环境。然而,这一时期,外资进入中国尚处于试探和观望阶段,各不同形式的产业园区吸引的主要是服装、食品等行业的劳动密集型中小企业,这些企业技术水平低,技术转让或技术转移很少发生。

(三)高速发展期(1992—2002 年)

1992 年邓小平同志南方谈话后,随着我国对外开放战略的实施,在全国范围内

---

① "三通一平"即通水、通电、通路和场地平整;"五通一平"即通水、通电、通路、通信、通燃气、场地平整;"七通一平"即通水、通排水、通电、通信、通路、通燃气、通热力供应以及场地平整。

形成建设产业园区的热潮。《中国开发区审核公告目录》（2018年版）的相关数据显示，1992—2002年，中国新增39个国家级经济技术开发区、26个国家级高新技术产业开发区、21个国家级海关特殊监管区域、14个国家级边境/跨境经济合作区以及17个其他类型国家级开发区。到2002年末，中国的产业园区已由国家层面迅速拓展到省级、市级、县级层面，甚至包含部分乡镇地区。在地域范围上，由沿海向沿边、沿江乃至内陆省会城市不断推进；在产业领域上，从生产领域逐渐拓展到服务领域和高新技术领域，基本形成全方位、多层次的开放格局。在这一时期，跨国公司争相进入中国投资，投资的热点由经济特区向产业园区转移。相应地，各类产业园区的工作重心开始由基础设施建设向招商引资转移。1997年以后，亚洲金融危机爆发加之产业园区优惠政策到期等国内外环境变化，使产业园区外资流失明显。在这一背景下，1999年，国家级经济技术开发区外资工作会议指出，国家级经济技术开发区吸引外资，在思想认识上要实现两个转变，一是从依靠政策优势向依靠综合环境优势转变，二是从注重规模效益向注重质量效益转变。在工作着力点上也要实现两个转变，即从土地经营转变到资本经营和技术经营，从经济开发转变到经济开发和技术开发并重，以运行机制的转变和体制创新再创国家级经济技术开发区发展的新优势。

（四）稳定整顿期（2003—2008年）

2001年，中国正式加入世界贸易组织，这给中国带来国际资本和产业加速转移历史性机遇的同时，国民待遇、公平竞争等入世承诺的兑现，也对产业园区建设和发展提出了更高的要求。自2003年起，产业园区的发展进入了稳定整顿期。为遏制产业园区盲目扩张以及无序发展，中国在2003—2004年出台了《国务院办公厅关于清理整顿各类开发区加强建设用地管理的通知》《国务院关于加大工作力度进一步治理整顿土地市场秩序的紧急通知》《清理整顿现有各类开发区的具体标准和政策界限》《国务院办公厅关于暂停审批各类开发区的紧急通知》和《国家税务局关于清理检查开发区税收优惠政策问题的通知》等文件，在全国范围内清理和整顿产业园区。2004年，全国国家级经济技术开发区工作会议提出，国家级经济技术开发区的发展方针调整为"三为主、二致力、一促进"，即以提高吸收外资质量为主，以发展现代制造业为主，以优化出口结构为主，致力于发展高新技术产业，致力于发展高附加值服务业，促进国家级经济技术开发区向多功能综合性产业区发展。在这一时期，产业园区的发展逐步走向成熟，在管理体制上，产业园区基本上建立了符合国际规范的国际化管理体制，设立了综合性的经济行政管理部门；拥有了一批高素质的行政管理队伍；基本理顺了政企关系，形成了众多为企业服务的中介机构。在产业发展上，产业园区由单纯为招商而招商的出口加工模式，发展成为依托核心企业和主导产业、具有鲜明特色的产业功能区。

（五）创新发展期（2009年至今）

2009年以后，中国对产业园区实行了新一轮的升级，开启了国家开发区"扩容"的序幕。《中国开发区审核公告目录》（2018年版）的相关数据显示，2009—2017年，中国新增165个国家级经济技术开发区、102个国家级高新技术产业开发区、75个国家级海关特殊监管区域、4个国家级边境/跨境经济合作区以及3个其他类型国家级开发区。2011年，全国国家级经济技术开发区和边境经济合作区工作会议提出："先进制造业与现代服务业并重，利用境外投资与境内投资并重，经济发展与社会和谐并重，致力于提高发展质量和水平，致力于增强体制机制活力，促进国家级经济技术开发区向以产业为主导的多功能综合性区域转变"的"三并重、二致力、一促进"的发展要求。2014年，《国务院办公厅关于促进国家级经济技术开发区转型升级创新发展的若干意见》发布。2016年，《国务院办公厅关于完善国家级经济技术开发区考核制度促进创新驱动发展的指导意见》发布，促进国家级经济技术开发区的转型升级、创新发展。伴随着全球经济和产业格局发生深刻变化，中国经济步入新常态，2017—2020年，中国先后出台《国务院办公厅关于促进开发区改革和创新发展的若干意见》《国务院关于推进国家级经济技术开发区创新提升打造改革开放新高地的意见》《国务院关于促进国家高新技术产业开发区高质量发展的若干意见》，对促进产业园区改革和创新发展作出部署。这一时期，中国大力实施创新驱动发展战略，推动产业园区"成为带动地区经济发展和实施区域发展战略的重要载体，成为构建开放型经济新体制和培育吸引外资新优势的排头兵，成为科技创新驱动和绿色集约发展的示范区"，实现发展方式"由追求速度向追求质量转变，由政府主导向市场主导转变，由同质化竞争向差异化发展转变，由硬环境见长向软环境取胜转变"。

总的来说，改革开放四十多年来，作为中国发展经济的重要抓手，中国的产业园区建设走过了一条由无到有、由弱变强的发展路径，通过以发展新型工业为目标的经济技术开发区和以高新技术产业化为目标的高新技术产业开发区等载体，在促进中国经济增长、体制改革、改善投资环境、引导产业集聚、发展开放型经济等方面发挥了不可替代的作用，成为推动中国工业化、城镇化快速发展和对外开放的重要平台。《中国开发区审核公告目录》(2018年版)的相关数据显示,截至2017年,中国有2543个开发区,其中,国务院批准设立的开发区共552个(包括经济技术开发区219个,高新技术产业开发区156个,海关特殊监管区域135个,边境/跨境经济合作区19个,其他类型开发区23个),省(自治区、直辖市)人民政府批准设立的开发区共1991个。中国商务部相关数据显示,2023年,全国229个国家级经济技术开发区创造地区生产总值15.7万亿元,同比增长6.4%(名义增长率,下同),其中,第二产业增加值9.4万亿元,同比增长3.9%;第三产业增加值6.1万亿元,同比增长9%;财政收入2.7万亿元,同比增长5%;税收收入2.5万亿元,同比增长9.4%;进出口总额10.1万亿元,同比增长1%;实际使用外资395亿美元,同比下降2.7%。中国工信部相关数据显示,2023年,全国178个国家高新技术产业开发区实现园区生产总值18万亿元,占全国GDP比重约14%;实现工业增加值9.2万亿元,占全国比重约23%。

案例讨论:

1. 为什么地方政府竞争的第一经济措施是开发与建设产业园区?
2. 政府在开发与建设产业园区中的角色与作用是什么?

资料来源: 本案例由作者参考以下资料编写。

(1)鲍丽洁,2012. 基于产业生态系统的产业园区建设与发展研究[D]. 武汉:武汉理工大学.

(2)任浩,甄杰,叶江峰,等,2018. 园区不惑:中国产业园区改革开放40年进程[M]. 上海:上海人民出版社:4-33.

(3)甄杰,任浩,唐开翼,2022. 中国产业园区持续发展:历程、形态与逻辑[J]. 城市规划学刊(1):66-73.

(4)张宇,1999. 国务委员吴仪在国家级经济技术开发区外资工作会议上提出加大对外开放力度[J]. 城市技术监督(7):4.

案例三

苏州工业园区

苏州工业园区位于江苏省苏州市,是中国和新加坡两国政府间的重要合作项目,被誉为"中国改革开放的重要窗口"和"国际合作的成功范例"。1994年2月11日,《国务院关于开发建设苏州工业园区有关问题的批复》发布,批准设立苏州工业园区,并同意由江苏省苏州市同新加坡有关方面合作开发建设。随后，中新双方签署《关于合作开发建设苏州工业园区的协议书》《关于借鉴运用新加坡经济和公共管理经验的协议书》和《关于合作开发苏州工业园区商务总协议书》三个重要文件。1994年5月，苏州工业园区建设正式启动，行政区划面积278平方千米，其中，中新合作区80平方千米。总体来看，苏州工业园区的建设经历了以下四个主要阶段。

第一，奠定基础阶段（1994—2000年）。该阶段是苏州工业园区以基础设施建设为特征的工业化快速启动、城市化逐步推进的重要发展阶段。在这一阶段，构建了由中新苏州工业园区联合协调理事会、中新双边工作委员会、新加坡贸工部软件项目办公室、苏州工业园区借鉴新加坡经验办公室组成的组织架构，按照产城融合理念编制了该园区发展总体规划和各类专业规划，合作组建中新苏州工业园区开发集团股份有限公司（简称CSSD）作为城市开发主体，以"九通一平"①为标准，快速推进基础设施以及一大批工厂建设，基本完成了首期启动区的开发建设和工业地块招商任务。

第二，跨越发展阶段（2001—2005年）。该阶段是苏州工业园区以产城互动并进为特征的先进制造业加速集聚、现代化城市形态初步展现的重要发展阶段。在这一阶段，苏州工业园区全面启动二、三区开发建设，迎来了大动迁、大开发、大招商、大发展时代，基本完成了80平方千米中新合作区基础设施建设及周边乡镇主要路网、配套基础设施的建设，科技园、物流园、出口加工区、高教区、环金鸡湖商圈等功能区加快发展，成功引进一大批优质项目，产业竞争力加快形成，经济发展实现巨大跨越。2001年，CSSD实施股比调整，中方财团股比由35%调整为65%，中方承担公司的大股东责任，苏州工业园区开始从引进外资、发展制造业为主向开放型经济、创新型经济"双轮驱动"转型。2005年，苏州工业园区相继启动制造业升级、服务业倍增和科技跨越计划，为后续转型升级奠定基础。

第三，转型升级阶段（2006—2011年）。该阶段是苏州工业园区致力于促进以内涵提升为特征的产业转型升级、加快建设东部综合商务新城的重要发展阶段。2006年，经国务院批准，中新合作区规划面积扩大10平方千米，为苏州工业园区推进自主创新和现代物流等生产性服务业发展提供了更大的发展空间。2010年，在转型升级"三大计划"的基础上，苏州工业园先后提出生态优化、金鸡湖双百人才、金融

---

① "九通一平"即通水、通排水、通电、通信、通路、通燃气、通热力供应、通广播电视、通排污管网以及场地平整。

翻番、纳米产业双倍增、文化繁荣、幸福社区共计"九大行动计划",形成转型升级的完整体系。

第四,高质量创新发展阶段(2012年至今)。该阶段是苏州工业园区以全面开放创新为主要特征的发展动能转换、现代化城市治理体系逐渐形成的重要发展阶段。在这一阶段,苏州工业园区全面贯彻创新、协调、绿色、开放、共享的新发展理念,深入推进开放综合试验,聚焦发力生物医药、纳米技术应用、人工智能三大特色产业集群,实施大部门制机构改革,优化调整内部管理体制,整合设立高端制造与国际贸易区、独墅湖科教创新区、金鸡湖商务区、阳澄湖旅游度假区四大功能板块,全面打造高质量的创新源地、产业高地、民生福地、宜居胜地。2013年,苏州工业园区确立了"争当苏南现代化建设先导区"的发展目标,全面实施镇改街道,高水平推进区域一体化发展,开启了深化推进改革创新的新征程。2015年,国务院批复同意苏州工业园区开展开放创新综合试验,要求探索建立开放型经济新体制,构建创新驱动发展新模式。自2016年起,苏州工业园区战略性布局人工智能产业,当时计划用3~5年打造国内领先、国际知名的人工智能产业集聚中心,布局国家级人工智能创新中心,建设产业公共服务平台。2018年,商务部向全国推广苏州工业园区开放创新综合试验的11项举措,苏州工业园区在国家级经济技术开发区综合考评中实现"三连冠",入选"江苏改革开放40周年先进集体"。2019年8月,国务院批准设立中国(江苏)自由贸易试验区,其中苏州片区(面积60.15平方千米)全部位于苏州工业园区。在当年年底公布的国家级经济技术开发区综合考评中,苏州工业园区实现"四连冠"。2023年12月,商务部公布最新国家级经济技术开发区综合发展水平考核评价结果,苏州工业园区再次以优异成绩蝉联综合排名第一,实现"八连冠"。

长期以来,苏州工业园区实施多方面举措,大力推进招商引资工作。

第一,坚持"小政府大社会"。通过大部门机构改革,构建了大经济发展、大规划建设、大文化管理、大行政执法、大市场监管等大部门制工作格局,形成"一枚印章管审批、一支队伍管执法、一个部门管市场、一个平台管信用,一张网络管服务"的"五个一"基层政府治理架构。

第二,致力于"亲商"服务。借鉴新加坡经验,践行亲商服务理念,推动一站式服务中心、企业发展服务中心等公共服务平台适应转型发展,严格依法规范处理经济社会事务,构建与国际接轨的营商环境。通过优化政府组织架构和权力运行体系,不断创新行政管理体制。

第三，打造"智慧园区"。统筹建立人口、法人、地理三大信息基础数据库，建立统一共享交换体系和数据服务平台。以"政务通、企业通、居民通"统一框架为引领，有效规范电子政务项目的集约建设，推动行政审批、居民服务等政务管理服务事项网上审批，优化流程，提高效率。

第四，提升投资软实力。实现教育一体化管理，基础教育高位均衡发展，教育现代化水平跃居江苏省前列。推进医疗机构建设，基本形成15分钟居民卫生健康服务圈。实现并保持基本养老保险、基本医疗保险、失业保险覆盖率100%，列入全国首批实施个人税收递延型商业养老保险试点区域。多元文化融合，苏州工业园区文体旅品牌渐趋成熟。

第五，鼓励措施。凭借强大的资源整合能力，苏州工业园区从产业、创新、人才等三个方面，为入驻企业提供政策保障、资金支持、平台服务、技术交流、人才激励等各类鼓励措施，不断推动发展创新。

经过多年的建设发展，苏州工业园区已形成"2+3+1"的特色产业体系（2：两大主导产业，即新一代信息技术、高端装备制造；3：三大新兴产业，即生物医药、纳米技术应用、人工智能；1：现代服务业）。截至2024年6月，累计吸引外资项目5000多个，实际利用外资超400亿美元，吸引175家境外"世界500强"企业在该园区投资了486个项目，该园区拥有金融类机构超2000家，引育上万家科技创新型企业落地。2023年，苏州工业园区实现地区生产总值3686.0亿元；一般公共预算收入411.1亿元；规模以上工业总产值6509.4亿元，其中，高新技术产值占规模以上工业总产值比重达73.9%；服务业增加值1911.8亿元，占GDP比重为51.9%；固定资产投资592.9亿元；社会消费品零售总额1173.1亿元；进出口总额6069.7亿元；实际使用外资19.5亿美元。

案例讨论：

中国和新加坡两国政府合作开发苏州工业园区的意义是什么？

资料来源：本案例由作者参考以下资料编写。

（1）任浩，甄杰，叶江峰，等，2018. 园区不惑：中国产业园区改革开放40年进程[M]. 上海：上海人民出版社：4-33.

（2）苏州工业园区管理委员会，2024. 招商亲商 宜居宜业[EB/OL].（04-29）[2024-05-10]. http://www.sipac.gov.cn/szgyyq/zsqs/common_tt.shtml.

案例四

中新天津生态城

中新天津生态城坐落在天津市滨海新区，规划面积约 30 平方千米，规划常住人口 35 万人，是中国和新加坡两国政府合作的旗舰项目以及全球首个国家间合作开发的生态城区，目的是在应对全球气候变化、加强环境保护、节约资源和能源方面，打造一个城市可持续发展的样板和范例。在城市化快速推进、全球日益注重可持续发展的大环境下，2007 年 4 月，中国和新加坡两国的领导人提议共同在中国建设一座资源节约型、环境友好型、社会和谐型的生态城市，提出"三和"和"三能"要求[①]。2007 年 11 月，两国政府签署《中华人民共和国政府与新加坡共和国政府关于在中华人民共和国建设一个生态城的框架协议》及其补充协议，提出"四项要求"和"两条原则"[②]，中新天津生态城自此正式诞生。

（一）中新天津生态城的开发建设

为推动中新天津生态城建设和发展，两国政府成立了副总理级的中新联合协调理事会和部长级的中新天津生态城联合工作委员会。2008 年 1 月，天津市政府组建了中新天津生态城管理委员会。2008 年 4 月，中新天津生态城联合工作委员会审议并通过了《中新天津生态城总体规划（2008—2020 年）》，围绕生态环境健康、经济蓬勃高效、社会和谐进步及区域协调融合方面，制定了包含 22 项控制性指标和 4 项引导性指标的指标体系，指导生态城开发和建设。2008 年 9 月，天津市政府出台《中新天津生态城管理规定》，明确了要将生态城建设成为经济蓬勃、社会和谐、环境友好、资源节约的生态之城、智慧之城，实行规划控制、指标约束、企业运作、政府监管的开发建设模式。该月，中新天津生态城奠基暨全面开工仪式成功举行。2009 年 7 月，以天津城市基础设施建设投资集团有限公司为主的中方联合体和吉宝集团为主的新方联合体共同投资建立中新天津生态城投资开发有限公司，双方各占 50% 的股份。按照规定，中新天津生态城投资开发有限公司是该生态城土地整理储备的主体，负责对该生态城内的土地进行收购、整理和储备；是该生态城基础设施和公

[①] "三和"即人与人、人与经济、人与环境和谐共存；"三能"即能复制、能实施、能推广。
[②] "四项要求"即突出资源节约与环境友好型、符合中国法律法规和国家政策、有利于增强自主创新能力、坚持政企分开。"两条原则"即体现资源约束条件下建设城市的示范意义，特别是要以非耕地为主，在水资源缺乏地区；靠近中心城市，依托大城市交通和服务优势，节约基础设施建设成本。

共设施的投资、建设、运营、维护主体，按照该生态城管理委员会的计划要求负责相关设施的建设、运营和维护，并享有相应的投资权、经营权和收益权。

（二）中新天津生态城的重点发展产业

按照规划，中新天津生态城的发展定位是中国综合性的生态环保、节能减排、绿色建筑等技术创新和应用推广的平台，国家级生态环保培训推广中心，现代高科技生态型产业基地，参与国际生态环境建设的交流展示窗口，"资源节约型、环境友好型"的宜居示范新城。为此，中新天津生态城致力于形成"一带三园四心"[①]的产业布局，主导产业包括以下五个。一是生态环保教育科技研发，主要从事生态恢复、环境污染防治、可再生能源、资源综合利用、节能环保设备等相关技术研发、教育与培训；二是生态创意产业，在产业选择中融入循环经济理念，致力于软件开发、工业计算机、汽车、航空航天、船舶、室内景观设计等领域的创新设计与开发，建设国际领先的生态设计基地；三是生态文化旅游业，包括生态型河岸建设、生物栖息地保护、湿地恢复与重建、利用水生植物进行水环境修复等一系列生态技术、文化示范项目；四是特色会展业，打造生态环保、循环经济等领域的国际重要会址及相关专利技术和产品信息展示交易中心；五是医疗保健疗养业，面向京津地区，建设集体医疗体检、康体疗养、休闲娱乐为一体的康乐中心。

（三）中新天津生态城的政策优惠

中新天津生态城是中国"京津冀协同发展"重要战略的组成部分以及中国和新加坡两国政府间的高规格项目，为促进该生态城吸引更多投资，中新双方先后出台了一系列的优惠政策，助力企业在该生态城中蓬勃发展。

第一，国家绿色发展示范区。2013年3月，国务院批准中新天津生态城建设首个"国家绿色发展示范区"。2014年10月，《中国—新加坡天津生态城建设国家绿色发展示范区实施方案》获得国务院正式批复，作为绿色发展的典型在全国推广，在放宽投资准入、加大对发展绿色产业和重大项目建设的财税扶持、低碳金融政策等方面在全国"先行先试"。

第二，意愿结汇。2009年，国家外汇管理局发布了《关于天津市中新天津生态城外商投资企业外汇资本金结汇管理改革试点的批复》，批准2010年1月1日起在该生态城进行外商投资企业外汇资本金意愿结汇管理改革试点。凡在该生态城登记

[①] "一带"即中新天津生态城的发展备用地，将建成生态科技产业带；"三园"是指国家动漫园、生态科技园和生态产业园；"四心"即城市主中心、南部中心、北部中心以及特色中心。

注册的外商投资企业,外汇资本金结汇管理方式将由"支付结汇"改为"意愿结汇"。

第三,跨境人民币创新业务。《天津生态城跨境人民币创新业务试点管理暂行办法》在2014年下半年获得中国人民银行正式批复,同意中新天津生态城开展跨境人民币贷款、该生态城内企业发行人民币债券等先行先试业务。

第四,国家自主创新示范区。2014年12月,中新天津生态城纳入"国家自主创新示范区",区内企业可以享受科技成果处置权和收益权、股权激励个人所得税、中央单位股权激励审批方案等优惠政策。

第五,其他,包括中新天津生态城人才优惠政策、新加坡政府提供的援助该生态城的方案等。

(四)中新天津生态城的最新进展

经过多年的建设发展,中新天津生态城在城市综合开发、生态环境构建、智慧城市建设、产业集群发展、民生福祉提升以及中新合作深化等方面成效显著。截至2023年,中新天津生态城常住人口超过13万;建成区面积约22平方千米;绿化面积1100万平方米,建成区绿化覆盖率超过50%;累计注册各类市场主体突破3万家,形成了智能科技服务、文化健康旅游、绿色建筑与开发三大主导产业。当前,该生态城正在加快推进"生态城市升级版"和"智慧城市创新版"的双轮驱动发展战略,加快建成国际合作示范区、绿色发展示范区、产城融合示范区和智慧城市示范区,打造生态之城、智慧之城、幸福之城。根据《中新天津生态城国民经济和社会发展第十四个五年规划和二〇三五年远景目标纲要》,在"十四五"时期,中新天津生态城要着力实现"五个跨越发展":一是主导产业实现由"单点突破"到"集群效应"的跨越;二是社会配套实现由"基本满足"到"均衡充分"的跨越;三是环境治理实现由"涵养修复"到"立体生态"的跨越;四是智慧城市实现由"试点示范"到"全域覆盖"的跨越;五是复制推广实现由"交流借鉴"到"品牌运营"的跨越。

案例讨论:

请论述中国和新加坡两国政府合作开发中新天津生态城的意义。

资料来源:

《改革》服务中央决策系列选题研究小组,王佳宁,罗重谱,等,2016.中新政府间合作项目比较:苏州、天津及至重庆[J].改革(1):52-63.(有改动)

案例五

中新广州知识城

中新广州知识城地处粤港澳大湾区顶部，坐落于广州市黄埔区。2021 年，《中新广州知识城"十四五"发展规划（2021—2025 年）》印发，提出该知识城的规划面积为 232 平方千米，常住人口由 3 万人增加到 8 万人。中新广州知识城是继苏州工业园区、中新天津生态城之后，中国和新加坡两国政府合作共建的又一个综合产业园区，也是广东省政府和新加坡政府共同倡导创立的广东省经济转型样板。在 21 世纪知识经济时代到来、全球金融危机频发、广东省产业转型升级压力变大的大背景下，2008 年 9 月，广东省政府与新加坡政府提出了粤新共建标志性项目的构想。2009 年 3 月，广州开发区与新加坡吉宝企业集团签订了《关于合作建设"知识城"项目的备忘录》。2010 年 6 月，中新广州知识城举行奠基仪式，在该仪式上，相关领导表示，该知识城的中新合作元素绝不仅仅是硬件建设的合作，更是对新加坡先进"软件"的有效借鉴与吸收。中新广州知识城将坚持走"企业先行、政府推动、市场运作"的路子，各方全力把其打造成为引领广州市、广东省乃至中国产业高端发展尤其是知识型经济发展的新引擎、汇聚全球精英人才的高地、国际一流水平的生态宜居新城、中新战略合作的代表项目和杰出典范，让中新广州知识城在广州市建设国家中心城市和全省宜居城乡"首善之区"的进程中发挥龙头带动作用。

（一）中新广州知识城的开发建设

2010 年 4 月，《中共广州市委 广州市人民政府关于加快推进知识城开发建设的决定》印发，为中新广州知识城开发建设奠定了重要的政策基础。随后，中新广州知识城管理委员设立，由其代表广州市人民政府对中新广州知识城实行统一领导和管理，负责制定中新广州知识城经济和社会发展规划，组织中新广州知识城的开发建设、招商引资等工作。2011 年 9 月，中新广州知识城投资开发有限公司作为该知识城的开发建设主体，由广州开发区/知识城管理委员会与新加坡凯德集团共同投资成立，双方各占 50%的股权。2012 年 6 月，广州市政府批准《中新广州知识城总体发展规划（2010—2020 年）》，指导该知识城的开发和建设。2016 年 7 月，中新广州知识城被国务院批准为"国家知识产权运用和保护综合改革试验区"。2018 年 11 月，中新两国签订了《中华人民共和国政府和新加坡共和国政府关于中新广州知识城升级合作的框架协议》，中新广州知识城升级为国家级双边合作项目。

2019年,中新广州知识城被纳入粤港澳大湾区战略规划,成为广深港澳科技创新走廊核心创新平台之一。2020年8月,《中新广州知识城总体发展规划(2020—2035年)》获国务院批复,同意赋予该知识城建设"知识创造新高地、国际人才自由港、湾区创新策源地、开放合作示范区"的国家使命。2022年1月,《广东省中新广州知识城条例》经广东省第十三届人大常委会第三十九次会议表决通过,就科技创新与知识产权保护、知识密集型产业发展与人才支撑、对外开放与合作、服务与保障等方面作出规定。

(二)中新广州知识城的产业发展

近年来,中新广州知识城重点围绕"IAB+NEW"战略打造千亿级产业集群,着力引进以新一代信息技术(Information Technology)、人工智能(Artificial Intelligence)、生物医药(Bio-pharmaceutical)为代表的IAB产业和以新能源(New Energy)、新材料(New Materials)为代表的NEW产业。当前,多个重点项目已进驻中新广州知识城,带动相应产业发展,充分实践"产业园区化、园区城市化"的发展模式。

第一,知识塔。作为中新国际科技创新合作示范区重点项目,知识塔是中新双方共同推动知识城在科技创新、城市建设、知识产权、人才交流与培训、招商引资等领域合作的重要载体。

第二,中新智慧园。致力打造以生物医药、新一代信息技术和人工智能产业为核心的全球化产业生态圈。

第三,广州知识城腾飞科技园。以引进生物医药、新一代信息技术、人工智能、文化创意、新能源与节能环保等产业领域的国内外一流企业为目标。

第四,广州新侨学校。致力于培养学生成为优秀的双语、双文化国际型人才,并为中新两国的师生提供优质的交流学习平台。

第五,广州知识城广场。作为全国唯一的"知识产权运用和保护综合改革试验区"的示范性项目,按照对标世界级知识产权商务服务中心的要求,打造知识产权产业全周期服务链。

第六,广州知识城大厦。项目运营将以服务为先的理念,打造智能化服务体系和平台,为进驻该知识城的企业提供高品质、智慧型的物业管理、商务运营等一体化服务和全服务链平台。

第七,国际生物医药价值创新园。构建世界级的生物医药价值创新园区,成为世界生物医药龙头企业集聚区、国际一流的生命科学研发协作示范区、国际创新领军人才汇聚区。

第八，环球协同创新枢纽。围绕知识经济主导产业，提供教育培训、科研成果转化等全方位的创新服务，联手企业打造国际化产学研卓越创新联盟。

第九，广州绿地城。该项目融合全球企业功能型总部、智慧产业研发集群、国际健康养生业集群、高知百年社区等四大业态。

第十，广州知识城国际领军人才集聚地（原"院士专家创新创业园"）。通过院士创新创业活动，培养科技创新和创业人才，转化重大科技成果。

（三）中新广州知识城的投资和人才支持政策

中新广州知识城以"提升产业竞争力和自主创新能力"为目标，把握产业发展趋势、企业成长需求，构建支撑产业转型升级的政策支持体系。截至2023年5月，中新广州知识城实有注册市场主体数超2.45万家，注册资本近6248亿元。其投资和人才支持政策具体如下所述。

第一，"黄金十条"。2017年，广州市黄埔区针对先进制造业、现代服务业、总部经济、高新技术产业四大产业分别推出十条发展政策，即四个"黄金十条"，面向全球引资引智。具体包括：《广州市黄埔区 广州开发区促进先进制造业发展办法》（穗开管办〔2017〕4号）、《广州市黄埔区 广州开发区促进现代服务业发展办法》（穗开管办〔2017〕5号）、《广州市黄埔区 广州开发区促进总部经济发展办法》（穗开管办〔2017〕6号）、《广州市黄埔区 广州开发区促进高新技术产业发展办法》（穗开管办〔2017〕7号）。2020年，这些政策升级为"黄金十条"2.0版。

第二，"美玉十条"。2017年，广州市黄埔区出台人才和知识产权两个"美玉十条"，即《广州市黄埔区 广州开发区聚集"黄埔人才"实施办法》（穗开管办〔2017〕23号）和《广州市黄埔区 广州开发区加强知识产权运用和保护促进办法》（穗开管办〔2017〕24号），面向全球招揽英才。2020年，这些政策升级为"美玉十条"2.0版本。

第三，"风投十条"。2017年，"风投十条"——《广州市黄埔区 广州开发区促进风险投资发展办法》（穗开管办〔2017〕29号）出台，吸引国内外风投创投企业落户。2020年升级为"风投十条"2.0版本。

第四，"文旅十条"。2018年，"文旅十条"——《广州市黄埔区 广州开发区促进文化创意产业发展办法》（穗埔府规〔2018〕15号）出台，推动文化创意产业发展，2021年升级为"文旅十条"2.0版本。

第五,"区块链十条"。2017 年,"区块链十条"——《广州市黄埔区 广州开发区促进区块链产业发展办法》(穗开管办〔2017〕68 号)出台,旨在大力促进区块链技术创新,推进区块链场景应用,加速培育区块链产业集群,2019 年升级为"区块链十条"2.0 版本。

第六,跨境电商扶持政策。近年来,广州市黄埔区、广州开发区出台了一系列跨境电商扶持政策,包括《广州开发区商务局关于推进广州市黄埔区 广州开发区跨境电子商务产业发展的实施意见细则》(穗开商务规字〔2019〕2 号,目前已失效)、《关于进一步促进广州开发区 广州市黄埔区跨境电子商务产业发展若干措施实施细则》(穗埔商务规字〔2024〕1 号)等。

第七,绿色发展政策。包括"绿色低碳十条"——《广州市黄埔区 广州开发区促进绿色低碳发展办法》(穗埔府办〔2017〕21 号)、"绿色金融十条"——《广州市黄埔区 广州开发区促进绿色金融发展政策措施》(穗埔府规〔2020〕11 号)等。

第八,"民营及中小企业十八条"。2018 年,"民营及中小企业十八条"——《关于大力支持民营及中小企业发展壮大的若干措施》(穗埔字〔2018〕12 号)出台,围绕解决民营及中小企业融资难融资贵难题、降低民营及中小企业生产经营成本、健全民营及中小企业公共服务体系、推动民营及中小企业创新发展、构建新型政商关系等五大方面,研究制定了十八条措施。

第九,IAB 产业发展意见。2017 年,《广州市黄浦区人民政府办公室 广州开发区管委会办公室关于加快 IAB 产业发展的实施意见》(穗开管办〔2017〕77 号)出台,全面推动 IAB 产业发展。

此外,中新广州知识城致力于为企业注册提供便利。目前,该知识城已实行多证联办制度,采用"一口受理"审批模式,一个窗口即可办理"四证一章",即营业执照、组织机构代码证、税务登记证(国税、地税)和公章,从递交完整申请资料之日算起,企业完成注册最快仅需 5 个工作日。

案例分析:

中国和新加坡两国政府合作开发中新广州知识城的意义?

资料来源:本案例由作者参考以下资料编写。

(1)中新广州知识城开发建设办公室,2019. 中新广州知识城国际生物医药价值创新园控制性详细规划的批后公布(编号:穗府埔国土规划审〔2019〕1 号)[EB/OL].

（08-20）[2024-08-11]. https://www.hp.gov.cn/zwgk/gsgb/phgb/content/post_36 01038. html.

（2）唐一歌，吴春燕，2023. 知识经济赋能一座城：中新广州知识城崛起启示录[N]. 光明日报，05-04（5）.

（3）严利，杨进，2010."企业先行政府推动"为知识城提速[N]. 广州日报，07-01（1）.

案例六

土地财政与土地金融

所谓"土地财政"，是指政府从土地开发、出让和经营过程中获得的税收、租金和规费，其主体是国有土地出让金，同时也包括与土地直接相关的多种税收和行政事业性收费。通过土地财政所获取的收入属于地方政府的预算外收入，因此也被形象地称为"第二财政"，从流行的说法——"第一财政靠工业、第二财政靠土地""吃饭靠第一财政、建设靠第二财政"可以看出土地财政对于地方政府的意义。"土地财政"与"土地金融"紧密相关。所谓"土地金融"，是指围绕土地开发、改良和经营等活动而发生的筹集、融通和结算资金的金融行为，即以土地为信用保证而获得的资金融通。

土地金融主要依托土地储备中心和地方政府融资平台，通过土地抵押贷款等方式来为城市建设融资。其中，土地储备中心是由人民政府批准成立的事业单位，主要负责土地的开发、储备和供应工作。地方政府融资平台由地方政府出资成立，土地财政获取的大部分土地出让金则是地方政府建立融资平台的基本资产。在这种模式下，土地金融获取的金融资产成为了地方政府扩大土地规模链条中的"润滑剂"——地方政府首先抵押原有的储备土地获取银行贷款，其次利用银行贷款进行新一轮的征收、开发、出让，获得的出让金用来偿还贷款，最后再使用新征用的土地进行下一轮抵押，如此循环往复。因此，土地财政不仅是地方政府财政收入的直接来源，还是地方政府用以撬动大规模金融资金的重要手段。

土地财政与土地金融的兴起有赖于中国的土地制度安排、财政和税收体制等多种复杂因素的共同作用，其深嵌于中国的工业化、城市化进程之中，并在不同阶段呈现出不同的特征。

（一）1981—1994 年：开放土地权利

自改革开放以来，中国走上了一条与计划经济时期国家工业化不一样的道路，包括 20 世纪 80 年代中期至 90 年代中期的乡村工业化以及 20 世纪 90 年代以后的产业园区工业化。

其中，前者的兴起源于包产到户制度改革释放出的大量农村剩余劳动力需要寻找出路，但是受制于现实条件，农民参与工业化大多只能在乡村突围，乡镇企业随之"异军突起"。

后者的兴起源于国家创办高新技术开发区和经济技术开发区等产业园区的时代浪潮。自 1992 年邓小平南方谈话以来，中国的工业化开始加速，各级政府纷纷创办各类产业园区。这一时期，中国在土地制度方面有所改革，一是实行所有权和使用权的分离；二是允许土地有偿使用和依法转让。1988 年的《中华人民共和国宪法修正案》在删除土地不得出租规定的同时，增加了"土地的使用权可以依照法律的规定转让"的规定。1990 年 5 月，国务院发布《中华人民共和国城镇国有土地使用权出让和转让暂行条例》（已修改），明确规定土地使用权可以采用协议、招标和拍卖三种方式出让。

（二）1995—2002 年：以地谋发展

20 世纪 90 年代中期以后，由于集体土地的乡村工业化造成大量耕地被占用、环境污染、工业不集聚等问题，产业园区工业化逐步替代乡村工业化成为中国工业化的主导模式。这一时期，中国进行了多项改革。一是 1994 年分税制改革，虽然压缩了地方政府的税收分成比例，但是将土地收入划给了地方政府，奠定了地方政府向"土地财政"转型的制度基础。二是 1998 年《中华人民共和国土地管理法（修订）》（于 2019 年第三次修正）规定实行土地用途管制制度，同时规定"国家依法实行国有土地有偿使用制度"。在此背景下，地方政府一方面利用垄断的土地权力，以协议低价供地或以土地进行产业园区基础设施建设以及招商引资；另一方面，通过将土地配置于城市发展，在获取土地出让收入的同时，增加城市发展带来的税收。三是 1998 年《国务院关于进一步深化城镇住房制度改革加快住房建设的通知》提出，要逐步实行住房分配货币化，这为地方政府获得更多土地出让收入和增加城市税收提供了通道。

（三）2003—2007 年：以地生财

2003 年以后，中国的城市化继续快速推进，并出现了土地城市化快于人口城市化、常住人口城市化快于户籍人口城市化的中国特色城市化现象。这与中国的土地制度改革和住房制度改革密不可分。

一是2002年《招标拍卖挂牌出让国有土地使用权规定》发布，要求商业、旅游、娱乐和商品住宅等各类经营性用地，必须以招标、拍卖或者挂牌方式出让。进一步，2004年《国务院关于深化改革严格土地管理的决定》发布，将工业用地纳入招标拍卖挂牌制度。如此一来，土地出让收入全部进入政府的篮子，政府经营土地的以地谋发展模式随之开启。自2003年以来，地方政府土地出让的收入出现井喷式增长，以地谋发展的模式成为筹集城市建设资金的重要渠道。

二是深化住房市场化改革，该改革成为政府实现土地出让收入的下游出口。2003年国家进一步明确住房市场化改革方向，加大住房消费信贷支持，住房市场需求大增，房地产业发展为支柱产业。

（四）2008—2016年：以地融资

2008年，为了应对国际金融危机，中国政府出台了"四万亿"财政刺激计划，加大货币和土地投放。在"四万亿"财政刺激计划中，地方政府投资的部分高达2.82万亿元，主要资金来源包括地方政府财政预算、中央财政代发地方债券以及政策性银行贷款，资金重点投向保障性住房建设、农村民生工程和基础设施建设、重大基础设施建设、医疗卫生、教育文化等社会事业以及生态环境建设等方面。2008年下半年，各级政府纷纷成立投融资平台；2009年3月，《人民银行 银监会关于进一步加强信贷结构调整促进国民经济平稳加快发展的指导意见》[①]发布，在一定程度上提高了地方政府举债的积极性。2010年，国务院发布《国务院关于加强地方政府融资平台公司管理有关问题的通知》进行政策抑制。这一时期，地方政府从以地生财阶段的以土地出让收入为依托、以新换旧的举债，转向以土地抵押和质押为主的举债。同时，自2008年以来，地方政府的土地出让成本大幅上升、土地出让收入下降，地方政府城市化的资金来源转向土地抵押融资。

总体而言，自改革开放以来，中国经济创造了"增长奇迹"，1978—2016年，中国GDP年均增速为15.00%，工业增加值年均增长率为14.14%，城市化率年均提高3.11%，中国独特的土地制度安排以及根植于此的土地财政和土地金融安排在其中发

---

① 该文件中的"人民银行"是指中国人民银行，"银监会"是指原中国银行业监督管理委员会，后于2018年改组为中国银行保险监督管理委员会。2023年，在其基础上组建国家金融监督管理总局，后同，不再赘述。

挥了重要引擎作用。简而言之，地方政府通过低价征用农民土地，以创办产业园区、土地的协议出让（即以低成本甚至零地价出让）等方式推进了工业化的调整发展；利用对土地一级市场的垄断权和经营性用地的市场化出让，并依靠土地出让收入和土地抵押融资推动了城市化的高速发展，形成了"以地招商引资—税收增加和人口聚集—城市扩张—房地产价格抬升—土地出让收入增加、土地抵押与贷款借新还旧—经济增长"的循环。然而，这也使得地方政府的经济增长过于依赖土地，地方政府收入过于依赖土地出让收入和与城市化相关的建筑业、房地产业的税收，城市建设过于依赖土地出让和土地抵押融资，从而使地方债务风险、财政金融风险变大，并可能引发地方政府违规违法用地等一系列经济社会问题。尤其是2008年全球金融危机以后，这种以地谋发展的模式愈发显现出内在脆弱性，逐渐难以为继。2017年，党的十九大报告提出："我国经济已由高速增长阶段转向高质量发展阶段"。2022年，党的二十大报告再次强调："高质量发展是全面建设社会主义现代化国家的首要任务"。伴随着中国经济结构的转型以及经济增长动力的转换，土地财政和土地金融模式也亟待转型和进一步规范发展，以更好地推动中国经济的高质量发展。

案例讨论：

1. 如何客观分析土地财政与土地金融在区域经济发展和竞争中的作用？
2. 区域经济高质量发展的根本路径在哪？

资料来源：本案例由作者参考以下资料编写。

（1）孟丽萍，2001. 我国土地金融制度的建设与基本设想[J]. 农业经济（2）：9-11.

（2）刘守英，2018. 土地制度与中国发展[M]. 北京：中国人民大学出版社.

（3）王涵霏，焦长权，2021. 中国土地财政20年：构成与规模（1998—2017）[J]. 北京工业大学学报（社会科学版），21（2）：26-38.

案例七

地方政府融资平台与城投债

1993年12月，《国务院关于实行分税制财政管理体制的决定》发布，随后，1994年以"财权上移、事权下沉"为特征的分税制改革正式启动。当时，财权和事权的不匹配使得地方政府纷纷陷入财政收不抵支的困境之中，地方官员以地区生产总值增长为导向的政治晋升机制进一步加剧了地方政府的财政收支缺口，使得地方政府的融资需求越来越强烈。然而，《中华人民共和国预算法》要求，经国务院批准的省、自治区、直辖市的预算中必需的建设投资的部分资金，可以在国务院确定的限额内，通过发行地方政府债券举借债务的方式筹措；举借的债务应当有偿还计划和稳定的偿还资金来源，只能用于公益性资本支出，不得用于经常性支出；除前款规定外，地方政府及其所属部门不得以任何方式举借债务；除法律另有规定外，地方政府及其所属部门不得为任何单位和个人的债务以任何方式提供担保。加之中国人民银行制定的《贷款通则》（现已失效）明确借款人不包含地方政府及其部门，变相依托融资平台发行的城投债就成为了地方政府的重要融资方式。

所谓"地方政府融资平台"是指由地方政府及其部门和机构等通过财政拨款或注入土地、股权等资产设立，承担政府投资项目融资功能，并拥有独立法人资格的经济实体。城市建设、城建开发、城建资产企业均属于地方政府融资平台，在地方政府融资平台进行的融资主要有三种形式：一是银行项目贷款；二是发行城投债；三是融资租赁、项目融资、信托私募等资产市场融资。其中，城投债是指由地方政府融资平台作为发行主体公开发行的企业债券，主要用于地方基础设施建设或公益性项目，因此也被视作"准市政债"。

在中国以银行间接融资为主导的金融制度环境下，城投债有着其他融资渠道不可拟的优点。第一，制订和安排债券发行计划具有主动性和灵活性。地方政府制订相关企业的债券发行计划，报国家发改委获批后，便可以灵活安排本区域的融资计划。第二，地方政府可以干预地方政府融资平台的生产经营活动并提供政策性优惠。鉴于地方政府融资平台与地方政府的紧密关系，地方政府可以动用人事安排权、公共物品定价权和其他行政权干预其生产经营活动，并给予地方政府融资平台政策优惠或者财政补贴。第三，相较于银行贷款和上市融资，通过城投债进行的融资活动受到的外部约束相对较少。第四，信用级别高，同时融资成本较低。由于城投债多由大型国有企业进行直接融资担保，并由地方政府提供隐性担保，因此信用等级通常高于普通企业债券，受到了投资者的青睐。同时，中高评级城投债的融资成本低于银行贷款，这对地方政府有较强的吸引力。

中国的地方政府融资平台和城投债发源于上海。20世纪80年代末到90年代初，上海城市建设刚刚起步，政府城市建设资金严重不足，为此，上海组建了上海市城市建设投资开发总公司[现名上海城投（集团）有限公司]等国有投资企业，作为政府投融资平台。1993年4月，上海市城市建设投资开发总公司首次发行建设债券，发行金额为5亿元，发行期限2年，票面利率为10.5%，成为中国第一只为城市建设投资筹募资金的债券。之后，重庆、江苏、浙江、山东等省、自治区、直辖市也将各类城投企业作为地方政府融资平台进行债务融资，城投债得到发展。2005年后，受国家政策推动，中国的城投债进入加速发展阶段，2005—2009年，各地城投债融资额度以106.36%的复合增长速度发展，截至2008年，城投债余额已经达到1066.5亿元。

2008年，受全球金融危机的影响，中国政府出台了"四万亿"财政刺激计划，其中的2.82万亿元由地方政府投资。进一步，2009年发布的《人民银行 银监会关于进一步加强信贷结构调整促进国民经济平稳较快发展的指导意见》提出，"支持有条件的地方政府组建投融资平台，发行企业债、中期票据等融资工具，拓宽中央政府投资项目的配套资金融资渠道。"随着各级地方政府融资平台的涌现，城投债获得爆发式增长。

由此，财政金融风险大量集聚，引起了国家的高度重视。2010年6月，《国务院关于加强地方政府融资平台公司管理有关问题的通知》下发，要求对融资平台公司进行清理规范。2014年8月，《全国人民代表大会常务委员会关于修改<中华人民共和国预算法>的决定》指出："经国务院批准的省、自治区、直辖市的预算中必需的建设投资的部分资金，可以在国务院确定的限额内，通过发行地方政府债券举借债务的方式筹措"。同年9月下发的《国务院关于加强地方政府性债务管理的意见》提出"剥离融资平台公司政府融资职能"，与修改后的预算法共同构建了新的地方政府债务管理框架。2018年8月，国务院下发《中共中央 国务院关于防范化解地方政府隐性债务风险的意见》，进一步加强对地方政府隐性债务[①]的监管。这一时期，伴随着对地方政府融资平台监管的加强以及对地方政府债务治理的推进，中国的城投债亦开始规范发展。

总的来说，地方政府融资平台与城投债的产生与发展有其特殊的历史原因。作为地方政府缓解财政压力、筹措城市建设资金的重要渠道，地方政府融资平台与城投债在推动中国城市化进程方面发挥了不容忽视的作用。然而，由于财政体制、监管机制不完善等原因，地方政府融资平台与城投债的发展亦带来了一系列经济社会问题。

---

① 地方政府隐性债务是指地方政府在法定债务预算之外，直接或间接以财政资金偿还，以及违法提供担保等方式举借的债务。

案例讨论：

1. 地方府财政收入来源主要有哪几个？
2. 如何客观评价地方政府融资平台与城投债？
3. 为什么说政府的税收功能和税收政策具有经济发展稳定器的作用？

资料来源：本案例由作者参考以下资料编写。

（1）刘东民，2013. 中国城投债：特征、风险与监管[J]. 国际经济评论（3）：112-122.

（2）刘守英，2012. 以地谋发展模式的风险与改革[J]. 国际经济评论（2）：92-109.

（3）梁瓒，2010. 我国分税制下地方政府投融资中的城投债问题研究[D]. 上海：复旦大学.

（4）张莉，年永威，刘京军，2018. 土地市场波动与地方债：以城投债为例[J]. 经济学（季刊），17（3）：1103-1126.

第三节 点评与思考讨论题

一、点评

点评 1

中观经济学的竞争优势理论包括三个层次的内涵。一是区域政府参与"三类九要素"的竞争；二是竞争型经济增长贯穿经济发展的四个阶段；三是区域经济竞争呈现梯度推移发展和梯度结构均衡的态势。第二节的案例一至案例二，主要分析了区域发展由产业经济竞争主导的处于增长阶段的政府的主要政策措施；案例三至案例五主要分析了区域发展由城市经济竞争主导的和由创新经济竞争主导的处于增长阶段的政府的相关政策措施；案例六至案例七主要对区域发展中解决资金来源阶段的政策措施进行了利弊分析。

点评 2

传统经济学的"政府竞争"侧重于"产业经济—产业政策—产业补贴"。中观经济学阐述的"政府竞争"包括三个层面：一是对产业经济的"规划、引导；扶持、调节；监督、管理"产业政策，它涉及区域经济的发展活力；二是对民生经济的"基本托底、公平公正、有效提升"民生政策，它涉及区域发展的营商环境；三是对城市经济的"规划布局、参与建设、有序管理"投资政策，它涉及区域经济的可持续增长。

点评 3

比较优势理论的实质是比较成本贸易理论。比较优势理论指出，各国或各区域，应依靠资源禀赋，集中生产并出口其具有"比较优势"的产品，进口其具有"比较劣势"的产品。各国或各区域的经济发展是一条从低收入农业经济一直到高收入工业经济的连续过程，在这一过程中实现分工合理，资源得到充分利用，进出口贸易总额平衡是十分必要的。是否由此出现"比较优势陷阱"，是个有争议的话题。

波特的《国家竞争优势》阐述，一国的贸易优势并不像传统的国际贸易理论宣称的那样简单地取决于一国的自然资源、劳动力、利率、汇率等，而是在很大程度上取决于一国的产业创新和升级的能力。他分别从企业、产业、国家层面分析了竞争优势的形成和发展过程。

中观经济学认为，一国经济发展存在企业竞争和区域政府竞争双重驱动力；区域政府存在"三类九要素"的竞争，并贯穿于经济发展的四个阶段和全过程；有为政府与有效市场的结合，是世界各国或各区域成熟市场经济的根本路径。一个国家或一个区域经济双重主体的竞争，能克服或避免"比较优势陷阱"，推动该国或该区域的经济转轨、社会转型。

二、思考讨论题

1. 分析案例一、案例二，阐述政府为什么要招商引资与建设产业园区。

2. 分析案例三、案例四、案例五，阐述国家（区域）与国家（区域）之间政府的合作，对该国家（区域）经济发展有什么作用。

3. 分析案例六、案例七，这两个案例阐明了国家（区域）政府在经济发展阶段中面临哪些问题？

第四章

政府超前引领

前文总述了区域政府进行资源配置的阶段性特征，本章在延续这一主题的基础上，将关注点放在区域政府如何实现资源的有效配置这一关键问题上，并使用"政府超前引领"这一概念予以概括。本章所提出的"政府超前引领"是对政府在科学执政方向上的指引，与之联系紧密的表述是新结构经济学所提倡的"政府因势利导"。为此，本章第一节对新结构经济学的"政府因势利导"进行了简述，然后，给出中观经济学的"政府超前引领"的相关内容；第二节通过若干现实案例，阐释政府超前引领的实践表现；第三节进行简要点评，深化对"政府超前引领"的理解和认识。

第一节 政府因势利导与政府超前引领

一、新结构经济学与政府因势利导

新结构经济学是由林毅夫教授等学者提出并发展起来的。新结构经济学通过应用新古典经济学的分析方法，研究一个区域经济结构的决定因素及其变迁的原因，以说明发展过程中经济结构为什么不同，为什么发展过程本身是一个经济结构不断调整、不断变动的过程。有关政府作用的探讨是新结构经济学的重点，其将政府视为经济结构变迁的四大驱动之一（其他驱动为：要素禀赋、比较优势、市场），并提倡政府在产业升级过程中对企业所面临的外部性问题和协调问题起到因势利导的作用。更具体地说，新结构经济学认为，政府因势利导的作用主要体现在为先驱企业提供激励补偿，以及协调相关企业投资产业升级所需的软硬件基础设施，以帮助企业降低交易费用，使整个区域的潜在比较优势变为真正的比较优势，将该区域具有比较优势的产业打造为这个区域的竞争优势。

新结构经济学的基本逻辑在于：由于经济发展的本质就是结构的不断变迁，因此一个区域经济的发展要求产业多样化、产业升级和基础设施改进。一方面，产业多样化和产业升级的本质是一个创新过程，这一过程中，一些先驱企业会为经济中的其他企业创造公共知识，由此可能带来"搭便车"等问题，加之基础设施改进存在外部性，因而理性的企业家不会做先行者，且基础设施改进的动力不足。此时，在市场机制以外，政府还必须在发展过程中发挥积极而重要的协调作用或提供基础设施改进以及补偿外部性的作用，以促进产业的多样化发展和升级。另一方面，为了保证产业升级过程的平滑顺利，就需要在教育、金融、法律等制度安排和硬件基础设施方面同时做出相应改进，使企业能在新升级的产业中成长并拥有较大的生产规模，以利用规模经济效应成为成本最低的生产者。这些改进无法完全依靠单个企业或多个企业自发协调完成，因此，即使政府不进行基础设施改进的工作，也须积极提供帮助。

二、中观经济学与政府超前引领

中观经济学从资源生成视角出发，认为区域政府在对区域资源即可经营性资源、非经营性资源和准经营性资源进行分类、调配和管理的过程中，应发挥好超前引领作用。**政府超前引领即让企业做企业该做的事，让政府做企业做不了和做不好的事，两者都不能空位、越位；就是政府遵循市场规则、依靠市场力量，发挥对产业经济的导向、调节、预警作用，发挥对城市经济的调配、参与、维序作用，发挥对民生经济的保障、托底、提升作用；也就是政府运用规划、投资、消费、价格、税收、利率、汇率等政策手段，开展理念、制度、组织、技术创新，有效推动供给侧或需求侧结构性改革，形成经济增长领先优势，促进经济科学、可持续地发展。**在理解政府超前引领的内涵时，需重点把握以下几点。

第一，政府超前引领的时间节点。政府超前引领是指在市场经济活动之前的引领，其有别于自由主义经济学提出的政府充当"守夜人"的观点，即强调政府在市场中发挥一些辅助性或善后性的边缘功能，亦有别于凯恩斯主义强调的政府在事中、事后的干预功能。政府超前引领要求在遵循市场规则和依靠市场基础的前提下，将政府被动地听命于市场的消极态度和行为扭转为在市场经济活动之前、之中和之后的全方位主动引领。

第二，政府实现超前引领的核心在于理念、技术、组织和制度创新。以区域政府为例，其中，以理念创新实现超前引领，是指区域政府在行使公权力、管理区域的过程中，对产业发展、城市建设和社会民生进步过程中不断出现的新情况、新问题进行有前瞻性的理论分析和思考，对区域的经济社会现象作出有预见性的判断，对历史经验和现实探索进行新的理论总结和升华，从而指导区域经济制度、组织形式和技术手段的创新与发展。如在不同的经济增长阶段，区域政府需要不断革新有为政府理念、政务公开理念、管理效能理念等，才能发挥区域政府的超前引领作用，推动区域政府的管理体制、管理行为、管理方法和管理技术创新，从而为区域发展提供正确的引导和巨大的发展动力。

以技术创新实现超前引领，是指区域政府在集中区域资源的过程中发挥积极的作用，通过直接或间接参与重大科技专项研究项目，助力区域技术创新能力建设，推动技术进步，促进区域技术发明的发展。其具体举措主要包括两个方面：一是为区域企业提高技术创新能力创造一个有利的外部环境，如加强专利体系和产品标准化体系建设等；二是直接采取政策措施激励区域技术创新，如设立科技基金，对关键科技领域进行研发资助，搭建产学研一体化平台，设立孵化器、科技园区和科技走廊等，推动区域科技发展。

以组织创新实现超前引领，是指区域政府在组织结构、组织方式和组织管理等方面进行创新，从而提升区域产业发展、城市建设、社会民生的组织保障机制，促进区域经济发展和社会进步。其中，管理创新是组织创新的重要内容，它不仅要求区域政府在具体的行动之前把握好方向、对行动的可行性及结果做出预测，还要求区域政府从宏观上对区域经济发展的战略目标、实现路径、资源的调配方式以及保障和监督措施等进行科学规划与调节。

以制度创新实现超前引领，是指区域政府通过创设新的、更有激励作用的制度和规范体系，改善资源配置效率，实现区域经济和社会的可持续发展。它的核心内容是区域政府根据区域产业发展、城市建设和社会民生的发展进程，配合区域理念、技术和组织创新，推动区域社会、经济和管理制度等的革新。制度创新的实质是规范人们的经济社会行为和互动规则的变更，是经济组织与外部环境相互关系的变更，其目标是更好地激发人们的积极性和创造性，促进区域资源的优化配置和社会财富的不断增长，最终推动区域经济的发展和社会的进步。

第三，政府超前引领的典型特征是"政府引领（干预）+供给侧推动"，即在市场决定资源配置的基础上，政府发挥引导、调节、监督的作用，全方位、全过程地引领区域经济科学、可持续发展。具体而言，区域政府应做到以下几点。

一是开拓资源生成领域。政府超前引领的关键对象是生成性资源，包括原生性资源、次生性资源和逆生性资源三类。由于各类生成性资源具有动态性、经济性、生产性和高风险性四大特征，因此一方面对它们的开发、利用必须以一定的条件为前提，另一方面它们又要从供给侧成为推动区域或全人类社会发展、经济增长的新引擎——这是私有企业做不了或做不好的，必须由政府伸出有形之手来推动，即政府应在供给侧运用"三驾马车"助推经济增长。

二是重视竞争政策的效应。区域政府除了积极开拓新的资源生成领域，还应结合供给侧需求，不断创新、完善其政策工具，如财政、金融、环境、效率和法治手段等，以提高区域政府的财政支出供给效应、金融扶持供给效应、环境配套效应和规章制度供给效应，从而有效推动供给侧结构性改革，形成区域经济增长的领先优势，促进区域可持续发展。

三是政府超前引领是全方位、全过程引领。政府超前引领不仅发生于区域经济发展的要素驱动阶段，而且作用于投资驱动阶段、创新驱动阶段和共享驱动阶段，同时需要注意，在不同的经济发展阶段，政府超前引领的侧重点有所不同。

第四，政府超前引领发挥实效至少需要具备三个条件。

一是与时俱进。政府要在产业发展、城市建设、社会民生三大职能中，或者说在可经营性资源、非经营性资源、准经营性资源的调配中有所作为，其理念、政策、措施均应与时俱进。

二是全方位竞争。政府超前引领需要运用理念、制度、组织和技术创新等方式，在社会民生事业（优化公共物品配置，有效提升经济发展环境）、产业发展（引领、扶持、调节、监管企业主体，有效提升生产效率）和城市建设发展（遵循市场规则，参与项目建设）中，全方位、系统性地参与全要素、全过程竞争。这种竞争以企业竞争为基础，但不仅涵盖了传统概念上的商品生产竞争，还涵盖了实现区域经济与社会全面、可持续发展的目标规划、方法路径、政策措施和最终成果的全过程。

三是政务公开。政务公开能够保障社会各方的知情权、参与权、表达权和监督权，在区域产业发展、城市建设、社会民生等重要领域提升资源的调配效果。

第二节 案例分析

案例一

分灶吃饭

财政是国家治理的基础和重要支柱,科学的财税体制是优化资源配置、维护市场统一、促进社会公平、实现国家长治久安的制度保障。"分灶吃饭"是中国在1980—1993年实行的财政预算管理体制,其突破了此前计划经济体制下"统收统支"、中央和地方"吃大锅饭"的财政局面,促使中央与地方开始形成以"缴足中央的、剩余归自己"的承包原则为主,以划分收支为基础的分级包干体制和自求平衡为特征的财政体系。在此期间,"分灶吃饭"主要经历了如下发展阶段。

(一)1980—1985 年的"划分收支、分级包干"体制

1978 年 12 月,党的十一届三中全会重新确立了解放思想、实事求是的指导思想,作出把工作重点转移到社会主义现代化建设上来的战略决策。随后,1979 年 4 月召开的中共中央工作会议提出对整个国民经济实行"调整、改革、整顿、提高"的新八字方针,决定对经济体制逐步进行全面改革,其中,财政管理体制改革正是重要的突破口。在此背景下,1980 年 2 月,国务院颁布了《关于实行"划分收支、分级包干"的财政管理体制的暂行规定》,决定从 1980 年起,国家对省、自治区、直辖市实行"划分收支、分级包干"的财政管理体制,通过明确各级财政的权力和责任,充分发挥中央和地方两个积极性。

此次改革的基本精神是按照行政隶属关系明确划分中央和地方财政收支范围,地方以收定支,自求平衡,包干使用。其主要内容包括以下几点。第一,将财政收入划分为固定收入、固定比例分成收入和调剂收入三类。第二,支出按隶属关系加以划分,中央负担中央投资、地质勘探、援外支出、国家物资储备等,地方支出包括地方投资费、城市维护费、行政管理费等。第三,在中央与地方预算结算关系上,地方财政支出先与固定收入和固定比例分成收入相抵,结余上解中央,不足由调剂收入分成解决,还不足的由中央给予定额补助。第四,地方上解收入比例、调剂收入分成比例、定额补助比例基数确定后原则上五年不变。在这种体制下,地方有了相对稳定的财力,也分担了一部分财政压力,但中央财政增收不多,支出负担过重,

这种状况必须改变。1982年12月,《国务院关于改进"划分收支、分级包干"财政管理体制的通知》对我国财政预算体制作了一些改进,调整了一些省、自治区、直辖市的包干比例,将烟酒工商税划归中央。总的来说,这一时期财政收支状况好转,1981年和1980年相比,财政赤字已从127.5亿元下降到25.5亿元。

(二)1983—1987年的"划分税种、核定收支、分级包干"体制

伴随着财政体制改革的推进,税收制度也同步发生深刻变革,尤其是"利改税"。1983年1月,国务院决定对国有企业开展第一步"利改税",即"以税代利,税利并存",企业上缴55%的企业所得税,剩下的45%根据企业的不同情况,在国家与企业之间分成。1984年10月,国务院开始第二步"利改税",即从"利税并存"逐步过渡到完全"以税代利",税后利润全部留给企业按规定自行使用。"利改税"调整了政府与国有企业的利润分配关系,使得国家财政收入由利税并重变为以税为主。同时,党的十二届三中全会通过《中共中央关于经济体制改革的决定》,提出中国社会主义计划经济是"在公有制基础上的有计划的商品经济",由此以城市为重点的经济体制改革全面展开。在此背景下,1985年3月,发布《国务院关于实行"划分税种、核定收支、分级包干"财政管理体制的通知》,决定从1985年起,对各省、自治区、直辖市一律实行"划分税种、核定收支、分级包干"的新的财政管理体制,进一步明确各级财政的权力和责任,充分发挥中央和地方两个积极性。

其主要内容有以下几点。第一,基本上按照第二步"利改税"改革以后的税种设置,将各级财政收入划分为中央财政固定收入、地方财政固定收入、中央与地方财政共享收入三大类。第二,中央财政支出和地方财政支出,仍按隶属关系划分。第三,划分财政收支范围后,凡地方财政固定收入大于地方财政支出的,定额上解中央;地方财政固定收入小于地方财政支出的,从中央与地方财政共享收入中确定一个分成比例,留给地方;地方财政固定收入和中央与地方财政共享收入全部留给地方,还不足以抵拨其支出的,由中央定额补助。第四,财政收入的分成比例或上解、补助的数额确定以后,一定五年不变。第五,地方多收入可以多支出,少收入就要少支出,自求收支平衡。

(三)1988—1993年的"多种形式财政包干"体制

为了稳定中央与地方的财政关系,进一步调动地方的积极性,1988年7月,《国务院关于地方实行财政包干办法的决定》发布,决定从1988年到1990年,在原定财政体制的基础上,对财政包干办法做改进:全国除广州、西安两市财政关系仍分

别与广东、陕西两省联系，对其余地区分别实行不同形式的财政包干办法，具体如下所述。

（1）"收入递增包干"办法。以 1987 年财政决算收入和地方应得的财政支出财力为基数，参照各地近几年的财政收入增长情况，确定地方财政收入递增率（环比）和留成、上解比例。在递增率以内的财政收入，按确定的留成、上解比例，实行中央与地方分成；超过递增率的财政收入，全部留给地方；财政收入达不到递增率，影响上解中央的部分，由地方用自有财力补足。北京市、河北省、辽宁省（不包括沈阳市和大连市）、江苏省、浙江省（不包括宁波市）、河南省以及重庆市、沈阳市、哈尔滨市、宁波市[①]采用该办法。

（2）"总额分成"办法。根据前两年的财政收支情况，核定财政收支基数，以地方财政支出占总财政收入的比重，确定地方的留成和上解中央比例。天津市、山西省、安徽省采用该办法。

（3）"总额分成加增长分成"办法。在上述"总额分成"办法的基础上，财政收入比上年增长的部分，另加分成比例，即每年以上年实际财政收入为基数，基数部分按总额分成比例分成，实际财政收入比上年增长的部分，除按总额分成比例分成外，另加增长分成比例。大连市、青岛市、武汉市采用该办法。

（4）"上解额递增包干"办法。以 1987 年上解中央的财政收入为基数，每年按一定比例递增上交。广东省和湖南省采用该办法。

（5）"定额上解"办法。按原来核定的财政收支基数，收大于支的部分，确定固定的上解数额。上海市、山东省（不包括青岛市）、黑龙江省（不包括哈尔滨市）采用该办法。

（6）"定额补助"办法。按原来核定的财政收支基数，支大于收的部分，实行固定数额补助。吉林省、江西省、陕西省、甘肃省、福建省、海南省、内蒙古自治区、广西壮族自治区、贵州省、云南省、西藏自治区、青海省、宁夏回族自治区、新疆维吾尔自治区采用该办法，此外，湖北省和四川省分别划出武汉市和重庆市[②]两市后，由上解省变为补助省，其财政支出大于财政收入的差额，分别由上述两市从其财政收入中上缴本省一部分，作为中央对地方的补助。

[①] 这 4 个城市的收入递增率和地方留成比例与其所属省份不同，因此单独列出，后同，不再单独说明。其中，1987 年，重庆市仍受四川省管辖。

[②] 1997 年 6 月 18 日，重庆直辖市正式挂牌成立，宣布正式从四川省分离，接受中央直管。

总的来说,"分灶吃饭"是国家财政管理体制改革的一次重要创新,其通过划分中央和地方的财政收支责任,赋予了地方政府一定的财政和经济发展自主权,调动了地方政府的财政积极性,强化了地方政府的经济职能。这一时期,财政逐渐向地方倾斜,尤其是自1985年起,地方财政收入占全国财政收入的比重、地方财政支出占全国财政支出比重均在60%以上,到1992年已分别高达71.9%和68.7%。然而,这削弱了中央政府的宏观调控能力,使得地方政府的机会主义行为愈发频繁。时任国务院副总理朱镕基在1993年7月的全国财政工作会议和全国税务工作会议上说道:"在现行体制下,中央财政十分困难,现在不改革,中央财政的日子就过不下去了……一般来说,发达的市场经济国家,中央财政收入比重都在60%以上。而中央支出一般占40%,地方占60%,但我们正好相反,收支矛盾十分突出,这种状况是与市场经济发展背道而驰的,必须调整过来!"

案例讨论:

阐述中国财税体制改革中"分灶吃饭"的历史进程及其意义。

资料来源:

陈雨露,郭庆旺,2013. 新中国财政金融制度变迁事件解读[M]. 北京:中国人民大学出版社:193-208.(有改动)

案例二

分税制改革

自20世纪80年代中期以来,中国财政陷入"两个比重"持续下降的不利局面,即全国财政收入占GDP的比重和中央财政收入占全国财政收入的比重分别从1984年的22.9%和40.5%下降至1992年的13.1%和28.1%,全国财政尤其是中央财政陷入严重危机,濒临"破产"。在此背景下,1993年11月,党的十四届三中全会审议通过《中共中央关于建立社会主义市场经济体制若干问题的决定》,要求积极推进财税体制改革,并强调近期改革的重点是把现行地方财政包干制改为在合理划分中央与地方事权基础上的分税制,建立中央税收和地方税收体系。随后,1993年12月,《国务院关于实行分税制财政管理体制的决定》发布,要求从1994年1月1日起改革现行地方财政包干体制,对各省、自治区、直辖市以及计划单列市实行分税制财政管理体制,分税制改革自此正式启动。

(一)分税制改革的主要目的

分税制改革的主要目的在于进一步理顺中央与地方的财政分配关系,更好地发挥国家财政的职能作用,增强中央的宏观调控能力,促进社会主义市场经济体制的建立和国民经济持续、快速、健康的发展。这要求分税制改革:一是既要考虑地方利益,调动地方发展经济、增收节支的积极性,又要逐步提高中央财政收入的比重,适当增加中央财力,增强中央的宏观调控能力;二是既要有利于经济发达地区继续保持较快的发展势头,又要通过中央财政对地方的税收返还和转移支付,促进经济不发达地区的发展并进行对老工业基地的改造,同时,也要促使地方加强对财政支出的约束。

(二)分税制改革的主要内容

1. 中央与地方事权和支出的划分

中央财政主要承担国家安全、外交和中央国家机关运转所需经费,调整国民经济结构、协调地区发展、实施宏观调控所必需的支出以及由中央直接管理的事业发展支出。具体包括:国防费、武警经费、外交和援外支出,中央级行政管理费,中央统管的基本建设投资,中央直属企业的技术改造和新产品试制费,地质勘探费,由中央财政安排的支农支出,由中央负担的国内外债务的还本付息支出,以及由中央负担的公检法支出和文化、教育、卫生、科学等各项事业费支出。

地方财政主要承担本地区政权机关运转所需支出以及本地区经济、事业发展所需支出。具体包括:地方行政管理费,公检法支出,部分武警经费,民兵事业费,地方统筹的基本建设投资,地方企业的技术改造和新产品试制经费,支农支出,城市维护和建设经费,地方文化、教育、卫生等各项事业费,价格补贴支出以及其他支出。

2. 中央与地方收入的划分

根据事权与财权相结合的原则,按税种划分中央与地方的收入。将维护国家权益、实施宏观调控所必需的税种划为中央税;将同经济发展直接相关的主要税种划为中央与地方共享税;将适合地方征管的税种划为地方税,并充实地方税税种,增加地方税收入。具体划分如下。

(1)中央固定收入具体包括以下收入。关税,海关代征消费税和增值税,消费税,中央企业所得税,地方银行和外资银行及非银行金融企业所得税,铁道部门[①]、

[①] 中华人民共和国铁道部于2013年改组、撤销。其行政职责划入交通运输部,中国国家铁路集团有限公司承担其企业职责。

各银行总行、各保险总公司等集中缴纳的收入（包括营业税、所得税、利润和城市维护建设税），中央企业上缴利润等。外贸企业出口退税，除1993年地方已经负担的20%部分列入地方上缴中央基数外，以后发生的出口退税全部由中央财政负担。

（2）地方固定收入具体包括以下收入。营业税（不含铁道部门、各银行总行、各保险总公司集中缴纳的营业税），地方企业所得税（不含上述地方银行和外资银行及非银行金融企业所得税），地方企业上缴利润，个人所得税，城镇土地使用税，固定资产投资方向调节税（现已取消），城市维护建设税（不含铁道部门、各银行总行、各保险总公司集中缴纳的部分），房产税，车船使用税，印花税，屠宰税，农业税（现已取消），牧业税（现已取消），农业特产农业税（简称农业特产税，现已取消），耕地占用税，契税，土地增值税，国有土地有偿使用收入等。

（3）中央与地方共享收入具体包括以下收入。增值税、资源税、证券交易税。增值税中央分享75%，地方分享25%。资源税按不同的资源品种划分，大部分资源税作为地方收入，海洋石油资源税作为中央收入。证券交易税，中央与地方各分享50%。2002年开始，企业所得税和个人所得税改为中央与地方共享税，中央分享60%，地方分享40%。

（三）分税制改革的配套改革和其他政策措施

1. 改革国有企业利润分配制度

根据建立现代企业制度的基本要求，结合税制改革和实施《企业财务通则》《企业会计准则》，合理调整和规范国家与企业的利润分配关系。从1994年1月1日起，国有企业统一按国家规定的33%税率缴纳所得税，取消各种包税的做法。考虑到部分企业利润上缴水平较低的现状，作为过渡办法，增设27%和18%两档照顾税率。企业固定资产贷款的利息列入成本，本金一律用企业留用资金归还。取消对国有企业征收的能源交通重点建设基金和预算调节基金。逐步建立国有资产投资收益按股分红、按资分利或税后利润上缴的分配制度。作为过渡措施，近期可根据具体情况，对1993年以前注册的多数国有全资企业实行税后利润不上缴的办法，同时，微利企业缴纳的所得税也不退库。①

---

① 《中华人民共和国企业所得税法》（2018年第二次修正）规定，企业所得税的税率为25%。符合条件的小型微利企业，减按20%的税率征收企业所得税。国家需要重点扶持的高新技术企业，减按15%的税率征收企业所得税。

2. 同步进行税收管理体制改革

建立以增值税为主体的流转税体系，统一企业所得税制。从1994年1月1日起，在现有税务机构基础上，分设中央税务机构和地方税务机构。在机构分设过程中，要稳定现有税务队伍，保持税收工作的连续性，保证及时足额收税。

3. 改进预算编制办法，硬化预算约束

实行分税制之后，中央财政对地方的税收返还列中央预算支出，地方相应列收入；地方财政对中央的上解列地方预算支出，中央相应列收入。中央与地方财政之间都不得互相挤占收入。改变中央代编地方预算的做法，每年由国务院提前向地方提出编制预算的要求。地方编制预算后，报财政部汇总成国家预算。

4. 建立适应分税制需要的国库体系和税收返还制度

根据分税制财政体制的要求，原则上一级政府一级财政，同时，相应要有一级金库。在执行国家统一政策的前提下，中央金库与地方金库分别向中央财政和地方财政负责。实行分税制以后，地方财政支出有一部分要靠中央财政税收返还来安排。为此，要建立中央财政对地方税收返还和转移支付制度，并且逐步规范化，以保证地方财政支出的资金需要。

5. 建立并规范国债市场

为了保证财税改革方案的顺利出台，1994年国债发行规模适当增加。为此，中国人民银行要开展国债市场业务，允许国有商业银行进入国债市场，允许银行和非银行金融机构以国债向中国人民银行贴现融资。国债发行经常化，国债利率市场化，国债二级市场由有关部门协调管理。

6. 妥善处理原由省级政府批准的减免税政策问题

考虑到有的省、自治区、直辖市政府已经对一些项目和企业作了减免税的决定，为了使这些企业有一个过渡，在制止和取缔越权减免税的同时，对于1993年6月30日前，经省级政府批准实施的未到期地方减免税项目或减免税企业，重新报财政部和国家税务总局审查、确认后，从1994年起，对这些没有到期的减免税项目和企业实行先征税后退还的办法。这部分税收中属中央财政收入部分，由中央统一返还给省、自治区、直辖市政府，连同地方财政收入部分，由省、自治区、直辖市政府按政策规定统筹返还给企业，用于发展生产。这项政策执行到1995年。

7. 各地区要进行分税制配套改革

各省、自治区、直辖市以及计划单列市政府要制定对所属地区的财政管理体制。

凡属中央的财政收入，不得以任何方式纳入地方财政收入范围。在分税制财政体制改革的过程中，各地区要注意调查研究，及时总结经验，解决出现的问题，为进一步改进和完善分税制财政管理体制创造条件。

总的来说，1994年分税制改革是新中国成立以来规模最大、调整力度最强、影响最为深远的一次财政管理体制改革，其从根本上扭转了"两个比重"持续下滑的局面，确保了中央财政在整个财政分配格局的主导地位，推动了财政收入以及中国经济的持续快速增长。1994—2019年，中国的财政收入增长了36倍；GDP增长了28倍，从世界第10位上升到第2位；财政收入占当年GDP的比重由15%提高到19%，实现了经济快速发展与政府财力增强的良性循环，为政府履行好产业发展、城市建设和社会民生职能提供了坚实保障。同时，我们也要看到1994年的分税制改革形成了财权层层上移、事权层层下放的分权格局，使地方政府尤其是基层地方政府的财权与事权不匹配的问题日益严重，并由此引发一系列经济社会问题。

案例讨论：

阐述中国分税制改革的历史进程及其意义。

资料来源： 本案例由作者参考以下资料编写。

（1）陈雨露，郭庆旺，2013. 新中国财政金融制度变迁事件解读[M]. 北京：中国人民大学出版社：378.

（2）国务院，1994. 国务院关于实行分税制财政管理体制的决定[J]. 财政（2）：18-20.

（3）中华人民共和国财政部，2020. 十三届全国人大常委会专题讲座第十八讲 我国的中央与地方财政关系[EB/OL].（08-13）[2023-06-12]. https://www.mof.gov.cn/zhengwuxinxi/caizhengxinwen/202008/t20200813_3567412.htm.

案例三

五个统筹

自改革开放以来，面对复杂多变的国际环境和国内艰巨繁重的改革发展稳定任务，中国共产党始终把维护国家安全和社会安定作为党和国家的一项基础性工作。尤其是自党的十八大以来，以习近平同志为核心的党中央统筹把握中华民族伟大复兴战略全局，并积极应对世界百年未有之大变局，大力推进国家安全领域理论创新、实践创新、制度创新，成立了中央国家安全委员会，提出总体国家安全观，将马克思主义国家安全理论同中国安全实践成果、中华民族传统战略文化进行了充分融合。其中，2021年11月，党的十九届六中全会通过的《中共中央关于党的百年奋斗重大成就和历史经验的决议》提出"统筹发展和安全，统筹开放和安全，统筹传统安全和非传统安全，统筹自身安全和共同安全，统筹维护国家安全和塑造国家安全"的"五个统筹"安全理念，这正是总体国家安全观的系统思维和科学方法的集中体现。

（一）中央国家安全委员会的成立

国家安全是指国家政权、主权、统一和领土完整、人民福祉、经济社会可持续发展和国家其他重大利益相对处于没有危险和不受内外威胁的状态，以及保障持续安全状态的能力。[①]中华人民共和国中央人民政府（简称"中央政府"）在1983年的第六届全国人大代表大会第一次会议上的政府工作报告中首次使用"国家安全"一词，并结合当时的形势发展需要，决定建立国家安全部，保卫和促进社会主义现代化建设，加强反间谍工作，保障国家安全。但彼时，中共中央和中央政府受传统安全观思维的影响，在推动国家安全体制建设方面还局限于国防、武警、公安和安全等部门。2000年9月，中共中央决定组建"中央国家安全领导小组"，与"中央外事工作领导小组"（现名"中央外事工作委员会"）合署办公，两块牌子，一套机构，负责对国家安全和外事工作领域的重大问题作出决策。2002年以后，中共中央的国家安全观开始更多地纳入非传统安全因素。党的十六大报告明确指出中国面临的安全形势是"传统安全威胁和非传统安全威胁的因素相互交织"；党的十六届四中全会再次提出经济安全、文化安全和信息安全等非传统安全问题；党的十八大进一步将其拓展至粮食安全、能源资源安全、网络安全等领域。

中国面临对外维护国家主权、安全、发展利益，对内维护政治安全和社会稳定的双重压力，各种可以预见和难以预见的风险因素明显增多。而当时的安全工作体制机制还不能适应维护国家安全的需要，需要搭建一个强有力的平台统筹国家安全工作，由此揭示出设立国家安全委员会的必要性和紧迫性。2013年11月，党的十八届三中全会审议通过《中共中央关于全面深化改革若干重大问题的决定》，提出设立国家安全委员会，完善国家安全体制和国家安全战略，确保国家安全。事实上，设立类似我国国家安全委员会等机构是各国中央政府广泛采用的一项国家安全管理措施，早在1947年，美国就通过了《国家安全法》（National Security Act of 1947）并

[①] 定义来自2015年7月1日第十二届全国人民代表大会常务委员会第十五次会议通过的《中华人民共和国国家安全法》。

成立美国国家安全委员会,开始在联邦政府层面以国家制度的形式对国家安全进行管理。之后几十年间,英国、日本、印度等国家也都纷纷效仿美国,制定了相应的国家安全委员会制度。2014年1月,中共中央政治局会议研究确定了中国共产党中央国家安全委员会(简称中央国家安全委员会)的设置,明确中央国家安全委员会作为中共中央关于国家安全工作的决策和议事协调机构,向中央政治局、中央政治局常务委员会负责,统筹协调涉及国家安全的重大事项和重要工作。整体而言,中国成立中央国家安全委员会是顺应时代发展大势之举,也是中国多年来国家安全实践探索发展到一定阶段的必然选择。

(二)总体国家安全观的提出

2014年4月,在中央国家安全委员会第一次会议上,习近平总书记首次正式提出总体国家安全观。总体国家安全观是中国共产党历史上第一个被确立为国家安全工作指导思想的重大战略思想,是中国共产党和中国人民捍卫国家主权、安全、发展利益的百年奋斗实践经验和集体智慧的结晶,是马克思主义国家安全理论中国化的最新成果,是习近平新时代中国特色社会主义思想的重要组成部分,是新时代国家安全工作的根本遵循和行动指南。总体国家安全观的核心要义在于以下两个方面。第一,五个要素——以人民安全为宗旨,以政治安全为根本,以经济安全为基础,以军事、文化、社会安全为保障,以促进国际安全为依托,走出一条中国特色国家安全道路。第二,十个重视——既重视外部安全,又重视内部安全;既重视国土安全,又重视国民安全;既重视传统安全,又重视非传统安全;既重视发展问题,又重视安全问题;既重视自身安全,又重视共同安全。

我国国家安全体系由传统安全和非传统安全两大领域构成,传统安全领域主要包括政治安全、国土安全和军事安全;非传统安全领域主要包括经济安全、文化安全、社会安全、科技安全、信息安全、生态安全、资源安全、核安全、海外利益安全以及太空安全、深海安全、极地安全和生物安全等新型安全领域。2022年,党的二十大报告将"推进国家安全体系和能力现代化,坚决维护国家安全和社会稳定"列为重点工作,强调"必须坚定不移贯彻总体国家安全观"。

(三)"五个统筹"安全理念的演变

"五个统筹"安全理念源自总体国家安全观中的"十个重视"。2017年10月,党的十九大报告将"十个重视"高度概括为"五个统筹",即"统筹发展和安全、统筹外部安全和内部安全、统筹国土安全和国民安全、统筹传统安全和非传统安全、统筹自身安全和共同安全"。2021年11月，党的十九届六中全会通过的《中共中央关于党的百年奋斗重大成就和历史经验的决议》进一步将"五个统筹"调整为"统筹发展和安全，统筹开放和安全，统筹传统安全和非传统安全，统筹自身安全和共同安全，统筹维护国家安全和塑造国家安全"。对"五个统筹"的调整进一步丰富和深化了总体国家安全观的内涵，为新时代做好国家安全工作提供了根本遵循。

1. 统筹发展和安全是总体国家安全观的总体目标

总体国家安全观具有整体统筹性，是新形势下构建"新发展格局"与"大安全格局"的重要战略思想。"安全发展"是中华民族伟大复兴的必由途径，而"发展安全"是中华民族伟大复兴的根本保障，二者统一于中国特色社会主义的伟大实践之中。其中，"发展安全"既是一种新的发展观，又是一种新的安全观，对指导中国经济社会的发展具有重要指导意义。

2. 统筹开放和安全是总体国家安全观的价值导向

总体国家安全观具有开放包容性，是中国在协调"改革、发展、稳定"关系实践中得出的重要结论，是立足现实、着眼长远的战略选择。当今的世界是开放的世界，开放包容不仅是实现国家安全的必要条件，也是国家安全实践应当遵循的价值原则。"开放安全"作为一种新的安全理念，对坚持"五个统筹"、推动国家安全工作富有重要意义，标志着中国国家安全进入了一个全新的阶段。

3. 统筹传统安全和非传统安全是总体国家安全观的基本要求

总体国家安全观具有全面系统性。"总体"意味着全方位、多要素、多领域，这就要求从各个方面、各个要素、各个领域对国家安全工作进行综合考量，体现了"十个指头弹钢琴"的总体治理理念。总体国家安全观所涉安全领域会随着国家安全实践的发展而不断拓展。

4. 统筹自身安全和共同安全是总体国家安全观的重要支撑

总体国家安全观具有普遍联系性，对处理国内与国际、整体与局部、普遍与特殊安全关系具有重要意义。人类社会是一个休戚相关的命运共同体，国家不是存在于"安全真空"当中的，没有任何国家能够实现脱离共同安全的自身安全。"共同安全"是对马克思主义"共同体""联合体"思想的继承、丰富和发展，是人类命运共同体理念在安全领域的具体表现，是中国特色社会主义国家安全理论体系的重要组成部分。

5. 统筹维护国家安全和塑造国家安全是总体国家安全观的根本方法

总体国家安全观具有主动创造性。"塑造国家安全"是中国特色社会主义国家安全认识论和方法论的统一，既是基于中国对世界百年未有之大变局、历史机遇、安全风险的客观分析，又是对自身国家安全战略需求的一种积极回应。新的战略需求指引我们不断完善中国特色社会主义国家安全理论体系法治体系、战略体系和政策体系，不断提升护航中华民族伟大复兴的能力水平。统筹维护国家安全与塑造国家安全是"五个统筹"的最终落脚点，也是实现总体国家安全的方式方法，对提升国家安全能力具有重要的方法论意义。

案例讨论：

为什么说"五个统筹"具有超前引领的作用，对推动国家开展安全工作具有重要意义？

资料来源：本案例由作者参考以下资料编写。

（1）李文良，2014. 中国国家安全体制研究[J]. 国际安全研究，32（5）：40-52.

（2）邬超，殷亚硕，2021. 总体国家安全观"五个统筹"理念的历史演变、内在逻辑与实践原则[J]. 江南社会学院学报，23（4）：37-44.

（3）薛澜，彭龙，陶鹏，2015. 国家安全委员会制度的国际比较及其对我国的启示[J]. 中国行政管理（1）：146-151.

（4）中共中央宣传部，中央国家安全委员会办公室，2022. 总体国家安全观学习纲要[M]. 北京：学习出版社.

案例四

国内大循环为主体、国内国际双循环

2020年是极不平凡的一年，不仅是中国"十三五"规划的收官之年，还是中国实现第一个百年奋斗目标、全面建成小康社会的决胜之年。正是在2020年5月，习近平总书记在中共中央政治局常务委员会会议上，首次提出"充分发挥我国超大规模市场优势和内需潜力，构建国内国际双循环相互促进的新发展格局"的重要论述，并在随后的全国政协十三届三次会议经济界委员联组会讨论中，强调"逐步形成以国内大循环为主体、国内国际双循环相互促进的新发展格局，培育新形势下我国参与国际合作和竞争新优势"。2020年9月，习近平总书记在中央全面深化改革委员会第十五次会议上进一步提出"加快形成以国内大循环为主体、国内国际双循环相互促进的新发展格局"。2020年10月，党的十九届五中全会通过的《中共中央关于制定国民经济和社会发展第十四个五年规划和二〇三五年远景目标的建议》要求加快构建以国内大循环为主体、国内国际双循环相互促进的新发展格局。该新发展格局的提出和构建蕴含着深刻的历史演进逻辑。

（一）以国内循环为主导的经济发展格局（1949—1978年）

新中国成立初期，国力贫弱，百废待兴，在总体和平、局部战争的复杂国际环境下，为兼顾国家安全与经济发展的双重目标，中国实施了政府主导框架下以工业化为主轴的国民经济循环体系，通过高度集中的计划经济体制向中西部内陆地区布局生产力，促进国民经济生产、流通、分配、消费的内部循环。从1953年起，中国开始逐步制定并实施国民经济五年发展计划，并在"一边倒"的外交政策下，通过以苏联为主的社会主义国家的资金投入、人才援助和技术支持，大力推进社会主义工业化建设。随着国际形势的变化，从20世纪70年代起，中国启用"一条线，一大片"的外交策略，并通过大规模引进美国等西方发达国家的成套技术设备，有效推动了我国工业化的进程。到1978年，中国已经初步形成较为完备的工业体系，实现了从积贫积弱、较为落后的农业国向工业国的转变，也奠定了中国社会主义工业化的发展基础。然而，这种以国内循环为主导的经济发展模式对经济增长的带动作用十分有限，当时中国整体经济发展较为落后，且存在产业结构失衡、区域经济发展不协调等问题。

（二）以国内循环为主导、国际循环逐步扩大的经济发展格局（1978—2001年）

1978年，党的十一届三中全会做出把全党的工作重点转移到社会主义现代化建设上来的历史性决策，改革开放的大幕随之轰轰烈烈展开。

首先，中国的对内改革从农村开始，通过在农村实行家庭联产承包责任制，极大地调动了农民的生产积极性，农村经济得到较大发展。同时，农村生产力的快速发展，推动了异军突起的乡镇企业在全国各地蓬勃发展，形成了城乡内循环的良性互动发展格局。

其次，中国的对外开放采取了"经济特区—沿海开放城市—沿海经济开发区—内地"的4个层次的框架结构，滚动式地由南向北，由东向西，由沿海沿江沿边到内陆逐级推进。1988年2月，十三届中央政治局第四次全体会议决定把沿海经济发展作为一项重大战略加以部署。同年3月，国务院召开沿海地区对外开放工作会议，会议指出：贯彻执行沿海经济发展战略，关键是必须把出口创汇抓上去，要两头在外、大进大出、以出保进、以进养出、进出结合。随着"两头在外、大进大出"的出口导向型国际循环战略的实施，以及1992年邓小平南方谈话后社会主义市场经济体制的确立，中国参与国际循环的程度不断加深。

（三）以国际大循环为主导、以国内循环为辅助的经济发展格局（2001—2006年）

2001年，中国加入世界贸易组织，标志着中国对外开放进入全新阶段。自此，中国积极践行自由贸易理念，全面履行入世承诺，加速融入经济全球化体系。这一时期，中国对外贸易规模迅速扩大，"世界工厂"地位逐步确立并日益巩固，外向型经济发展为中国经济腾飞提供了强劲动力，逐渐形成以国际大循环为主导、以国内循环为辅助的经济发展格局。

其具体表现有以下几点。一是在工业经济领域，主要采取了"以市场换技术"的手段，从西方发达国家引进先进技术和成套设备，并通过对先进技术的吸收消化和对先进技术的外溢效应的利用，带动我国工业化总体水平的提升。二是鼓励国内市场主体主动融入全球化生产网络体系，依靠"两头在外，大进大出"的出口导向型发展方式，推进外循环向纵深发展。2006年，中国对外贸易依存度达到67%的历史峰值。然而，这种发展模式以廉价的劳动力、土地要素和较大空间的环境承载力优势为依托，高度依赖外部市场需求。同时，在全球价值链体系中，中国产业长期处于产业链的中低端位置，技术含量偏低且获利空间狭小，难以实现技术进步和结构升级。

（四）国际大循环和国内大循环相协调的经济发展格局（2006—2020年）

早在2006年，"十一五"规划纲要就强调要立足扩大国内需求推动发展，把扩大国内需求特别是消费需求作为基本立足点，促使经济增长由主要依靠投资和出口拉动向消费与投资、内需与外需协调拉动转变。随着2008年国际金融危机爆发，西方发达国家和中国主要出口市场经济出现衰退，扩大内需成为中国保持经济平稳较快发展的基本立足点。2012年，中国GDP增速自1999年以来首次滑落至7.8%，不足8%。习近平总书记在2013年的中央政治局常委会会议上，强调中国经济正处在增长速度换挡期、结构调整阵痛期、前期刺激政策消化期叠加的阶段；并在2013年中央经济工作会议上提出"新常态"。在新常态下，中国经济增速由高速转向中高速，增长动力由要素驱动、投资驱动转向创新驱动，高水平引进来、大规模走出去同步发生，而经济运行的主要矛盾则是供给侧结构性的。2015年，中央财经领导小组（现名"中央财经委员会"）第十一次会议提出"在适度扩大总需求的同时，着力加强供给侧结构性改革"。2018 年，中央经济工作会议提出要"畅通国民经济循环""促进形成强大国内市场"。随着供给侧结构性改革的深入推进和扩大内需战略的同步发力，中国国内供需平衡关系持续改善，国内大循环体系初步建立起来。实际上，2008—2019 年，中国国内需求对经济增长的贡献率已有 7 个年份超过 100%，中国 2019 年的对外贸易依存度已降至 31.9%，而最终消费占 GDP 比重约为 58%，远低于全球 78%的平均水平，内需潜力巨大。

（五）以国内大循环为主体、国内国际双循环相互促进的新发展格局（2020 年至今）

2020 年，中国经济遇到了世纪罕见的三重严重冲击：一是百年不遇的新冠疫情突然暴发，二是世界经济陷入第二次世界大战结束以来最严重的衰退，三是外部环境带来巨大挑战。2020 年年底的中共中央经济工作会议将 2020 年概括为"新中国历史上极不平凡的一年"，并指出 2020 年全球经济遭受的冲击既不同于 1929 年美国经济大萧条波及整个资本主义世界，也不同于 2008 年全球金融危机蔓延带来的影响，而是面临着供给中断和需求萎缩的双重冲击，困难可谓前所未有。在此背景下，自 2020 年 5 月开始，以习近平同志为核心的党中央陆续提出了"构建国内国际双循环相互促进的新发展格局""逐步形成以国内大循环为主体、国内国际双循环相互促进的新发展格局""加快形成以国内大循环为主体、国内国际双循环相互促进的新发展格局"等一系列重要论断，为中国"十四五"时期及以后统筹国内国际两个大局和经济社会发展提供了重要指引，中国经济以国内大循环为主体、国内国际双循环相互促进的新发展格局由此开启。

总体而言，上述新发展格局是以习近平同志为核心的党中央在中国开启全面建设社会主义现代化国家新征程、向第二个百年奋斗目标迈进之际作出的重大战略判断，是与中国改革开放 40 多年来经济社会发展实践、当今世界百年未有之大变局相适应的重大战略抉择。其构建可从以下几个方面理解和把握。

第一，构建上述新发展格局是把握发展主动权的先手棋，不是被迫之举和权宜之计。从国际上来看，大国经济的特征都是以内需为主导且内部可循环。中国作为全球第二大经济体和制造业第一大国，国内经济循环同国际经济循环的关系在客观上早有调整的要求。在当前国际形势充满不稳定性不确定性的背景下，立足国内、依托国内大市场优势，充分挖掘内需潜力，有利于化解外部冲击和外需下降带来的影响，也有利于在极端情况下保证中国经济基本正常运行和社会大局总体稳定。

第二，构建上述新发展格局是开放的国内国际双循环，不是封闭的国内单循环。中国经济已经深度融入世界经济，同全球很多国家的产业关联和相互依赖程度都比较高，内外需市场本身是相互依存、相互促进的。以国内大循环为主体，绝不是关起门来封闭运行，而是通过发挥内需潜力，使国内市场和国际市场更好联通，以国内大循环吸引全球资源要素，更好利用国内国际两个市场、两种资源，提高在全球配置资源的能力，更好争取开放发展中的战略主动。

第三，构建上述新发展格局是以全国统一大市场基础上的国内大循环为主体，不是各地都搞自我小循环。党中央作出构建新发展格局的战略安排，提出以国内大循环为主体，是针对全国而言的，不是要求各地都搞省内、市内、县内的自我小循环。各地区要找准自己在国内大循环和国内国际双循环中的位置和比较优势，把构建上述新发展格局同实施区域重大战略、区域协调发展战略、主体功能区战略、建设自由贸易试验区等有机衔接起来，打造改革开放新高地，不能搞"小而全"，更不能以"内循环"的名义搞地区封锁。有条件的地区可以率先探索有利于促进全国构建上述新发展格局的有效路径，发挥引领和带动作用。

第四，构建上述新发展格局是一个系统工程，其包含以下六个重要着力点。一是要加快培育完整内需体系，这是畅通国民经济循环、增强国内大循环主体地位的重要基础。二是要加快科技自立自强，这是确保国内大循环畅通、塑造中国在国际大循环中新优势的关键。三是要推动产业链、供应链优化升级，这是稳固国内大循环主体地位、增强在国际大循环中带动能力的迫切需要。四是要推进农业农村现代化，城乡经济循环是国内大循环的重要方面，也是确保国内国际两个循环保持健康比例关系的关键因素。五是要提高人民生活品质，这是畅通国内大循环的出发点和落脚点，也是国内国际双循环相互促进的关键联结点。六是要牢牢守住安全发展这条底线，这是构建上述新发展格局的重要前提和保障，也是畅通国内大循环的题中应有之义。

案例讨论：

阐述构建"以国内大循环为主体，国内国际双循环相互促进"的新发展格局的积极意义。

资料来源：本案例由作者参考以下资料编写。

（1）曹应旺，2022. 为了"摆脱贫穷和落后"：探寻邓小平的初心[J]. 百年潮（7）：35-46.

（2）郝宪印，张念明，2023. 新时代我国区域发展战略的演化脉络与推进路径[J]. 管理世界，39（1）：56-68.

（3）习近平，2022. 新发展阶段贯彻新发展理念 必然要求构建新发展格局[J]. 当代党员（18）：4-11.

（4）杨书群，杨宇昊，2021. 双循环新发展格局的历史演变与发展路径[J]. 新疆社科论坛（3）：62-68.

（5）张旭东，韩洁，2021. 开启新征程 从2020年中央经济工作会议看以习近平同志为核心的党中央谋划"十四五"开局起步[J]. 财经界（1）：8-11.

案例五

共同富裕

共同富裕不仅是一个经济发展概念，也是一个社会发展概念，更是一场以缩小地区差距、城乡差距、收入差距为标志的社会变革。习近平总书记在2021年8月召开的中央财经委员会第十次会议上指出：共同富裕是社会主义的本质要求，是中国式现代化的重要特征；共同富裕是全体人民共同富裕，是人民群众物质生活和精神生活都富裕，不是少数人的富裕，也不是整齐划一的平均主义。自新中国成立以来，共同富裕始终深刻内嵌于中国特色社会主义道路之中，其理论与内涵随着中国特色社会主义伟大实践的不断推进而不断丰富和深化。

（一）社会主义革命和建设时期的共同富裕（1949—1978年）

新中国成立初期的土地改革运动，使得全国3亿多名无地少地的农民无偿地获得了约46.7万平方千米土地和大量生产资料，成为独立的个体经营者。1953年，为进一步地提高农业生产力，《中国共产党中央委员会关于发展农业生产合作社的决定》要求逐步实行农业的社会主义改造，使农业能够由落后的小规模生产的个体经济变为先进的大规模生产的合作经济，以便逐步克服工业和农业这两个经济部门发展不相适应的矛盾，并使农民能够逐步完全摆脱贫困的状况而取得共同富裕和普遍繁荣的生活，"共同富裕"这一概念自此正式被提出。1956年，随着社会主义改造的基本完成，中国的社会主义制度得到确立，这为实现共同富裕奠定了所有制基础。此后，中国开始更大规模地推行公有制，逐渐取消私有制，期望以此消除贫富差距，寻求平均主义下的同步富裕，这具体表现在：一是主张公有制为单一所有制形式；二是建立计划经济体制，实行严格的财政预算制度，并采取统购统销的资源分配方式;三是制定平均主义下的分配原则,消除收入差别。整体而言,这一时期我国对共同富裕进行了初步探索,但受限于时代和经验,部分做法并不符合生产力发展的实际需要,背离了共同富裕的本质追求。

(二)改革开放和社会主义现代化建设新时期的共同富裕(1978—2012年)

在改革开放初期,面对中国农村贫困人口基数大、贫困发生率高的严峻形势,以邓小平同志为核心的第二代党中央领导人,作出"贫穷不是社会主义,社会主义要消灭贫穷"的重要论断,提出到20世纪末人民生活达到小康水平的目标,制定"三步走"发展战略,提出"两个大局"的战略构想,为实现共同富裕指明了方向和路径。这一时期,中国共同富裕的思路聚焦于"一部分地区、一部分人可以先富起来,带动和帮助其他地区、其他的人,逐步达到共同富裕。"具体实施路径包括以下两种。一是对农业制度进行改革,实行家庭联产承包责任制,通过农业改革带动城市的改革。二是优先发展东部沿海地区,并逐渐向内陆转移,形成由沿海到内陆的开放格局。1992年,邓小平南方谈话中再次强调:"社会主义的本质,是解放生产力,发展生产力,消灭剥削,消除两极分化,最终达到共同富裕"。伴随着社会主义市场经济体制改革的探索实践,中国共产党对共同富裕内涵的认识不断深化和完善。党的十四届三中全会提出:"建立以按劳分配为主体,效率优先、兼顾公平的收入分配制度,鼓励一部分地区一部分人先富起来,走共同富裕的道路"。党的十六大报告指出:"初次分配注重效率,发挥市场的作用,鼓励一部分人通过诚实劳动、合法经营先富起来。再分配注重公平,加强政府对收入分配的调节职能,调节差距过大的收入。"党的十七大报告提出:"初次分配和再分配都要处理好效率和公平的关系,再分配更加注重公平。"

(三)中国特色社会主义新时代的共同富裕(2012年至今)

自党的十八大以来,中国特色社会主义进入新时代,以习近平同志为核心的党中央准确把握发展阶段新变化,把逐步实现全体人民共同富裕摆在更加重要的位置上,打赢脱贫攻坚战,全面建成小康社会,实施区域协调发展战略、乡村振兴战略,推动生态文明建设、精神文明建设,着力保障和改善民生,朝着全体人民共同富裕的目标稳步前进。2017年,党的十九大报告提出新时代全面建设社会主义现代化国家分两阶段的战略安排:第一个阶段,从2020年到2035年,在全面建成小康社会的基础上,再奋斗十五年,基本实现社会主义现代化;第二个阶段,从2035年到本世纪中叶,在基本实现现代化的基础上,再奋斗十五年,把我国建成富强民主文明和谐美丽的社会主义现代化强国。2020年，党的十九届五中全会进一步提出扎实推动共同富裕，到2035年，全体人民共同富裕取得更为明显的实质性进展。2021年，中共中央、国务院通过《中共中央 国务院关于支持浙江高质量发展建设共同富裕示范区的意见》，全面部署浙江共同富裕示范区，为全国推动共同富裕提供省域范例。

2021年，中央财经委员会第十次会议研究扎实推进共同富裕等问题，提出要分阶段促进共同富裕。到"十四五"末，全体人民共同富裕迈出坚实步伐，居民收入和实际消费水平差距逐步缩小。到2035年，全体人民共同富裕取得更为明显的实质性进展，基本公共服务实现均等化。到本世纪中叶，全体人民共同富裕基本实现，居民收入和实际消费水平差距缩小到合理区间。

促进共同富裕，要把握好以下原则：一是鼓励勤劳创新致富；二是坚持基本经济制度；三是尽力而为量力而行；四是坚持循序渐进。总的思路是，坚持以人民为中心的发展思想，在高质量发展中促进共同富裕，正确处理效率和公平的关系，构建初次分配、再分配、三次分配协调配套的基础性制度安排，加大税收、社保、转移支付等的调节力度并提高精准性，扩大中等收入群体比重，增加低收入群体收入，合理调节高收入，取缔非法收入，形成中间大、两头小的橄榄形分配结构，促进社会公平正义，促进人的全面发展，使全体人民朝着共同富裕目标扎实迈进。2022年，党的二十大报告再次强调："中国式现代化是全体人民共同富裕的现代化。共同富裕是中国特色社会主义的本质要求，也是一个长期的历史过程。"

总的来说，新中国成立以来对共同富裕的探索实践表明，共同富裕是一个具有长期性、艰巨性和复杂性的历史过程。正如习近平总书记所言："我们要实现14亿人共同富裕，必须脚踏实地、久久为功，不是所有人都同时富裕，也不是所有地区同时达到一个富裕水准，不同人群不仅实现富裕的程度有高有低，时间上也会有先有后，不同地区富裕程度还会存在一定差异，不可能齐头并进。这是一个在动态中向前发展的过程，要持续推动，不断取得成效。"

案例讨论：

如何深刻理解共同富裕的总体思路和具体原则在不同经济发展阶段的内涵？

资料来源：本案例由作者参考以下资料编写。

（1）方言，2021. 百年乡村发展之路[J]. 乡村振兴（6）：20-23.

（2）罗明忠，2022. 共同富裕：理论脉络、主要难题及现实路径[J]. 求索（1）：143-151.

（3）习近平，2021. 扎实推动共同富裕[J]. 中国民政（20）：4-6.

（4）中华人民共和国国务院新闻办公室，2021. 人类减贫的中国实践[N]. 人民日报海外版，04-07（5）.

（5）张旭东，安蓓，孙闻，等，2021. 为人民谋幸福的关键着力点[N]. 新华日报，11-06（8）.

案例六

广东省"腾笼换鸟"

自改革开放以来，广东省作为"先试先行"的排头兵，在经济迅猛发展的同时，也面临着资源要素制约、区域发展不平衡等一系列问题。一方面，随着原材料、人力成本的上升，人民币升值以及出口萎缩，一些中小企业倒闭，珠江三角洲地区以前依靠低成本和廉价劳动力发展的模式难以为继，亟须实现产业升级，转换经济发展模式。另一方面，粤东、粤西及粤北山区面临工业化进程缓慢和存在大量剩余劳动力的困境，导致广东省内出现明显的发展不均衡现象。在此背景下，2008年5月，广东省在全国率先出台了《中共广东省委 广东省人民政府关于推进产业转移和劳动力转移的决定》（简称"决定"），推动产业优化升级、促进区域协调发展。"双转移"（产业转移和劳动力转移）战略在广东省也被称为"腾笼换鸟"，其具体含义是指珠江三角洲地区将劳动密集型产业向广东省东西两翼、粤北山区转移；东西两翼、粤北山区的农村剩余劳动力就地就近向当地第二、第三产业转移，或向发达的珠江三角洲地区转移，从而实现全省共同富裕、共同繁荣。

根据决定，产业转移的主要目标在于：力争到2012年，珠江三角洲地区功能水平显著提高、产业结构明显优化，东西两翼和粤北山区在办好现有产业转移工业园（简称产业转移园）的基础上，再规划建设1～2个大型产业转移园，形成一批布局合理、产业特色鲜明、集聚效应明显的产业转移集群，使广东省产业竞争力位居全国前列。劳动力转移的主要目标在于：第一，人力资源得到充分开发，劳动力素质整体提升，就业结构整体优化，本省劳动力就业比重提高，农村劳动力在城镇就业以及向第二、第三产业转移成效显著；第二，新增转移本省农村劳动力600万人，组织技能等级培训360万人，全社会非农就业比重达到80%；第三，珠江三角洲地区劳动密集型产业比重显著下降，人均地区生产总值增长率高于地区生产总值增长率2个百分点左右。力争做到三年初见成效，五年大见成效。

为贯彻落实"双转移"战略工作，广东省省直相关部门同步制定了八大配套文件：《广东省产业转移工业园发展资金使用管理办法》《广东省产业转移竞争性扶持资金绩效管理暂行办法》《广东省农村劳动力技能培训及转移就业实施办法》《关于做好优秀农民工入户城镇工作的意见》《关于珠江三角洲各市中等职业技术学校和技工学校招收东西两翼与粤北山区学生的实施办法》《广东省产业转移和劳动力转移目标责任考核评价试行办法》《广东省产业转移区域布局指导意见》《广东省农村贫困家庭子女免费接受职业技术教育的实施办法》。这些配套文件通过上下结合、相互衔接的多层次政策举措，为广东省各地、各部门切实推动"双转移"战略工作提供了政策指引。

广东省"双转移"战略具有较多政策亮点，具体如下所述。

一是提出了人均地区生产总值的考核指标，即到 2012 年珠江三角洲地区人均地区生产总值增长率要高于地区生产总值增长率 2 个百分点。一方面，由于人均地区生产总值的计算要按照当地的常住人口数量计算，因此珠江三角洲地区吸引的外来人口在当期创造地区生产总值、提供税收的同时，各区域政府必须提供相应的公共服务，随着人力资源成本的上升，劳动密集型企业提供的税收可能还比不上区域政府提供的公共服务的价值，这将推动珠江三角洲地区进行产业转移。另一方面，对于东西两翼和粤北山区来说，可以通过招商引资，吸引外来企业，使地区生产总值进一步增长，并通过加大劳动力转移力度、减少常住人口两个方面提高人均地区生产总值，缩小与珠江三角洲之间的差距。

二是有较高的含金量，政策支持力度较大。从 2008 年到 2012 年，广东省安排产业转移资金 400 亿元，通过电力优惠减少 90 多亿元，合计约 500 亿元。对这些资金的安排包括：每年用于产业园区基础设施投资资金 15 亿元；东西两翼、粤北山区一个市一亿元，用于区域政府提供相应的公共服务；用于劳动力培训转移就业专项资金每年 10 亿元；用于奖励、补贴企业从珠江三角洲转移到产业园区的资金每年 5 亿元等。

三是支持东西两翼和粤北山区建设产业转移园。"双转移"战略采取的是非均衡的竞争性扶持办法，在已有的 24 个产业转移园里每年再扶持 3 个产业转移园建示范园区，示范园区的建设采取竞争性的方式，每次给 5 亿元，区域政府可以通过这 5 亿元撬动几十亿元的投资，促进区域经济发展。

四是大力提高农村劳动力素质。"双转移"战略要求，每年对 100 万名在岗农民工进行技能等级提升培训,对广东省45周岁以下,有就业能力和就业意愿的本省农村劳动力进行一次免费职业技能培训,确保每一个农村家庭都有一名以上有就业能力的劳动力接受职业技能培训。

五是农村贫困家庭子女入读职业技术学校、技工学校享有免学杂费和补助生活费的政策福利。这一条充分表明广东省委、省政府以人为本,关注民生,特别是农村弱势群体。

六是制定了优秀农民工落户城镇的优惠政策。"双转移"战略,对人才的定义有了突破,人才不是只看学历,还要看技能,具有技能的也是人才。要按照有技能、贡献大、有发明创造、本省紧缺等条件,开展优秀农民工认定工作。要鼓励这些优秀农民工在广东省的城镇落户。

总体而言,广东省"双转移"战略自2008年启动以来,通过产业转移园等载体,按照"政府引导、市场运作、优势互补、互利共赢"方针,取得了良好的成效,具体如下所述。

第一,产业转移园较好地承接了来自珠江三角洲地区的产业转移。截至2011年,广东省有产业转移园35个,园区内有规模以上工业企业895家,分布于广东省内东西两翼和粤北山区的15个地级市,园区实现工业增加值773.47亿元。2009—2011年,园区工业增加值分别增长21.8%、40.3%和35.4%,增幅分别比同期全省规模以上工业增加值高12.9个、22.7个和22.8个百分点。产业转移园起到了较好的产业承接作用,2011年,广东省产业转移园实现的工业增加值占全省规模以上工业增加值的比重为3.2%,比2009年提高1.4个百分点,部分地区的园区工业已逐步成为当地工业发展的主要力量。在上述15个地级市中,园区工业增加值占全市规模以上工业增加值的比重超过22%的有河源、阳江、湛江、肇庆、潮州5个市,其中阳江的比重达31.4%。园区工业对所在地级市规模以上工业增长的贡献率超过15%的市有10个,其中阳江、韶关、汕尾3个市的园区工业对所在地级市规模以上工业增长的贡献率分别高达38.4%、31.8%和30.9%,分别拉动所在地级市规模以上工业增速12.1个、4.9个和9.5个百分点。

第二,东西两翼和粤北山区工业实力得到提升。"双转移"战略实施后,随着珠江三角洲地区产业逐步向东西两翼和粤北山区转移,东西两翼和粤北山区的工业实力有了显著增强,广东省内区域产业布局得到改善。2012年,东翼地区规模以上工业增加值达1533.20亿元,五年年均增长20.7%,比同期全省规模以上工业年均增长率高 7.8 个百分点，比珠江三角洲地区高 8.5 个百分点；西翼地区规模以上工业增加值达 1297.32 亿元，五年年均增长 13.4%，比同期全省规模以上工业年均增长率高 0.5 个百分点，比珠江三角洲地区高 1.2 个百分点；粤北山区规模以上工业增加值达 1069.93 亿元，五年年均增长 20.5%，比同期全省规模以上工业年均增长率高 7.6 个百分点，比珠江三角洲地区高 8.3 个百分点。

案例讨论：

"腾笼换鸟"对推动中国经济转型的作用有哪些？

资料来源：本案例由作者参考以下资料编写。

（1）邱国祥，李奕思，钟向红，2013. 广东工业转型再升级[J]. 数据（4）：40.

（2）宋辅良，卓尚进，2008. 借鉴"腾笼换鸟"经验 推进中国经济转型[N]. 金融时报，10-17（1）.

（3）汪一洋，2010. 广东"双转移"战略 广东经济转型之路[M]. 广州：广东经济出版社.

案例七

国务院关于加快培育和发展战略性新兴产业的决定

国发〔2010〕32 号

各省、自治区、直辖市人民政府，国务院各部委、各直属机构：

战略性新兴产业是引导未来经济社会发展的重要力量。发展战略性新兴产业已成为世界主要国家抢占新一轮经济和科技发展制高点的重大战略。我国正处在全面建成小康社会的关键时期，必须按照科学发展观的要求，抓住机遇，明确方向，突出重点，加快培育和发展战略性新兴产业。现作出如下决定。

一、抓住机遇，加快培育和发展战略性新兴产业

战略性新兴产业是以重大技术突破和重大发展需求为基础，对经济社会全局和长远发展具有重大引领带动作用，知识技术密集、物质资源消耗少、成长潜力大、综合效益好的产业。加快培育和发展战略性新兴产业对推进我国现代化建设具有重要战略意义。

（1）加快培育和发展战略性新兴产业是全面建成小康社会、实现可持续发展的必然选择。我国人口众多、人均资源少、生态环境脆弱，又处在工业化、城镇化快速发展时期，面临改善民生的艰巨任务和资源环境的巨大压力。要全面建成小康社

会、实现可持续发展，必须大力发展战略性新兴产业，加快形成新的经济增长点，创造更多的就业岗位，更好地满足人民群众日益增长的物质文化需求，促进资源节约型和环境友好型社会建设。

（2）加快培育和发展战略性新兴产业是推进产业结构升级、加快经济发展方式转变的重大举措。战略性新兴产业以创新为主要驱动力，辐射带动力强，加快培育和发展战略性新兴产业，有利于加快经济发展方式转变，有利于提升产业层次、推动传统产业升级、高起点建设现代产业体系，体现了调整优化产业结构的根本要求。

（3）加快培育和发展战略性新兴产业是构建国际竞争新优势、掌握发展主动权的迫切需要。当前，全球经济竞争格局正在发生深刻变革，科技发展正孕育着新的革命性突破，世界主要国家纷纷加快部署，推动节能环保、新能源、信息、生物等新兴产业快速发展。我国要在未来国际竞争中占据有利地位，必须加快培育和发展战略性新兴产业，掌握关键核心技术及相关知识产权，增强自主发展能力。

加快培育和发展战略性新兴产业具备诸多有利条件，也面临严峻挑战。经过改革开放 30 多年①的快速发展，我国综合国力明显增强，科技水平不断提高，建立了较为完备的产业体系，特别是高技术产业快速发展，规模跻身世界前列，为战略性新兴产业加快发展奠定了较好的基础。同时，也面临着企业技术创新能力不强，掌握的关键核心技术少，有利于新技术、新产品进入市场的政策法规体系不健全，支持创新创业的投融资和财税政策、体制机制不完善等突出问题。必须充分认识加快培育和发展战略性新兴产业的重大意义，进一步增强紧迫感和责任感，抓住历史机遇，加大工作力度，加快培育和发展战略性新兴产业。

二、坚持创新发展，将战略性新兴产业加快培育成为先导产业和支柱产业

根据战略性新兴产业的特征，立足我国国情和科技、产业基础，现阶段重点培育和发展节能环保、新一代信息技术、生物、高端装备制造、新能源、新材料、新能源汽车等产业。

（一）指导思想

以邓小平理论和"三个代表"重要思想为指导，深入贯彻落实科学发展观，把握世界新科技革命和产业革命的历史机遇，面向经济社会发展的重大需求，把加快培育和发展战略性新兴产业放在推进产业结构升级和经济发展方式转变的突出位置。积极探索战略性新兴产业发展规律，发挥企业主体作用，加大政策扶持力度，

---

① 发文时距改革开放已 32 年。

深化体制机制改革，着力营造良好环境，强化科技创新成果产业化，抢占经济和科技竞争制高点，推动战略性新兴产业快速健康发展，为促进经济社会可持续发展作出贡献。

（二）基本原则

坚持充分发挥市场的基础性作用与政府引导推动相结合。要充分发挥我国市场需求巨大的优势，创新和转变消费模式，营造良好的市场环境，调动企业主体的积极性，推进产学研用结合。同时，对关系经济社会发展全局的重要领域和关键环节，要发挥政府的规划引导、政策激励和组织协调作用。

坚持科技创新与实现产业化相结合。要切实完善体制机制，大幅度提升自主创新能力，着力推进原始创新，大力增强集成创新和联合攻关，积极参与国际分工合作，加强引进消化吸收再创新，充分利用全球创新资源，突破一批关键核心技术，掌握相关知识产权。同时，要加大政策支持和协调指导力度，造就并充分发挥高素质人才队伍的作用，加速创新成果转化，促进产业化进程。

坚持整体推进与重点领域跨越发展相结合。要对发展战略性新兴产业进行统筹规划、系统布局，明确发展时序，促进协调发展。同时，要选择最有基础和条件的领域作为突破口，重点推进。大力培育产业集群，促进优势区域率先发展。

坚持提升国民经济长远竞争力与支撑当前发展相结合。要着眼长远，把握科技和产业发展新方向，对重大前沿性领域及早部署，积极培育先导产业。同时，要立足当前，推进对缓解经济社会发展瓶颈制约具有重大作用的相关产业较快发展，推动高技术产业健康发展，带动传统产业转型升级，加快形成支柱产业。

（三）发展目标

到2015年，战略性新兴产业形成健康发展、协调推进的基本格局，对产业结构升级的推动作用显著增强，其增加值占国内生产总值的比重力争达到8%。

到2020年，战略性新兴产业增加值占国内生产总值的比重力争达到15%，吸纳、带动就业能力显著提高。节能环保、新一代信息技术、生物、高端装备制造产业成为国民经济的支柱产业，新能源、新材料、新能源汽车产业成为国民经济的先导产业；创新能力大幅提升，掌握一批关键核心技术，在局部领域达到世界领先水平；形成一批具有国际影响力的大企业和一批创新活力旺盛的中小企业；建成一批产业链完善、创新能力强、特色鲜明的战略性新兴产业集聚区。

再经过10年左右的努力，战略性新兴产业的整体创新能力和产业发展水平达到世界先进水平，为经济社会可持续发展提供强有力的支撑。

三、立足国情，努力实现重点领域快速健康发展

根据战略性新兴产业的发展阶段和特点，要进一步明确发展的重点方向和主要任务，统筹部署，集中力量，加快推进。

（一）节能环保产业

重点开发推广高效节能技术装备及产品，实现重点领域关键技术突破，带动能效整体水平的提高。加快资源循环利用关键共性技术研发和产业化示范，提高资源综合利用水平和再制造产业化水平。示范推广先进环保技术装备及产品，提升污染防治水平。推进市场化节能环保服务体系建设。加快建立以先进技术为支撑的废旧商品回收利用体系，积极推进煤炭清洁利用、海水综合利用。

（二）新一代信息技术产业

加快建设宽带、泛在、融合、安全的信息网络基础设施，推动新一代移动通信、下一代互联网核心设备和智能终端的研发及产业化，加快推进三网融合，促进物联网、云计算的研发和示范应用。着力发展集成电路、新型显示、高端软件、高端服务器等核心基础产业。提升软件服务、网络增值服务等信息服务能力，加快重要基础设施智能化改造。大力发展数字虚拟等技术，促进文化创意产业发展。

（三）生物产业

大力发展用于重大疾病防治的生物技术药物、新型疫苗和诊断试剂、化学药物、现代中药等创新药物大品种，提升生物医药产业水平。加快先进医疗设备、医用材料等生物医学工程产品的研发和产业化，促进其规模化发展。着力培育生物育种产业，积极推广绿色农用生物产品，促进生物农业加快发展。推进生物制造关键技术开发、示范与应用的发展过程。加快海洋生物技术及产品的研发和产业化。

（四）高端装备制造产业

重点发展以干支线飞机和通用飞机为主的航空装备，做大做强航空产业。积极推进空间基础设施建设，促进卫星及其应用产业发展。依托客运专线和城市轨道交通等重点工程建设，大力发展轨道交通装备。面向海洋资源开发，大力发展海洋工程装备。强化基础配套能力，积极发展以数字化、柔性化及系统集成技术为核心的智能制造装备。

（五）新能源产业

积极研发新一代核能技术和先进反应堆，发展核能产业。加快太阳能热利用技

术推广应用，开拓多元化的太阳能光伏光热发电市场。提高风电技术装备水平，有序推进风电规模化发展，加快适应新能源发展的智能电网及运行体系建设。因地制宜开发利用生物质能。

（六）新材料产业

大力发展稀土功能材料、高性能膜材料、特种玻璃、功能陶瓷、半导体照明材料等新型功能材料。积极发展高品质特殊钢、新型合金材料、工程塑料等先进结构材料。提升碳纤维、芳纶、超高分子量聚乙烯纤维等高性能纤维及其复合材料发展水平。开展纳米、超导、智能等共性基础材料研究。

（七）新能源汽车产业

着力突破动力电池、驱动电机和电子控制领域关键核心技术，推进插电式混合动力汽车、纯电动汽车的推广应用和产业化。同时，开展燃料电池汽车相关前沿技术研发，大力推进高能效、低排放节能汽车发展。

四、强化科技创新，提升产业核心竞争力

增强自主创新能力是培育和发展战略性新兴产业的中心环节，必须完善以企业为主体、市场为导向、产学研相结合的技术创新体系，发挥国家科技重大专项的核心引领作用，结合实施产业发展规划，突破关键核心技术，加强创新成果产业化，提升产业核心竞争力。

（一）加强产业关键核心技术和前沿技术研究

围绕经济社会发展重大需求，结合国家科技计划、知识创新工程和自然科学基金项目等的实施，集中力量突破一批支撑战略性新兴产业发展的关键共性技术。在生物、信息、空天、海洋、地球深部等基础性、前沿性技术领域超前部署，加强交叉领域的技术和产品研发，提高基础技术研究水平。

（二）强化企业技术创新能力建设

加大企业研究开发的投入力度，对面向应用、具有明确市场前景的政府科技计划项目，建立由骨干企业牵头组织、科研机构和高校共同参与实施的有效机制。依托骨干企业，围绕关键核心技术的研发和系统集成，支持建设若干具有世界先进水平的工程化平台，结合技术创新工程的实施，发展一批由企业主导，科研机构、高校积极参与的产业技术创新联盟。加强财税政策引导，激励企业增加研发投入。加强产业集聚区公共技术服务平台建设，促进中小企业创新发展。

（三）加快落实人才强国战略和知识产权战略

建立科研机构、高校创新人才向企业流动的机制，加大高技能人才队伍建设力度。加快完善期权、股权等多种形式的激励机制，鼓励科研机构和高校科技人员积极从事职务发明创造。加大工作力度，吸引全球优秀人才来华创新创业。发挥研究型大学的支撑和引领作用，加强战略性新兴产业相关专业学科建设，增加急需的专业学位类别。改革人才培养模式，制定鼓励企业参与人才培养的政策，建立企校联合培养人才的新机制，促进创新型、应用型、复合型和技能型人才的培养。支持知识产权的创造和运用，强化知识产权的保护和管理，鼓励企业建立专利联盟。完善高校和科研机构知识产权转移转化的利益保障机制和实现机制，建立高效的知识产权评估交易机制。加大对具有重大社会效益创新成果的奖励力度。

（四）实施重大产业创新发展工程

以加速产业规模化发展为目标，选择具有引领带动作用，并能够实现突破的重点方向，依托优势的企业，统筹技术开发、工程化、标准制定、市场应用等环节，组织实施若干重大产业创新发展工程，推动要素整合和技术集成，努力实现重大突破。

（五）建设产业创新支撑体系

发挥知识密集型服务业支撑作用，大力发展研发服务、信息服务、创业服务、技术交易、知识产权和科技成果转化等高技术服务业，着力培育新业态。积极发展人力资源服务、投资和管理咨询等商务服务业，加快发展现代物流和环境服务业。

（六）推进重大科技成果产业化和产业集聚发展

完善科技成果产业化机制，加大实施产业化示范工程力度，积极扩大重大装备应用规模，建立健全科研机构、高校的创新成果发布制度和技术转移机构，促进技术转移和扩散，加速科技成果转化为现实生产力。依托具有优势的产业集聚区，培育一批创新能力强、创业环境好、特色突出、集聚发展的战略性新兴产业示范基地，形成增长极，辐射带动区域经济发展。

五、积极培育市场，营造良好市场环境

要充分发挥市场的基础性作用，充分调动企业积极性，加强基础设施建设，积极培育市场，规范市场秩序，为各类企业健康发展创造公平、良好的环境。

（一）组织实施重大应用示范工程

坚持以应用促发展，围绕提高人民群众健康水平、缓解环境资源压力等紧迫需求，选择处于产业化初期、社会效益显著、市场机制难以有效发挥作用的重大技术和产品，统筹衔接现有试验示范工程，组织实施全民健康、绿色发展、智能制造、材料换代、信息惠民等重大应用示范工程，引导消费模式转变，培育市场，拉动产业发展。

（二）支持市场拓展和商业模式创新

鼓励绿色消费、循环消费、信息消费，创新消费模式，促进消费结构升级。扩大终端用能产品能效标识实施范围。加强新能源并网及储能、支线航空与通用航空、新能源汽车等领域的市场配套基础设施建设。在物联网、节能环保服务、新能源应用、信息服务、新能源汽车推广等领域，支持企业大力发展有利于扩大市场需求的专业服务、增值服务等新业态。积极推行合同能源管理、现代废旧商品回收利用等新型商业模式。

（三）完善标准体系和市场准入制度

加快建立有利于战略性新兴产业发展的行业标准和重要产品技术标准体系，优化市场准入的审批管理程序。进一步健全药品注册管理的体制机制，完善药品集中采购制度，支持临床必需、疗效确切、安全性高、价格合理的创新药物优先进入医保目录。完善新能源汽车的项目和产品准入标准。改善转基因农产品的管理。完善并严格执行节能环保法规标准。

六、深化国际合作，提高国际化发展水平

要通过深化国际合作，尽快掌握关键核心技术，提升我国自主发展能力与核心竞争力。把握经济全球化的新特点，深度开展国际合作与交流，积极探索合作新模式，在更高层次上参与国际合作。

（一）大力推进国际科技合作与交流

发挥各种合作机制的作用，多层次、多渠道、多方式推进国际科技合作与交流。鼓励境外企业和科研机构在我国设立研发机构，支持符合条件的外商投资企业与内资企业、研究机构合作申请国家科研项目。支持我国企业和研发机构积极开展全球研发外包服务，在境外开展联合研发并设立研发机构，在国外申请专利。鼓励我国企业和研发机构参与国际标准的制定，鼓励外商投资企业参与我国技术示范应用项目，共同形成国际标准。

（二）切实提高国际投融资合作的质量和水平

完善外商投资产业指导目录，鼓励外商设立创业投资企业，引导外资投向战略性新兴产业。支持有条件的企业开展境外投资，在境外以发行股票和债券等多种方式融资。扩大企业境外投资自主权，改进审批程序，进一步加大对企业境外投资的外汇支持。积极探索在海外建设科技和产业园区。制定国别产业导向目录，为企业开展跨国投资提供指导。

（三）大力支持企业跨国经营

完善出口信贷、保险等政策，结合对外援助等积极支持战略性新兴产业领域的重点产品、技术和服务开拓国际市场，以及自主知识产权技术标准在海外推广应用。支持企业通过境外注册商标、境外收购等方式，培育国际化品牌。加强企业和产品国际认证合作。

七、加大财税金融政策扶持力度，引导和鼓励社会投入

加快培育和发展战略性新兴产业，必须健全财税金融政策支持体系，加大扶持力度，引导和鼓励社会资金投入。

（一）加大财政支持力度

在整合现有政策资源和资金渠道的基础上，设立战略性新兴产业发展专项资金，建立稳定的财政投入增长机制，增加中央财政投入，创新支持方式，着力支持重大关键技术研发、重大产业创新发展工程、重大创新成果产业化、重大应用示范工程、创新能力建设等。加大政府引导和支持力度，加快高效节能产品、环境标志产品和资源循环利用产品等推广应用。加强财政政策绩效考评，创新财政资金管理机制，提高资金使用效率。

（二）完善税收激励政策

在全面落实现行各项促进科技投入和科技成果转化、支持高技术产业发展等方面的税收政策的基础上，结合税制改革方向和税种特征，针对战略性新兴产业的特点，研究完善鼓励创新、引导投资和消费的税收支持政策。

（三）鼓励金融机构加大信贷支持

引导金融机构建立适应战略性新兴产业特点的信贷管理和贷款评审制度。积极推进知识产权质押融资、产业链融资等金融产品创新。加快建立包括财政出资和社会资金投入在内的多层次担保体系。积极发展中小金融机构和新型金融服务。综合运用风险补偿等财政优惠政策，促进金融机构加大支持战略性新兴产业发展的力度。

（四）积极发挥多层次资本市场的融资功能

进一步完善创业板市场制度，支持符合条件的企业上市融资。推进场外证券交易市场的建设，满足处于不同发展阶段创业企业的需求。完善不同层次市场之间的

转板机制，逐步实现各层次市场间有机衔接。大力发展债券市场，扩大中小企业集合债券和集合票据发行规模，积极探索开发低信用等级高收益债券和私募可转换债券等金融产品，稳步推进企业债券、公司债券、短期融资券和中期票据发展，拓宽企业债务融资渠道。

（五）大力发展创业投资和股权投资基金

建立和完善促进创业投资和股权投资行业健康发展的配套政策体系与监管体系。在风险可控的范围内为保险公司、社保基金理事会、企业年金管理机构和其他机构投资者参与新兴产业创业投资和股权投资基金创造条件。发挥政府新兴产业创业投资资金的引导作用，扩大政府新兴产业创业投资规模，充分运用市场机制，带动社会资金投向战略性新兴产业中处于创业早中期阶段的创新型企业。鼓励民间资本投资战略性新兴产业。

八、推进体制机制创新，加强组织领导

加快培育和发展战略性新兴产业是我国新时期经济社会发展的重大战略任务，必须大力推进改革创新，加强组织领导和统筹协调，为战略性新兴产业发展提供动力和条件。

（一）深化重点领域改革

建立健全创新药物、新能源、资源性产品价格形成机制和税费调节机制。实施新能源配额制，落实新能源发电全额保障性收购制度。加快建立生产者责任延伸制度，建立和完善主要污染物和碳排放交易制度。建立促进三网融合高效有序开展的政策和机制，深化电力体制改革，加快推进空域管理体制改革。

（二）加强宏观规划引导

组织编制国家战略性新兴产业发展规划和相关专项规划，制定战略性新兴产业发展指导目录，开展战略性新兴产业统计监测调查，加强与相关规划和政策的衔接。加强对各地发展战略性新兴产业的引导，优化区域布局、发挥比较优势，形成各具特色、优势互补、结构合理的战略性新兴产业协调发展格局。各地区要根据国家总体部署，从当地实际出发，突出发展重点，避免盲目发展和重复建设。

（三）加强组织协调

成立由发展改革委牵头的战略性新兴产业发展部际协调机制，形成合力，统筹推进。

国务院各有关部门、各省（区、市）人民政府要根据本决定的要求，抓紧制定实施方案和具体落实措施，加大支持力度，加快将战略性新兴产业培育成为先导产业和支柱产业，为我国现代化建设作出新的贡献。

国务院
二〇一〇年十月十日

案例讨论：

分析"关于加快培育和发展战略性新兴产业的决定"，阐述政府在其中的角色与作用。它是否属于政府在产业经济发展中的一种超前引领？

资料来源：

国务院, 2010. 国务院关于加快培育和发展战略性新兴产业的决定（全文）[J]. 中国科技产业（10）: 14-19.（有改动）

第三节　点评与思考讨论题

一、点评

点评1

政府超前引领与政府因势利导既有联系又有区别。联系之处在于两者都涉及政府有为作用。区别之处在于政府因势利导主要从市场机制之外或市场机制边缘方面来探讨政府协调或提供基础设施的外部性作用；政府超前引领则揭示出政府是中观经济市场主体，在资源生成领域发挥着有为作用，形成供给侧"三驾马车"与微观经济市场主体企业共同推动一个区域市场经济的发展和经济的可持续增长。

点评2

政府超前引领的核心。政府超前引领的核心理论正如案例三、案例四、案例五所示，关键在于理念创新、技术创新、组织创新和制度创新；实践上正如案例一、案例二、案例六、案例七所示，关键在于各类创新的政策制定与政策工具的选择应用，它们将使政府的各种创新具体化，并实质推动其实施相关政策并产生作用。

点评3

政府超前引领的测度。政府超前引领的目标即理论上确立的区域政府参与"三类九要素"竞争的目标函数与不同阶段中的指标函数；效果测度即在一定时点上，区域实际经济发展水平、政策措施和管理效率等综合反映的区域资源配置效率与区域政府确立的"三类九要素"竞争的目标函数和指标函数的比较。

点评4

政府超前引领的科学性。这表现在中观区域政府资源配置的效率与微观企业资源配置的效率能够形成"正正叠加"的效应（见图4-1）。它是一个区域经济可持续、高质量发展的路径选择。

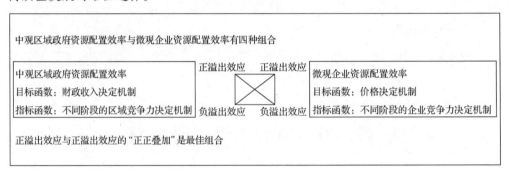

图4-1 中观区域政府资源配置效率与微观企业资源配置效率的组合

二、思考讨论题

1. 政府因势利导与政府超前引领的联系与区别？
2. "创新"的内涵是什么？为什么说创新是政府实现超前引领的核心？
3. 分析案例一至案例七，探讨政府超前引领的条件、前提、原则、手段和目的分别是什么。
4. 政府超前引领与凯恩斯主义中政府作用的本质区别是什么？

第五章

市场竞争双重主体论

前述四个章节尽管从多个方面剖析了区域政府的资源配置问题，但并未就深嵌其中的区域政府竞争相关问题进行系统论述。本章将详述市场竞争双重主体论，明晰区域政府竞争和企业竞争的联系与区别，重构对有关市场竞争主体的认知。具体而言，本章第一节在简述企业竞争与区域政府竞争的基础上，引出核心观点：现代市场经济体系中存在着"企业"与"区域政府"双重竞争主体，企业竞争与区域政府竞争共同构成了现代市场经济发展的双驱动力。第二节通过若干现实案例，建立起企业竞争与区域政府竞争的关联。第三节进行简要点评，深化有关"市场竞争双重主体论"的理解和认识。

第一节 企业竞争与区域政府竞争

一、企业竞争

作为市场经济最基本的组织形式，企业集中在微观经济领域的产业经济领域展开竞争，形成企业竞争力和竞争优势，实现优胜劣汰和资源的有效配置。

从经济学的角度和企业的生产流程来看，企业竞争主要体现在投入端、产品端和管理技术端。其中，投入端的企业竞争主要包括人才竞争、资金来源竞争、原材料竞争、设备竞争等，它是面向要素市场的竞争，旨在保障生产顺利地持续进行。产品端的企业竞争主要包括产品质量竞争、产品包装竞争、营销能力竞争、品牌竞争、价格竞争等，它是面向需求的竞争，目的在于：一是将产品由库存转为商品，送到消费者手中，将产品的使用价值变为价值；二是扩大市场影响力，提高市场占有率，从而形成规模效应、降低成本。管理技术端的企业竞争主要包括管理能力效率竞争、技术水平竞争、信息化水平竞争等，它是企业最有活力的竞争，贯穿于企业生产价值链之中，主要是为了提高生产的效率，使得企业生产产品的成本低于市场的平均水平，获得超额利润，以此来实现利润的最大化。**企业竞争力主要是指企业获得超出同行业平均利润的能力，即获得超额利润的能力。**市场经济是实现资源配置最有效率的经济体制，因此企业竞争只有符合市场规则，才能形成充分的企业竞争力和竞争优势，实现资源的有效配置。同时，企业竞争决定着产业经济的活力，企业良好有序的竞争更是市场经济健康持续发展的重要前提。总的来说，企业竞争不仅来源于市场经济——企业竞争是市场经济作用的表现，而且会反作用于市场经济——企业竞争还是市场经济发展的源动力，并且企业竞争必须符合市场经济规律，在市场规则下进行。

二、区域政府竞争

中观经济学认为，区域政府竞争主要表现为"三类九要素"竞争，如图 5-1 所示，因形似羊角，也称作"羊角竞争"。左角由区域政府竞争的目标函数——财政收入决定机制构成；右角由区域政府竞争的指标函数——区域竞争力决定机制构成；支撑区域政府竞争目标函数和指标函数的核心影响因素是区域经济发展水平，其包含三个要素——项目、产业链和进出口；关键支撑条件是区域经济政策措施和区域经济管理效率，前者包括基础设施投资政策、人才科技扶持政策和财政金融支持政策，后者包括政策体系效率、环境体系效率和管理体系效率。

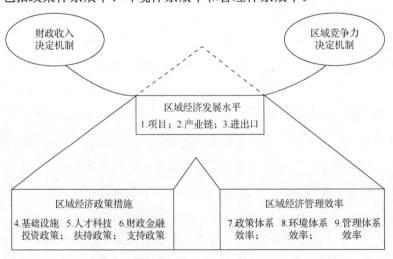

图 5-1 区域政府的"三类九要素"竞争

第一，区域政府竞争的目标函数是财政收入决定机制。其主要原因在于以下几点。其一，区域政府职能不断扩张，其经济调控功能增强，需要财政收入规模做支撑。其二，区域人口不断增长，民众对区域公共服务的需求总量增加，需要财政收入规模做支撑。其三，区域城市规模不断扩大，社会公共投资不断增长，需要财政收入规模做支撑。其四，区域科技水平不断提高，推动区域政府不断开拓新的科技领域和生产领域，需要财政收入规模做支撑。其五，区域社会福利事业的扩大，需要财政收入规模做支撑。上述一系列因素都促使区域政府将财政收入决定机制作为区域政府竞争目标函数。

第二，区域竞争力是指能支撑一个区域持久生存和发展的力量，即一个区域在竞争和发展的过程中，与其他区域相比较，所具有的吸引、争夺、占有、调控和转化资源的能力，以及争夺、占有和调控市场的能力，也就是其自身发展所需的优化资源配置的能力。简言之，它是一个区域发展所需的对资源的吸引力和对市场的争夺力。区域竞争力可以通过建立指标体系来进行分析和评价，进而发现区域发展中的问题，找到提升区域竞争力的因素。其积极意义在于，通过研究如何提升区域竞争力，可以打造区域竞争优势，为本区域经济发展优化资源配置，促进其科学、可持续发展，使区域财政收入最大化。

第三，区域经济发展水平主要取决于项目竞争、产业链竞争和进出口竞争三个要素的水平，这主要体现了区域政府对产业经济的引导和规划、调节和管理。

首先，项目竞争主要包括以下三类：一是国家重大项目；二是社会投资项目；三是外资引进项目。区域政府之间展开项目的争夺，一则可以直接引进资金、人才和产业；二则可以凭借项目政策的合法性、公共服务的合理性来有效解决区域内筹资、融资和征地等问题；三则可以通过项目落地，开发区域土地、建设城市设施、扩大招商引资、带动产业发展、优化资源配置、提升政策能力，最终促进区域社会经济的可持续发展。因此，项目竞争成为各区域政府的竞争重点、发展导向。

其次，产业链竞争主要围绕两个方面展开。一是生产要素方面。低端或初级生产要素无法形成稳定持久的竞争力，只有引进并投资于高端生产要素，才能建立起强大且具有竞争优势的产业。二是产业集群、产业配套方面。培植优势产业，配套完整产业链，按照产业结构有的放矢地招商引资，是区域可持续发展的重要路径。

最后，进出口竞争主要体现在以下四个层面。一是在加工贸易与一般贸易的发展中，各区域政府力图减少加工贸易占比，提高一般贸易比重，以增强区域商品和服务贸易的原动力。二是在对外投资上，各区域政府力图推动企业在区域外布局，竞争区域外项目，以促使本区域的利益布局和市场价值链条延伸至区域外。三是在资本输出上，各区域政府力图推进资本项目可兑换的发展，即在国际经常项目投资便利化的情况下，采取各种措施促进货币资本流通、货币自由兑换便利化等的发展。四是在进口方面，尤其是对高科技产品、产业、项目的引进，各区域政府全面采取优惠政策措施，对其予以吸引、扶持，甚至不惜重金辅助其投入、布点和生产。

第四，区域经济政策措施主要包括基础设施投资政策竞争，人才科技扶持政策竞争，财政金融支持政策竞争三个要素，其主要体现了区域政府对城市经济的经营和参与以及对产业经济的扶持。其中，基础设施投资政策竞争，包括城市基础设施的软硬件建设乃至现代化智慧城市的开发等一系列竞争。人才科技扶持政策竞争，最根本的是确立人才资源是第一资源，科学技术是第一生产力的理念；最基础的是完善本土人才培养体系，加大本土人才培养投入和科技创新投入；最关键的是创造条件吸引人才、引进人才、培养人才、应用人才。区域财政金融支持政策要求区域政府开展财政收入竞争和财政支出竞争，并在财政收支总体规模有限的条件下，积极搭建各类投融资平台，最大限度地动员和吸引区域、国内乃至国际各类金融机构的资金、人才、信息等资源，为本区域产业发展、城市建设、社会民生服务。其中，区域财政收入的增长主要依靠经济增长、税收和收费收入增加；而财政支出是竞争的关键，其包括社会消费性支出、转移性支出和投资性支出，最主要的财政支出竞争则发生在投资性支出领域，包括政府的基础设施投资、科技研发投资、政策性金融投资等。此外，区域政府在各类优惠政策上也开展竞争，如财政支出的侧重、吸纳资金的金融手段等。

第五，区域经济管理效率主要包括政策体系效率竞争、环境体系效率竞争和管理体系效率竞争三个要素。其中，政策体系效率竞争分为两个层次：一是区域政府向上级政府争取优惠政策或先行政策试点；二是区域政府在自己的权限内出台各种有竞争力的政策。环境体系效率竞争主要是指区域政府在生态环境、人文环境、政策环境和社会信用体系环境等方面的竞争。管理体系效率竞争本质上是指区域政府在组织制度、主体责任、服务意识、工作技能和技术平台的竞争。

综上所述，区域政府竞争具体体现为"三类九要素"竞争，实质是区域三种资源有效调配的广义竞争（此时区域政府的行为聚焦在区域财政收入决定机制上），其重点又集中在城市经济竞争上，它以资源生成领域中的准经营性资源即城市基础设施的投资、开发、建设为主体（此时区域政府的行为聚焦在区域财政支出结构上）。

三、市场竞争双重主体

（一）区域政府与企业都是资源调配的主体

区域政府和企业属于两个不同的主体范畴。区域政府是中观经济主体，企业是微观经济主体。区域政府和企业有明显的区别——生产目的、生存方式、管理方式和绩效标准都不同，但区域政府和企业的行为又有相似性。

第一，区域政府和企业都是资源调配的主体，其中，区域政府是中观经济领域资源调配的主体，企业是微观经济领域资源调配的主体。

第二，竞争机制在区域政府之间和企业之间始终存在，并成为区域经济发展的源动力。区域政府之间的竞争是市场经济发挥作用的表现，集中表现为区域政府之间"三类九要素"的竞争上，区域政府竞争是区域经济发展的源动力；企业之间的竞争是市场经济发挥作用的表现，企业竞争是产业经济发展的源动力。

第三，区域政府和企业都必须在尊重市场规则的前提下活动。

第四，区域政府和企业都以利益最大化为最初目标调配资源，其中，区域政府的目标函数是财政收入决定机制，企业的目标函数是价格决定机制。

（二）市场竞争双重主体的关系

现代市场经济体系中存在着企业和区域政府双重主体，企业竞争主要体现在产业经济领域，其核心是在资源稀缺条件下的资源优化配置问题；区域政府竞争主要体现在城市经济领域，其核心是在资源生成基础上的资源优化配置问题。市场竞争的双重主体分别属于两个层面的竞争体系，即企业之间的竞争体系和区域政府之间的竞争体系。企业竞争体系和区域政府竞争体系是双环运作体系，两者既相互独立又相互联系，共同构成市场经济中的竞争体系。

首先，企业竞争体系只作用于微观经济中的企业之间，任何区域政府只能是企业竞争环境的营造者、协调者和监管者，从政策、制度和环境上确保企业开展公开、公平、公正的竞争，而不应和企业一样成为微观经济的主体，参与到企业竞争活动中，区域政府也无权对企业的微观经济事务进行直接干预。

其次，区域政府竞争体系又以企业竞争体系为依托，并对企业竞争体系发挥引导、协调和监管作用。企业竞争是市场经济的根本属性，是市场经济焕发生机的重要因素，没有企业竞争的经济就不是市场经济，企业层面的竞争是市场竞争的基础；而区域政府竞争是基于区域内的企业竞争，并围绕着企业竞争的条件、环境、政策和效率等要素供给、环境供给和市场供给而展开的。

最后，企业竞争和区域政府竞争的结果同样都呈现出符合二八定律的状态。**二八定律是指随着经济发展阶段的变化，世界各国区域经济的发展在企业竞争和区域政府竞争的双轮动力驱动下，正逐渐出现先行发展区域的产业集群、城市集群和民生福利越来越集中的现象。**在企业竞争或区域政府竞争中，能够超前引领，围绕企业或区域经济发展的目标函数，采取各种措施，进行理念、技术、组织和制度创新，有效推动企业或区域实现科学、可持续发展的主体，最终都能脱颖而出，成为行业或区域的领头羊。而那些在超前引领和改革创新等方面滞后的企业或区域，将会处于落后状态。此时，在经济发展的梯度结构中，处于领先地位的20%的企业或区域，将占有约80%的市场或约80%的收益，而其余80%的企业或区域，将可能只占有约20%的市场或约20%的收益。

（三）区域政府竞争与国有企业参与

国有企业，是指国家或区域政府分别代表国家履行出资人职责的国有独资企业、国有独资公司以及国有资本控股公司，包括国家和区域国有资产监督管理机构和其他部门所监管的企业本级及其逐级投资形成的企业。区域政府和国有企业之间存在千丝万缕的联系，具体如下所述。

第一，国家或区域政府拥有国有企业的所有权或控制权，其意志和利益对国有企业的经营行为会产生重大影响。根据主营业务和核心业务范围，国有企业可分为商业类国有企业和公益类国有企业。前者以增强国有经济活力、放大国有资本功能、实现国有资产保值增值为主要目标，按照市场化要求实行商业化运作，依法独立自主开展生产经营活动，优胜劣汰、进退有序。后者则以保障民生、服务社会、提供公共物品和服务为主要目标，必要的产品或服务价格可以由政府调控。此外，对于主业处于关系国家安全、国民经济命脉的重要行业和关键领域，以及主要承担重大专项任务的国有企业，要以保障国家安全和国民经济稳定运行为目标，重点发展前瞻性、战略性产业，实现经济效益、社会效益与安全效益的有机统一。

第二，区域政府调配可经营性资源、非经营性资源和准经营性资源参与区域政府竞争的手段之一，就是组建国有企业。国有企业是区域政府直接参与经济领域竞争的重要载体和主要路径，国有企业是区域政府竞争的一个层面。正因如此，区域政府竞争不仅表现为区域政府之间在产业经济、民生经济和城市经济领域的直接竞争，还表现为区域政府通过国有企业在产业经济和城市经济项目上展开的间接竞争。

国有企业在区域政府竞争中的特殊角色，使得国有企业尽管本质属性是企业，但却有着不同于一般企业的行为特征，这也带来了国有企业、非国有企业和区域政府两两之间关系的复杂性。但始终需要明确的是，区域政府和国有企业是两个本质属性截然不同的市场竞争主体，区域政府竞争活动处于中观领域，国有企业竞争活动处于微观领域，国有企业与非国有企业之间需遵循"竞争中性"原则展开竞争。其中，**竞争中性原则是指区域政府采取的所有行动，对国有企业与非国有企业之间的市场竞争的影响都应该是中性的，即区域政府的行为不应该给任何实际的或潜在的市场参与者尤其是国有企业带来任何"不当的竞争优势"**。

第二节　案 例 分 析

案例一

"用脚投票"

"用脚投票"是指经济主体依据自身偏好选择参与或退出某项活动或某些团体的行为，其类似于选举中的投票，但并非借助选票而是通过实际行动和迁移选择来表达自己的态度，以谋求更好的发展机遇与条件。"用脚投票"适用于个人迁移或产业转移等不同的尺度。例如，个人为了改善自己的经济状况，会选择迁移到就业市场更好、工资水平更高、创业环境更有利的区域；家庭为了确保子女获得更好的教育，会选择迁移到教育资源更为丰富的区域。企业的跨区域流动更是"用脚投票"的集中体现，企业会严格挑选更加适宜经营的土壤——市场前景广阔、生产成本更低、具备优良的投资环境以及良好的经济社会秩序的区域，譬如选择将生产设施迁移到劳动力成本较低的区域以降低生产成本，而将研发中心设在某个创新生态良好、科技人才丰富的区域。

"用脚投票"最早由美国经济学家蒂伯特提出。此前，马斯格雷夫和萨缪尔森的研究工作表明，由于公共物品的外部性等特征，中央政府作为征税和公共支出主体时，即便是全民投票决定的公共支出水平亦非市场条件下的最优解。然而，蒂伯特认为，这一情形并不适用于区域政府公共支出，其构建的理论模型证实，在人口能够充分流动、存在数量众多的区域政府、各区域无利益外溢、信息完备等假设下，理性人将根据各区域政府提供的公共物品和赋税组合情况，选择迁移至最符合自身偏好的区域。如同私人部门的消费决策会引致资源配置的帕累托最优，理性人通过"用脚投票"的方式来表达其对公共物品的消费偏好，最终将推动区域政府公共支出不断优化。

后来，这一概念衍生为股权投资的重要理念。投资者可以通过"用脚投票"与"用手投票"影响上市公司的价值。"用脚投票"对应"华尔街准则"，即投资者对上市公司未来发展前景不乐观、对高管或控股股东经营理念与方式不满意时，会减持该公司股票。由于在早期的美国资本市场中投资者高度分散，因此投资者在公司治理中的作用十分有限。随着市场机制的不断完善，到了20世纪90年代，投资理念逐步向"用手投票"转变，即投资者对公司经营现状不满时，不再简单地减持公司股票，而是积极参与到公司治理当中。

"用脚投票"不仅在股权投资中被广泛运用，更充分表现在区域经济发展的理论与实践中。中国创造经济奇迹的原因之一，就是各级政府为发展经济而展开了激烈竞争，其通过提供低价的土地和基础设施、财政信贷、税收等优惠政策，不断吸引着企业"用脚投票"。"引凤必先筑巢"，资本、人才、技术等要素会流向具有更优越的公共环境和公共服务的区域，良好的营商环境、创新氛围和市场生态是各区域政府吸引企业"用脚投票"的关键所在。从名不见经传的小渔村，到深具全球影响力的现代化国际大都市，深圳的发展历程正是"用脚投票"的最佳写照。

1979年，蛇口工业区打响了基础工程破土动工的"开山第一炮"，"时间就是金钱，效率就是生命"这句口号自此开始流传，成为了深圳精神的象征。率先在各重点大学及各地公开招聘人才、率先实行干部聘用制、率先实行岗位工资改革、实行社会保险制度……在深圳这片改革"试验田"上，一系列后来被统称为"蛇口模式"的改革方案陆续推进。敲响土地拍卖"第一槌"、建立新中国第一个出口工业区、开设中国第一家私人律师事务所……据不完全统计，深圳自1979年建市以来，40多年间共创造了1000多项"全国第一"。

2022年，作为国家首批营商环境创新试点城市之一，深圳始终坚持把优化营商环境作为"一号改革工程"，自2018年以来连续5年推出营商环境1.0至5.0系列改革政策，出台800多项重要领域的重大改革措施。在全国范围内率先实现电子营业执照"一照通办"、全国首创"大湾区组合港"海关物流模式改革项目、探索政务服务"全市域通办"、打造无实体卡证城市……通过在营商理念、服务措施、对标国际、法治规范等方面的不断创新，深圳在全球高端要素配置、国际通行规则对接、吸引外商投资等方面已取得国际一流营商环境改革成效，为全国营商环境优化作出新示范，以营商环境领域的经济特区实践助力推进和拓展中国式现代化。

2019—2021年的深圳全球招商大会累计洽谈签约项目超600个，涉及意向投资总额超2万亿元，以新能源、电子信息、生态环保、生物医药、新材料等为代表的一批战略性新兴产业项目在深圳生根、发芽、茁壮成长；在2022年12月的深圳全球招商大会上，包括亚马逊、英特尔、马士基等投资主体在内的315个项目洽谈签约，涉及意向投资总额8790亿元。

"春江水暖鸭先知"，企业对区域经济发展环境的变化往往是最敏锐的。企业开启"用脚投票"模式，表面上是在选择区域，实质则是选择区域政府、区域环境、区域服务等。为了确保企业"引进来"和"留得住"，区域政府就要充分发挥对产业经济的"规划、引导；扶持、调节；监督、管理"作用，维护民生经济的公平公正，对其基本托底，促其有效提升，同时不断投资、开发和建设城市软硬件基础设施乃至智慧城市，即全方位开展"三类九要素"竞争。

案例讨论：

1. 区域政府吸引企业"用脚投票"的关键所在在哪？
2. 企业开启"用脚投票"模式背后揭示出哪些经济学议题？

资料来源：本案例由作者参考以下资料编写。

（1）普华永道中国，2022. 深圳营商环境改革创新研究报告2022[EB/OL]. [2023-06-20]. https://www.pwccn.com/zh/research-and-insights/shenzhen-business-environment-reform-and-innovation-research-report-nov2022.html.

（2）王玥，周国和，2020. 建设现代化经济体系，在全球产业链中抢占制高点[N]. 深圳特区报，07-27（A1）.

（3）王攀，孙飞，卫韦华，2022. 8790亿元背后的"高质量发展新机遇"：深圳全球招商大会一线观察[N]. 新华每日电讯，12-12（5）.

（4）TIEBOUT C M, 1956. A pure theory of local expenditures[J]. Journal of political economy, 64(5): 416-424.

案例二

政府搭台 企业唱戏

在产业经济领域，企业作为竞争主体，是当之无愧的"唱戏主角"；区域政府作为市场竞争环境的营造者、协调者和监管者，承担着至关重要的"搭建舞台"的重任，由此形成"政府搭台、企业唱戏"模式，共同推动区域产业发展。具体而言，区域政府至少可以从两个方面"搭建舞台"。一是供给要素和资源。在中国，区域政府不仅是土地的所有者和城市土地的经营者，还可以直接影响资金在以国有商业银行为主导的金融体系下的配置，并能够通过教育和医疗等公共服务的供给，影响高素质劳动力的培育和流动。二是供给政策和制度。区域政府通过制定各类产业经济调节政策，如提供金融支持、税收减免、补贴等优惠政策，引导企业更好地发挥竞争主体作用，并在不断完善和革新制度体系的过程中，推动市场在资源配置中起决定性作用和更好发挥政府作用。

区域政府"搭建舞台"的重要目的在于形成良好的营商环境，推动企业充分竞争和市场资源有效配置。根据国务院2019年10月发布的《优化营商环境条例》，营商环境是指企业等市场主体在市场经济活动中所涉及的体制机制性因素和条件，包括市场主体保护、市场环境、政务服务、监管执法、法治保障等方面。在世界银行发布的《全球营商环境报告2020》中，中国营商环境总评分为77.9分，在选取的全球190个经济体中排名第31位，第二次被世界银行评选为营商环境改善幅度最大的全球10个经济体之一；在开办企业、办理施工许可证、获得电力、登记财产、获得信贷、保护少数投资者、纳税、跨境贸易、执行合同、办理破产等细项评分上依次排名第27、33、12、28、80、28、105、56、5、51位。由此可见，中国的营商环境建设还有待继续优化，区域政府"搭建舞台"的重任依然艰巨。接下来，以北京市的营商环境改革为例，说明区域政府如何搭建良好的"营商舞台"，为"企业唱戏"保驾护航。

第一，营商环境改革1.0版。2018年3月，以世界银行营商环境评价为契机，北京市聚焦企业全生命周期所涉及的领域，在办理施工许可、企业开办登记、纳税、获得电力、跨境贸易、获得信贷、登记财产等环节，以精简环节、精简时间、精简费用、增加透明度为重点，制定出台9项主要政策和N项配套措施，形成优化营商环境的"9+N"政策体系。其中，精简环节，如推出办税事项"最多跑一次"和"一次不用跑"清单;精简时间,如开办企业对应的工商登记所需时间从 8 个工作日压缩至 1~3 个工作日;精简费用,如开展小微企业接入电力的"零上门、零审批和零投资"三零专项服务行动;增加透明度,如开通网上办事服务系统"e 网通"。

第二,营商环境改革 2.0 版。2019 年 1 月,北京市发布"9+N"政策体系 2.0 版,重点解决企业和群众集中反映的诉求和问题,从"简流程、优服务、降成本、强监管"四个方面,进一步优化营商环境。其中,简流程,如将纳税时间从 142 小时压缩至 120 小时左右;优服务,如优化升级"一网通办",推动"网上可办"转向"全程通办";降成本,如国家电网北京市电力公司推出高压客户临电快接"三省"(省力、省时、省钱)服务;强监管,如实施信用数据融合工程,实现"全程可查、结果可核、过程可溯、安全可靠"。

第三,营商环境改革 3.0 版。2019 年 11 月,北京营商环境改革推出 3.0 版——《北京市新一轮深化"放管服"改革优化营商环境重点任务》,对接国际前沿和国内最高水平,围绕 12 个重点领域制定 204 项任务,助力企业和群众在办事过程中"少跑腿、提效率、降成本"。其中,少跑腿,如推出 600 项高频政务服务事项实现"一次不用跑"或"最多跑一次";提效率,如对符合条件的投资项目,由企业按照政府公布的标准作出承诺,变"先批后建"为"先建后验";降成本,如逐步扩大用水用气"零上门、零审批、零投资"服务对象和范围。

第四,营商环境改革 4.0 版。2020 年 12 月,北京市人民政府办公厅印发《北京市进一步优化营商环境更好服务市场主体实施方案》,围绕投资建设环境、市场环境、外资外贸环境、就业环境、政务服务、监管执法环境、法治保障环境等方面,制定 277 项任务。例如:明确工程建设项目水、电、气、热、通信、有线电视等市政接入标准;出台中小微企业首次贷款贴息指导意见,对在市首贷中心办理贷款业务的中小微企业进行贴息;推动政务服务"跨省通办",分批实现 140 项企业生产经营和个人服务高频事项"跨省通办";率先在教育、科技、住房城乡建设、交通、水务、商务、文化旅游等领域出台信用评价办法;推动研究制订北京市知识产权保护与促进条例,健全职务科技成果赋权、海外维权等各类知识产权保护机制。

第五,营商环境改革 5.0 版。2021 年 12 月,北京市人民政府办公厅印发《北京市培育和激发市场主体活力持续优化营商环境实施方案》。2022 年 1 月,北京市人民政府印发《北京市营商环境创新试点工作实施方案》,这两个文件共同构成"创新+活力"北京营商环境改革 5.0 版,围绕保护市场主体、维护公平竞争、知识产权保护、行政审批、投资建设、政务服务、监管执法、外资外贸等 12 个方面制定 362 项任务。例如：在全市推行"区域评估+标准地+承诺制+政府配套服务"审批改革；将市、区两级涉及市场主体经济活动的市场准入、产业发展、政府采购、招标投标等政策措施全部纳入公平竞争审查范围；强化"整体政府"理念，持续推动"一网、一窗、一门、一次"改革；推动建立政银担风险分担机制，制定融资担保公司代偿损失核销暂行办法，降低担保公司融资风险。

第六，营商环境改革 6.0 版。2023 年 4 月，北京市人民政府办公厅印发《北京市全面优化营商环境助力企业高质量发展实施方案》，以营造市场化、法治化、国际化一流营商环境为目标，着力营造公平竞争的市场环境、良法善治的法治环境、开放包容的投资贸易环境、便利高效的政务环境和京津冀一流营商环境等五大环境，更加注重改革的系统性、整体性、协同性，实现全面优化、整体提升。特别地，营商环境改革 6.0 版首次把京津冀营商环境一体化发展作为重要任务，围绕商事制度、监管执法、政务服务、跨境贸易、知识产权等 5 个方面，提出 27 项任务。例如：统一规范企业登记服务，建立健全认证数据共享互认机制，推动实现京津冀企业注册登记、营业执照遗失补领换发等业务"跨省通办"；着力完善知识产权全链条保护体系，推动京津冀知识产权行政执法信息共享，加强联合执法。

总的来说，自党的十八大以来，以习近平同志为核心的党中央高度重视营商环境建设，在此背景下，北京市政府从 2018 年开始，大力推进营商环境改革，并从 1.0 版升级迭代至 6.0 版，累计推出超过 1000 项改革举措，实现了营商环境从跟跑摸索到领跑示范的跃升。《北京市市场监督管理局 2022 年营商环境建设白皮书》显示，截至 2022 年 12 月末，北京市市场主体存量 236.12 万户，同比增长 5.57%；2022 年 1—12 月，新设市场主体 27.14 万户，同比增长 5.25%，其中，新设企业 24.68 万户，同比增长 3.72%，新设个体工商户 2.42 万户，同比增长 23.54%。

案例讨论：

1. "政府搭台"的内涵及其所揭示的经济学意义是什么？
2. 区域政府为什么要推动营商环境从 1.0 版升级迭代至 6.0 版？

资料来源：本案例由作者参考以下资料编写。

（1）北京市人民政府，2018. "优化营商环境政策"新闻发布会[EB/OL].（03-18）[2023-08-13]. https://www.beijing.gov.cn/shipin/szfxwfbh/16128.html.

（2）北京市发展和改革委员会，2019. 北京"9+N"政策推出 2.0 升级版 打造国际一流营商环境高地[EB/OL].（03-04）[2023-08-14]. http://fgw.beijing.gov.cn/gzdt/fgzs/mtbdx/bzwlxw/201912/t20191221_1397061.htm.

（3）刘守英，2012. 以地谋发展模式的风险与改革[J]. 国际经济评论（2）：92-109.

（4）中华人民共和国中央人民政府，2019. 北京营商环境改革推出3.0版[EB/OL].（11-13）[2023-08-16]. https://www.gov.cn/xinwen/2019-11/13/content_5451591.htm.

（5）中华人民共和国国家发展和改革委员会，2023. 北京营商环境6.0版改革[EB/OL].（04-27）[2023-08-18]. https://www.ndrc.gov.cn/xwdt/ztzl/jjyxtfz/202304/t20230427_1354995.html

案例三

PPP

PPP（Public-Private Partnership），意为政府与社会资本合作，从广义上讲，其泛指公共部门和私营部门为提供公共物品或服务而建立的各种合作关系的总称。但在中国，由于国有企业广泛参与PPP项目的实施，将其理解为政府和社会的资本合作更符合现实情况。2014年，《财政部关于推广运用政府和社会资本合作模式有关问题的通知》发布，明确政府和社会资本合作模式是在基础设施及公共服务领域建立的一种长期合作关系。2017年，中国国务院法制办发布关于《基础设施和公共服务领域政府和社会资本合作条例（征求意见稿）》公开征求意见的通知，进一步将PPP模式定义为，政府采用竞争性方式选择社会资本方，双方订立协议明确各自的权利和义务，由社会资本方负责基础设施和公共服务项目的投资、建设、运营，并通过使用者付费、政府付费、政府提供补助等方式获得合理收益的活动。

根据项目经营性质，PPP模式可以分为管理外包类、特许经营类与私有化类三类，并可继续细分，其类型如表5-1所示。其中，管理外包类PPP模式一般由政府投资，社会资本方承包整个项目中的一项或几项职能，社会资本方承担的风险相对较小。特许经营类PPP模式需要社会资本方参与部分或全部投资，并通过一定的合作机制与政府分担项目风险、共享项目收益。根据项目的实际收益情况，政府可向社会资本方（通常为特许经营公司）收取特许经营费用或给予补贴，项目的资产最终归政府所有。私有化类PPP模式需要社会资本方负责项目的全部投资，在政府的监管下，通过向用户收费收回投资，实现盈利，社会资本方承担的风险较大。

表 5-1　PPP 模式类型

一级分类	二级分类	具体内容
管理外包类	管理外包（Management Contract，MC）	政府保留存量项目资产的所有权，将项目资产的运营、维护及用户服务职责授权给社会资本方，政府向社会资本方支付相应管理费用
管理外包类	服务外包（Service Contract，SC）	政府将基础设施的服务外包给社会资本方，但仍负责基础设施的运营和维护，承担项目的融资风险
管理外包类	委托运营（Operations & Maintenance，O&M）	政府保留存量项目资产的所有权，而仅将项目资产的运营、维护职责委托给社会资本方，并向社会资本方支付委托运营费用，但社会资本方不负责用户服务
特许经营类	设计—建设—运营（Design-Build-Operate，DBO）	社会资本方以合理价格承担设计、建设职责，并负责运营，合同期满后，项目资产所有权交回政府
特许经营类	移交—经营—移交（Transfer-Operate-Transfer，TOT）	政府将存量资产所有权有偿转让给社会资本方，并由其负责运营、维护、提供用户服务，合同期满后，项目资产及其所有权等移交给政府
特许经营类	改扩建—运营—移交（Renovate-Operate-Transfer，ROT）	社会资本方在获得政府特许经营的基础上，可以对过时、陈旧的基础设施、设备等进行改造更新，合同期满后项目资产及所有权等移交给政府
特许经营类	建设—运营—移交（Build-Operate-Transfer，BOT）	由社会资本方承担新建项目的设计、融资、建设、运营、维护和用户服务职责，合同期满后该项目资产及相关权利等移交给政府
特许经营类	建设—租赁—运营—移交（Build-Lease-Operate-Transfer，BLOT）	社会资本方与政府签订租赁合同，由社会资本方在公共土地上投资、建设项目，并在租赁期内运营该项目，合同结束后将项目移交给政府
特许经营类	建设—租赁—移交（Build-Lease-Transfer，BLT）	政府出让项目建设权，由社会资本方负责项目的融资和建设管理，在项目建成后租赁给政府，并由政府负责项目运行和日常维护，社会资本方用政府付给的租金收入回收项目投资、获得合理回报，租赁期结束后，项目所有权移交给政府

续表

一级分类	二级分类	具体内容
特许经营类	建设—移交—运营（Build-Transfer-Operate，BTO）	社会资本方为项目融资并负责其建设，完工后将项目所有权移交给政府，随后政府再授予其运营该项目的长期合同
私有化类	建设—拥有—运营（Build-Own-Operate，BOO）	社会资本方投资、建设并永久拥有和经营某项目，在与政府签订的原始合同中注明保证公益性的约束条款，受政府管理和监督，一般不涉及项目期满移交
	购买—更新—运营（Purchase-Upgrade-Operate，PUO）	社会资本方购买已有的项目，经过更新扩建后经营该项目并永久拥有其产权。在与政府签订的购买合同中注明保证公益性的约束条款，受政府的监督和管理

中国对PPP模式的探索起源于20世纪80年代。1985年，深圳经济特区电力开发公司与香港和合电力（中国）有限公司合作兴建深圳沙角B电厂，成为中国首例以BOT模式运作的项目。1992年，党的十四大确立了建立社会主义市场经济体制的改革目标，为基础设施领域市场化投融资改革奠定了制度基础。自1994年开始，原国家计委牵头的基础设施领域BOT试点项目相继启动。2002年，原建设部印发《关于加快市政公用行业市场化进程的意见》，明确开放市政公用行业投资建设、运营、作业市场，建立政府特许经营制度，PPP模式逐渐推广开来。然而，在2008年全球金融危机的冲击下，随着中国以信贷规模扩张为支撑的"四万亿"等一揽子经济刺激计划的实施，PPP模式推广应用步入调整和反复阶段。

之后，以2014年《财政部关于推广运用政府和社会资本合作模式有关问题的通知》的发布为标志，全国各地掀起新一轮的PPP模式发展热潮。截至2016年，全国PPP综合信息平台管理库已收录入库项目11260个、投资额13.5万亿元，覆盖能源、交通、水利、环保、市政、农业、旅游、医疗卫生、教育、文化、体育等19个主要经济社会领域。然而，在本轮发展热潮中，部分地方政府逐渐背离中央政府推广PPP模式的初衷，借助其融资功能实现建设资金的投资和筹集，这直接导致PPP模式制度功能的异化和乱象丛生。为此，从2017年开始，我国密集出台了包括《关于规范政府和社会资本合作（PPP）综合信息平台项目库管理的通知》在内的一系列政策文件，严厉整治PPP模式发展乱象，使PPP模式规范发展。

近年来，中国 PPP 模式的发展呈现出以下几点特征。

一是市场规模庞大。《全国 PPP 综合信息平台管理库项目 2022 年 11 月报》的相关数据显示，2014 年以来累计入库项目 10363 个、投资额 16.8 万亿元。

二是 PPP 模式在"两新一重"[①]、乡村振兴、绿色发展、区域协调、民生服务以及稳增长、惠民生、补短板中发挥了重要作用。截至 2022 年 11 月，全国 PPP 综合信息平台管理库当年新入库项目投资额前五位的行业依次是交通运输 4829 亿元、市政工程 1918 亿元、城镇综合开发 1171 亿元、林业 397 亿元、生态建设和环境保护 384 亿元；2014 年以来累计在库"两新一重"项目 8774 个、投资额 14.6 万亿元；2014 年以来，累计在库污染防治与绿色低碳项目 5926 个、投资额 5.8 万亿元。

三是 PPP 与 EOD、TOD、ROD 等融合的"PPP+"模式有所发展。其中，EOD（Ecology-Oriented Development，以生态环境为导向的发展）理念应用到 PPP 模式之中，即为"PPP+EOD"模式；TOD（Transit-Oriented Development，以公共交通为导向的发展）理念应用到 PPP 模式之中，即为"PPP+TOD"模式；ROD（Resource-Oriented Development，以资源为导向的发展）模式理念应用到 PPP 模式之中，即为"PPP+ROD"模式。

经过多年的探索实践，中国的 PPP 模式已转向高质量发展阶段。2022 年，财政部印发《关于进一步推动政府和社会资本合作（PPP）规范发展、阳光运行的通知》，从做好项目前期论证、推动项目规范运作、严防隐性债务风险、保障项目阳光运行四个方面进一步规范 PPP 模式的发展路径；2023 年政府工作报告明确要求："政府投资和政策激励要有效带动全社会投资""鼓励和吸引更多民间资本参与国家重大工程和补短板项目建设"。如今，PPP 模式不仅是基础设施建设的重要支撑，还是落实国家战略的重要抓手，其将政企双方的力量凝聚在一起，通过市场化的运作方式，提升资源配置效率，助力区域政府进行资源生成。

案例讨论：

1. 请论述 PPP 模式发展的历史进程及其趋势。
2. 政府在 PPP 模式中的角色与作用是什么？

资料来源：本案例由作者参考以下资料编写。

（1）陈婉玲，胡莹莹，2020. 我国 PPP 模式的功能异化、根源与解决方案[J]. 上

[①] "两新一重"即新型基础设施、新型城镇化和交通、水利等重大工程，项目通常具有投资规模大且投资周期长的特点，需要采用多种融资渠道满足巨大的项目资金需求。

海财经大学学报，22（3）：111-123.

（2）孟树远，2020. 2019年中国PPP行业研究报告[EB/OL].（07-28）[2023-06-25]. https://data.eastmoney.com/report/zw_industry.jshtml?encodeUrl=q3NHif/lQIvmoxWX3EH3jf5U1uTnQJRrI10xBlhg7ao=.

（3）马海涛，杨剑敏，2023. 中国PPP行业发展报告（2022）[M]. 北京：社会科学文献出版社：40.

（4）孙学工，刘国艳，杜飞轮，等，2015. 我国PPP模式发展的现状、问题与对策[J]. 宏观经济管理（2）：28-30.

（5）王润泉，2018. 我国PPP模式的演进发展历程[J]. 农业发展与金融（12）：42-45.

案例四

PPC

PPC（Port-Park-City）模式，即"前港—中区—后城"模式，是一种园区开发模式，其源自中国招商局集团基于深圳蛇口工业区长期运营经验而形成的发展战略，因此也被称为"蛇口模式"。该模式将港口、园区、城市视为"三位一体"发展的整体生态圈，以港口先行、园区跟进、配套城市功能开发的形式顺次推进，形成港、区、城一体化的开发，并采用市场化的方式实现生态圈的整体联动发展，将政府、企业和各类资源协同起来，形成城市转型升级的重要战略。

1979年，依据"立足港澳、背靠内地、面向海外、多种经营、买卖结合、工商结合"的发展方针，招商局集团在原广东省宝安县（现在的深圳市）建立了中国第一个对外开放的工业园区——蛇口工业区（招商蛇口的前身）。经过不断的探索实践和改革创新，蛇口工业区逐渐形成了别具特色的区域开发模式，即"蛇口模式"，并历经1.0到4.0的版本迭代：蛇口模式1.0版本就是港口建设，以货运码头、散杂货为主；港口建立后，蛇口工业区逐步建成，租地收入、供水供电等工业配套服务收入和税收就成为蛇口模式2.0版本；经过广东省的"腾笼换鸟"，原来的制造业、加工业陆续退出，经过多次产业升级进入蛇口模式3.0版本；当前蛇口模式4.0版本则是指"前港—中区—后城"综合开发的产业新城模式。

2015年，蛇口工业区与招商地产合并重组为"招商蛇口"上市，随即提出"前港—中区—后城"的新发展战略，迎来蛇口模式4.0版本。其中，"前港"致力于建设母港、发展邮轮经济。2016年，蛇口邮轮母港实现首航，定位为华南地区唯一的集"海、陆、空、铁"于一体的现代化国际邮轮母港，可以停靠22万吨的邮轮。截至2018年，进出该邮轮母港的旅客接近1300万人次，推动"船、港、城、游、购、娱"一体化联动发展。"中区"发展的重点是园区的开发和运营，发展地产经济。目前，招商蛇口正在全国范围内布局网谷、意库、智慧城三大产品线以及各类科技园，截至2021年，运营及规划面积475万平方米。同时，招商蛇口还在国内多个城市打造特色产业新城，规划及合作开发面积468平方千米。此外，招商蛇口致力于为企业成长的全生命周期提供服务：时间上，联动产融资源，对企业进行产业投资；空间上，通过产品开发、运营服务、文化及传媒产业的专业运营，匹配企业生长的每一个阶段。"后城"则聚焦于社区开发和运营，主要瞄准绿色社区、智慧城市的居住环境建设。

PPC模式不仅成功应用于招商蛇口的开发和建设，而且还在国内外多个区域进行了推广复制。以吉布提为例，其地处非洲东北部亚丁湾西岸，是东非乃至整个非洲的重要门户，还是"21世纪海上丝绸之路"的重要节点。吉布提尽管地理位置优越，但资源匮乏，是世界上最不发达的国家之一。通过应用PPC模式，招商局与吉布提试图将其从一个高度依赖港口的产业单一国家，逐步打造成为集区域航运中心、商贸物流中心、信息金融中心为一体的"东非蛇口"。其中，"前港"是指2017年建成的全新港口——吉布提多哈雷多功能港，打造交通枢纽，集聚物流；"中区"是指2018年建成的全新自由贸易区——吉布提国际自由贸易区，重点发展四大产业集群即物流产业集群、商贸产业集群、出口制造业集群和商务配套集群，以业兴国；"后城"是指将吉布提老港升级成CBD商务新城，以人为本，实现可持续发展。

总的来说，招商蛇口在实践探索中形成的PPC模式，不仅为国内基于港口的产业新城开发提供了范例，还为世界范围内的区域开发提供了"中国智慧"和"中国方案"。

案例讨论：

1. 请论述PPC模式的历史进程并分析其趋势。
2. 政府在PPC模式中的角色与作用是什么？

资料来源：本案例由作者参考以下资料编写。

（1）陈宇枫，许立言，2021. "一带一路"背景下的吉布提港发展：经济地理条件、城市状况与PPC模式的可移植性[J]. 中国非洲研究评论：23-44.

（2）杨阳腾，2019. "蛇口模式"的创新与复制[N]. 经济日报，01-29（11）.

（3）袁守诚，2020. 吉布提：打造非洲经济典范[J]. 中国对外贸易（5）：64-66.

案例五

京东方与政府投资

京东方科技集团股份有限公司（简称"京东方"）创立于1993年4月，其前身是始建于1956年的老牌国有企业——北京电子管厂。作为全球半导体显示产业龙头企业，京东方带领中国显示产业实现了从无到有、从有到大、从大到强的转变。目前，全球大约每4个智能终端就有1块显示屏来自京东方，全球市场调研机构Omedia和群智咨询的相关数据显示，2022年前三季度，京东方在智能手机、平板电脑、笔记本电脑、显示器、电视等五大应用领域的液晶显示屏出货量均位列全球第一。京东方一路以来的发展壮大，有赖于公司自身的奋力拼搏和坚持创新等因素，亦离不开区域政府的大力支持。京东方2022年年度报告的相关数据显示，该公司前十大股东中，国资背景的公司持股比例达到15.99%。接下来，本案例以京东方部分生产线的融资过程为例，重点揭示区域政府投资的重要作用。

第一，京东方北京第5代TFT-LCD生产线。2003年，京东方投建中国内陆首条依靠自主技术建设的显示器生产线——北京第5代TFT-LCD生产线，填补了国内无自主液晶显示屏的空白。该条生产线源自对韩国现代集团的液晶显示业务的收购，收购价高达3.8亿美元。在项目建设融资方面，京东方原定的香港上市融资计划夭折后，转而在北京市政府与国家开发银行的协调下，由中国建设银行北京分行牵头的9家银行组成银团，提供7.4亿美元的贷款，同时以国资委的全资公司北京工业发展投资管理有限公司作为借款主体，向北京市政府借款28亿元。此外，北京市政府先后给予两次政策贴息共1.8亿元，北京市财政局亦给予了5327万元的专项补助资金。2005年，京东方北京第5代TFT-LCD生产线量产，却遭遇行业"寒冬"，两年间的亏损高达33亿元，此前的银团贷款面临巨大的展期压力。

第二，京东方成都第4.5代TFT-LCD生产线。2008年，京东方决定在成都投建第4.5代TFT-LCD生产线，总投资规模达到34亿元，其中向成都市两家城投公司定向增发股票18亿元，剩余16亿元采用银团贷款的方式，由国家开发银行牵头开展。两家城投公司分别是国有企业成都工业投资集团有限公司（现名成都产业投资集团有限公司）和成都高新投资集团有限公司。这两家公司不仅拥有大量与土地开发和融资相关的业务,还是当地国有资本最重要的产业投资平台。这条以小屏幕产品为主的生产线,由于投产时恰逢智能手机兴起,因此盈利态势良好,为京东方在手机屏幕领域布局奠定了良好的基础。

第三,京东方合肥第 6 代 TFT-LCD 生产线。2006—2007 年,由于日本夏普公司的两次搅局,京东方与深圳的"聚龙计划"、与上海的"上广电合作"接连流产,京东方只得暂时搁置建设第 6 代 TFT-LCD 生产线的计划。之后,京东方成都第 4.5 代 TFT-LCD 生产线试验的新融资方式——向政府或者特定的战略投资者增发股票以获得足够的资本金的融资方式大获成功,京东方再次开始寻求建设第 6 代 TFT-LCD 生产线的机会,并把目光主要锁定在长三角、珠三角和渤海湾三个地区。为吸引京东方在本地投建生产线,合肥市政府尽管财力不足,仍然承诺出资 60 亿元,并保证在增发不成功时兜底出资 90 亿元,以极大的诚意和魄力,在激烈的区域政府竞争中,拔得头筹。2009 年,京东方投建中国内地首条高世代线——京东方合肥第 6 代 TFT-LCD 生产线,总计划投资 175 亿元。最终的资金来源,一是 120 亿元的股票定向增发,其中,合肥市政府依托合肥市建设投资控股(集团)有限公司和合肥鑫城国有资产经营有限公司出资 30 亿元,其他 8 家社会投资机构出资 90 亿元;二是国家开发银行牵头的银团贷款 75 亿元。

第四,京东方合肥第 10.5 代 TFT-LCD 生产线和京东方第 6 代新型半导体显示器件生产线。2015 年,京东方投建全球首条第 10.5 代 TFT-LCD 生产线,开创大尺寸超高清显示新时代。其计划投资 400 亿元,项目资本金 220 亿元,银团贷款 180 亿元。其中,合肥市政府依托合肥建投筹资 180 亿元,京东方自筹 40 亿元,不再使用股票定向增发的方式筹集资金。2022 年,京东方计划在北京投资建设第 6 代新型半导体显示器件生产线项目,根据其公告,项目总计划投资 290 亿元,北京京东方创元科技有限公司作为项目公司,初始注册资本金为 1000 万元,后续各股东增资至 145 亿元,其中,京东方负责筹集 115 亿元,国有投资公司——北京亦庄国际投资发展有限公司牵头筹集 30 亿元,项目总投资与注册资本的差额部分通过项目公司外部融资解决。

总的来说,在 30 多年的发展历程中,京东方从投建首条第 5 代 TFT-LCD 生产线、第 6 代 TFT-LCD 生产线、第 10.5 代 TFT-LCD 生产线到相继布局 17 条全球领先的新型半导体显示器件生产线,均离不开区域政府的大力扶持。尤其是在京东方发展早期,扩张生产线所需的巨额投资,单凭企业自身是无法在资本市场和信用机制均不完善的市场中筹集到的,此时,区域政府以国有企业为主要载体的投资活动,发挥了至关重要的作用，有力地支撑了京东方投建生产线，参与市场竞争。同时，伴随着京东方的发展壮大，市场机制也在不断完善，区域政府对京东方的扶持力度有所减弱，反映在融资上，就是区域政府的投资比重趋于下降，京东方的资金缺口更多地依靠市场来填补。此时，京东方通过激烈的市场竞争实现不断创新发展，区域政府则更多起到引导、监督的作用，一方面通过塑造良好的竞争环境，推动京东方充分参与竞争，另一方面通过制定有效的政策制度，推动国有企业和京东方按照"中性原则"竞争。

案例讨论：

各区域政府竞相投资京东方项目揭示了什么？

资料来源：本案例由作者参考以下资料编写。

（1）京东方科技集团股份有限公司，2022. 京东方科技集团股份有限公司 关于投资建设京东方第 6 代新型半导体显示器件生产线项目的公告[EB/OL].（10-28）[2023-08-27]. http://static.cninfo.com.cn/finalpage/2022-10-31/1214965959.PDF.

（2）兰小欢，2021. 置身事内：中国政府与经济发展[M]. 上海：上海人民出版社：120-127.

（3）路风，2016. 光变：一个企业及其工业史[M]. 北京：当代中国出版社：199.

案例六

光伏产业与政府补贴

在全球化石能源供应愈发紧张的大背景下，发展光伏产业成为世界各国实现可持续发展的重要抓手。光伏产业是一条以硅材料为核心进行开发与应用所形成的链条，该链条具备太阳能的光伏效应，具有上游、中游、下游三个环节。一般而言，上游主要为技术层面的研发以及对硅材料本身的提取和生产，中游主要是用硅材料进行硅片电池片的制造，下游主要指大型的光伏发电系统的建造和经营以及光伏应用产品的制造。作为战略性新兴产业，光伏产业具有发展不确定性较高、资本与技术相对密集、投资规模与投资风险较大、研发周期较长等特点。相较于传统能源产业，早期的光伏产业在技术和成本等方面均毫无竞争优势可言，本应湮没于市场优胜劣汰的机制下。但得益于政府的大力支持和有效引导，中国的光伏产业从弱到强，实现全球领跑。从政府补贴的视角来看，中国的光伏产业发展可划分为以下三个阶段。

第一阶段为产业萌芽阶段（2009—2012 年）。2009 年以前，中国光伏产业的发展滞后，在市场机制配置产业资源的模式下，其高昂的初始投资和发电成本使得大量企业望而却步，从而无法实现规模效应。为此，2009 年 4 月，财政部办公厅、住房和城乡建设部办公厅印发《太阳能光电建筑应用示范项目申报指南》，明确太阳能光电建筑一体化项目的财政补贴标准，这是中国首个针对光伏产业的财政补贴政策。随后，为促进光伏产业技术进步和规模化发展，2009 年 7 月，财政部、科技部、国家能源局联合发布《关于实施金太阳示范工程的通知》，计划在 2~3 年内，采取财政补贴方式支持不低于 500 兆瓦的光伏发电示范项目。实践中，金太阳示范工程实行了四期，吸纳了 900 多个项目进入财政补贴名单，财政补贴金额超过 200 亿元，有力地推动了光伏产业在萌芽期的快速发展。这一时期对初始投资进行事前财政补贴的方式，具有资金直接拨付、见效周期短的优势，但其相对宽松的财政补贴标准和监管环境也导致"骗补贴、拖工期、以次充好"等问题出现。

第二阶段为产业成长阶段（2013—2017 年）。受益于前期规模大、力度强的财政补贴政策的支持，光伏产业加速进入产业发展成长期，这一阶段光伏产业在持续性的财政补贴政策的激励下开始规模化发展，涌现了一批龙头企业，产业发展重心由扩大产能内需向技术创新升级转移。为充分发挥价格杠杆引导资源优化配置的积极作用，并促进光伏产业的健康发展，2013 年 8 月，《国家发展改革委关于发挥价格杠杆作用促进光伏产业健康发展的通知》明确了对光伏电站实行分区域的标杆上网电价政策；对分布式光伏发电项目，实行按照发电量进行电价补贴的政策。自此，光伏财政补贴由初始投资补贴正式调整为度电补贴，财政补贴环节由供给端转向需求端，采取先发电后补贴的事后财政补贴方式，杜绝了骗补问题。然而，两阶段持续性的高额财政补贴加重了光伏企业对财政补贴的政策性依赖，致使部分光伏企业将更多注意力放在项目竞标以及对财政补贴的竞争力培养上，而并非基于市场需求培育自身的市场竞争优势，造成财政补贴的寻租成本增加。此外，该阶段光伏企业井喷式增长，还带来了产能过剩、财政补贴需求超额等问题。

第三阶段为产业成长期向成熟期过渡阶段（2018 年至今）。中国光伏产业经由前两个阶段财政补贴的强力扶持，市场规模高速扩张，产业增量持续上升，技术迭代更新不断，建立起明显的成本优势与竞争优势，已在全球市场中占据主导地位。特别地，2020 年，财政部、国家发展改革委、国家能源局联合发布《关于促进非水可再生能源发电健康发展的若干意见》，明确风电、光伏等可再生能源已基本具备与煤电等传统能源平价的条件。同时，随着光伏产业向产业发展成熟期过渡，财政补贴的负面效应加速显现，补贴退坡势在必行。为促进光伏产业健康可持续发展，提高发展质量，加快补贴退坡。2018年5月，《国家发展改革委 财政部 国家能源局关于2018年光伏发电有关事项的通知》（即"531新政"）发布，明确提出加快光伏发电补贴退坡，降低财政补贴强度；所有普通光伏电站均须通过竞争性招标方式确定项目业主。此后，光伏产业的财政补贴方式由度电补贴调整为市场竞价补贴，补贴退坡加速进行，财政补贴的规模、范围缩小，强度降低，政策导向减弱，市场导向增强。

目前，光伏产业已成为中国少有的形成国际竞争优势、实现端到端自主可控、并有望率先成为高质量发展典范的战略性新兴产业，也是推动中国能源变革的重要引擎。中国光伏行业协会的相关数据显示，截至2022年，在制造端，中国光伏组件产量连续16年位居全球首位，多晶硅产量连续12年位居全球首位；在应用端，中国光伏新增装机量连续10年位居全球首位，中国光伏累计装机量连续8年位居全球首位。纵观中国光伏产业的发展历程，可以看出，财政补贴是光伏企业参与竞争、形成竞争优势的重要支撑，但这只是光伏产业发展初期的必要条件，伴随着光伏产业的成长和成熟，最终还是要靠市场机制的资源配置作用实现优胜劣汰，相应的财政补贴则应逐步退出，政府作用的发挥相应体现在对市场竞争环境良好秩序的管理和维护上。

案例讨论：

政府应该怎样规范经济行为来对新兴产业进行培植与发展？

资料来源：本案例由作者参考以下资料编写。

（1）范斌，2018. 我国光伏产业政府规制研究[D]. 南京：南京航空航天大学.

（2）陆宇，2013. "金太阳"工程即将收官 入网"玻璃门"仍存[N]. 21世纪经济报道，06-11（23）.

（3）师奕，王光，邵宇佳，2023. 产业补贴政策有效性评估与政策建议：基于光伏产业[J]. 财会月刊，44（9）：118-126.

（4）中国光伏行业协会，2023. 中国光伏产业发展路线图（2022—2023年）[EB/OL].（02-23）[2023-08-28]. http://www.chinapv.org.cn/road_map/1137.html.

案例七

政府产业引导基金

产业经济领域主要依靠市场机制配置资源，区域政府在不直接干预微观企业竞争的同时，又要发挥好引导、协调和管理的作用，避免市场失灵，此时就需要尽可能地配套市场化政策工具。正是出于上述原因，经过不断地探索发展，逐渐形成了政府产业引导基金（又称政府产业引导资金）。它是一种新型招商引资工具和产业政策工具，试图通过市场化运作财政资金来推动产业发展。更具体地说，政府产业引导基金，是指由区域政府、有关金融机构和社会资本联合设立，交由市场化基金管理人进行管理，带有扶持特定阶段、行业、区域目标的引导性投资基金；是区域政府为了引导新兴产业和创新型产业发展而设立的，按照"政府引导、市场运作、防范风险、滚动发展"的原则运行的产业融资平台。

与传统的区域政府投资企业的方式相比，政府产业引导基金具有以下三个特点。第一，大部分政府产业引导基金不直接投资企业，而是作为有限合伙人（Limited Partner，LP），将资金交由市场化私募股权基金的优选普通合伙人（General Partner，GP）去投资企业。一支私募股权基金通常有多个LP，除了政府产业引导基金，还有其他社会资本。通过投资私募股权基金，有限的政府产业引导基金可以带动更多的社会资本投资目标行业。同时，由于政府产业引导基金本身就是一支基金，其投资对象是各种各样的私募股权基金，因此也被称为"基金中的基金"或"母基金"（Fund of Funds，FOF）。第二，市场化基金管理人经营政府产业引导基金，本质上是市场力量对财政资金的使用，涉及诸多制度改革，在实践中遇到了各种困难。第三，大多数政府产业引导基金最终投资于战略性新兴产业，如芯片和新能源汽车产业，不允许其投资于基础设施和房地产产业，这与基础设施投资中常见的PPP模式不同。

中国对政府产业引导基金的探索可追溯至20世纪80年代。1986年，国家科委、财政部等发起设立中国境内首个创业投资公司——中国新技术创业投资公司。该项目被认为是一项具有长远意义的改革试验，也可能是撬动高技术发展的一个重要杠杆。1999年，上海市政府出资成立上海创业投资有限公司，开始投资设立具有基金性质的机构，这是政府出资引导创业投资的早期尝试。以2002年中关村管委会出资设立中关村创业投资引导资金为起点，中国的政府产业引导基金开始进入政策规范和试点的新阶段。一方面，2005年十部委联合发布《创业投资企业管理暂行办法》，首次明确规定:"国家与地方政府可以设立创业投资引导基金,通过参股和提供融资担保等方式扶持创业投资企业的设立与发展。"另一方面,2006年年底,国家发展改革委开始推出产业试点基金,其中渤海产业投资基金,作为第一批试点政府产业引导基金,规模超过200亿元,首次募集资金规模达到60.8亿元。之后,以2008年国家发展改革委、财政部和商务部联合印发的《关于创业投资引导基金规范设立与运作的指导意见》为重要标志,政府产业引导基金进入快速发展阶段。中国银行国际金融研究所的相关数据显示,截至2013年,中国共设立了343支政府产业引导基金,总规模约2700亿元。

2014年以后,伴随着《中华人民共和国预算法》修正等一系列改革的进行,中国的政府产业引导基金呈现爆发式增长的态势。一方面,由于《国务院关于清理规范税收等优惠政策的通知》等相关文件出台,区域政府给予企业及其投资者的补贴和税收等优惠受到严格限制,因此区域政府更多地通过设立产业引导基金的方式扶持产业发展。另一方面,《中华人民共和国预算法》(2014年第一次修正,2018年第二次修正)依据"开前门"和"堵后门"的治理思路,在赋予区域政府适度举债权的同时,剥离了融资平台的政府融资功能,这使得大量区域政府转向利用产业引导基金融资。相关数据显示,2014—2016年,新设政府产业引导基金的目标规模分别达到3312亿元、1.65万亿元和3.73万亿元,三年复合增速达到368%。在此期间,有关部门还出台了《政府投资基金暂行管理办法》《政府出资产业投资基金暂行管理办法》等文件,加强对政府产业引导基金设立和运作的管理。2017年以后,伴随着金融监管趋严以及去杠杆的推进,政府产业引导基金的增设数量明显下降,认缴规模逐步缩小,由此步入存量优化与精耕细作的阶段。

近年来,各区域政府在产业引导基金的设立和运作方面展现出更高的灵活度和开放度。

一是产业投资逻辑纷纷由设立单一基金向打造产业群基金转变。例如,2023年温州市政府设立市级500亿元产业高质量发展引导基金,市县联动形成超千亿元产业基金集群,设立目标是撬动3000亿元规模的产业投资。

二是着力打造基金招商模式。例如,浙江省政府出台《"投资浙里"基金招商伙伴专项行动方案》,要求建立"1+1+100"基金招商伙伴体系,即浙江省商务厅、浙江省金融控股公司和100家股权投资机构,打造"基金+招商"模式,建立"畅通、便捷、精准、高效"的基金与项目对接机制,服务地方产业招大引强。该方案还计划到 2025 年，与 100 家符合条件的股权投资机构建立基金招商伙伴关系，力争投资项目超过 500 个，项目总投资达到 10000 亿元。

三是基金的管理运作加速向专业化、市场化方向转变。例如，《深圳市人民政府关于发展壮大战略性新兴产业集群和培育发展未来产业的意见》中提到，为培育发展壮大"20+8"产业集群，即发展以先进制造业为主体的 20 个战略性新兴产业集群，前瞻布局 8 大未来产业，要求"打通市、区两级产业基金通道，强化产业专项资金与引导基金协同联动，提升基金管理团队专业化水平，实现'一产业集群、一专项基金'"。

当前，政府产业引导基金已经成为区域政府发挥财政资金"四两拨千斤"的撬动作用、进行招商引资以及引导区域产业升级的重要手段。清科研究中心发布的《2022 年中国股权投资市场研究报告》显示，截至 2022 年，中国共设立了 2107 支政府产业引导基金，目标规模约 12.84 万亿元，已认缴规模约 6.51 万亿元。然而，不可否认的是，政府产业引导基金仍然存在运作机制市场化程度不够、财政资金杠杆效应发挥有限、资金使用效率偏低等问题。事实上，政府产业引导基金作为对采用市场化方式运作财政资金的一种探索，无可避免地面临着财政资金保值增值目标与风险投资逐利目标不一致、财政资金地域属性与资本无边界互斥等矛盾，这最终要靠良好的体制机制设计来缓解乃至解决。

案例讨论：

1. 各区域政府为什么要设立产业引导基金？
2. 请论述各区域政府设立产业引导基金的利弊。

资料来源：本案例由作者参考以下资料编写。

（1）阜阳市人民政府，2022. 政府引导基金的含义和作用[EB/OL]. (08-25) [2023-08-29]. https://www.fy.gov.cn/interaction/knowledge/6307d4c3258908d6aca994b8.html.

（2）兰小欢，2021. 置身事内：中国政府与经济发展[M]. 上海：上海人民出版社.

（3）潘洁，2023. 长三角千亿级母基金矩阵[N]. 国际金融报，06-05（9）.

（4）挺拨，1986. 国务院批准国家科委成立国家新技术创业投资公司[J]. 中国科技论坛（1）：12.

（5）朱志，2022. 用好政府引导基金 推动产业转型升级[J]. 清华金融评论（12）：83-88.

案例八

罗斯福新政

罗斯福新政（The New Deal）是指罗斯福1933年就任美国第32任总统后为将美国拉出经济大萧条泥潭而实施的一系列经济政策，其围绕救济（Relief）、复兴（Recovery）和改革（Reform）三个核心目标展开，因此也被称为"3R"新政。其中，救济主要面向穷人与失业者，复兴试图使经济恢复到正常水平，改革则聚焦于金融系统，以预防经济大萧条的再次发生。

1929年，以美国股市大崩溃为导火索，经济大萧条迅速席卷整个美国，后波及整个资本主义世界，引发全球经济危机，并导致失业率飙升、企业倒闭、农产品价格暴跌和银行系统崩溃等一系列问题。彼时，美国执政者的政策理念遵循自由主义，因此在经济大萧条初期，时任美国总统胡佛采取了相对保守的经济政策，主要依靠市场自我调节和慈善救助来应对危机。然而，这些努力未能阻止经济的持续恶化，失业和贫困问题进一步加剧。

在经济大萧条愈演愈烈的背景下，罗斯福于1933年当选了美国第32任总统，并立即着手新政事宜。罗斯福新政包括两个阶段：第一阶段为1933—1934年，以1933年3月至1933年6月的"百日新政"为代表，其政策重点是整顿银行业、稳定经济、恢复生产，同时也支持州政府直接救济贫困人口，并通过以工代赈的方式增加就业；第二阶段为1935—1938年的第二轮新政，其间出台了更加系统全面的改革和制度建设法案，加强了政府对市场的监管，建立了混合经济体系的基础，并实施了一系列社会改革政策。伴随着罗斯福新政的推行，到1935年，美国的各项经济指标基本稳步回升，国民生产总值从1933年的1415亿美元增至1939年的2094亿美元（按1958年美元计算，下同），人均可支配收入从1933年的893美元增至1940年的1259美元。

概括起来，罗斯福新政的内容主要包括以下几个方面。

1. 整顿金融业

1933年3月，美国政府宣布"银行假日"并颁布《紧急银行法》，赋予总统在管制信贷、货币、金银和外汇交易上的紧急处理权利。同时，罗斯福发表首次"炉边谈话"："我可以向大家保证，把钱放在经过整顿、重新开业的银行里，要比放在褥子下面更安全。"为进一步稳定金融秩序和恢复公众信心，美国政府继续颁布《1933年证券法》《住宅贷款法案》《格拉斯-斯蒂格尔法》（又称"1933年银行法"）等，增强公众对资本市场的信任,向房主发放低息贷款,规定商业银行和投资银行分业经营,并建立联邦证券交易委员会和联邦存款保险公司。

2. 复兴工农业

为复兴工业和刺激工业生产,美国政府于 1933 年通过了《全国工业复兴法》,暂停对部分反托拉斯法条款的执行,并鼓励制定"公平竞争守则",同时建立了全国复兴总署,监督生产和调控商业及金融。

为稳定农产品价格和改善农民生活状况,美国政府通过了一系列农业调整法案,包括《1935 年农业调整法(修正案)》《1938 年农业调整法》等,还设立了农业调整署,通过减少农产品供应量来稳定价格,并向农民提供财政援助。

3. 开展社会救济工作

1933 年,美国政府通过了《联邦紧急救济法》,并成立了联邦紧急救济署,以拨款或贷款的方式补贴各州政府,进行直接救助。之后,美国政府开始大规模实施"以工代赈",即联邦把向各州提供救济款物的直接救济改为向失业者提供建设公共工程工作机会的间接救济。其实施途径有三:一是集中兴办大规模公共工程来解决部分就业问题,例如,1933 年的田纳西流域工程计划;二是通过动员,在各地开展公益事业,例如,1933 年通过的民间护林保土工作队计划;三是通过工赈机关进行组织和安排,例如,1935 年成立的工程规划署。

4. 建立社会保障体制并改善劳资关系

美国政府于 1935 年通过《社会保障法》,实行养老金制度、失业保险制度,向妇女、儿童和残疾人士提供保障,并成立了社会保障局,初步建立起全国性的社会保障体系。此外,针对不同的社会群体,还进一步出台《全国雇员制度法》《瓦格纳-克罗塞铁路职工退休法》《退伍军人补偿金调整法案》等法律法规。在劳资关系方面,美国政府于 1935 年通过《国家劳动关系法》,并建立国家劳动关系委员会,要求企业雇主承认工会,并支持工人通过工会进行集体谈判等;1938 年通过的《公平劳动标准法》则进一步就最低工资、工作时长等作出规定。

总的来说,不同于以往的自由放任的政策,罗斯福新政的措施,尤其是在"以工代赈"政策下修建的一大批公共工程和民用工程项目,显示了美国政府在产业发展、城市建设和社会民生三方面的积极有为作用,开创了国家干预经济或国家促进经济增长的新模式。

案例讨论：

1. 罗斯福新政的内涵？
2. 罗斯福新政对传统经济学理论的启示？

资料来源：本案例由作者参考以下资料编写。

（1）陈云贤，2020. 市场竞争双重主体论：兼谈中观经济学的创立与发展[M]. 北京：北京大学出版社：47-48.

（2）高世楫，张军扩，2009. 罗斯福新政及对中国的启示[N]. 中国经济时报，05-22（5）.

（3）刘绪贻，1987. 当代美国总统与社会：现代美国社会发展简史[M]. 武汉：湖北人民出版社：79.

（4）赵海月，刘畅，2011. 美国新政领袖：罗斯福[M]. 长春：吉林人民出版社：46-47.

案例九

布雷顿森林体系

布雷顿森林体系（Bretton Woods System）是指第二次世界大战后以美元为中心的国际货币体系。布雷顿森林体系包含各成员对货币的兑换、国际收支的调节、国际储备资产的构成等问题所确定的规则、采取的措施及相应的组织机构形式的总和。布雷顿森林体系本质上是以美元和黄金为基础的金本位制，主要内容包括以下几个方面：第一，美元与黄金挂钩，35美元兑换一盎司黄金；第二，其他国家货币与美元挂钩，通过规定各自货币的含金量的比例确定同美元的汇率；第三，实行可调整的固定汇率，各国货币对美元的汇率只能在法定汇率上下各1%的幅度内波动；第四，取消经常账户交易的外汇管制；第五，成立国际货币基金组织和国际复兴开发银行（世界银行的前身），前者负责向国际收支暂时出现逆差的成员提供短期资金借贷以保障国际货币体系的稳定，后者提供中长期信贷来促进成员经济的复苏。

布雷顿森林体系是在古典金本位体系衰落基础上建立起来的，是国际货币体系长期发展的结果。第一次工业革命后，英国经济迅速崛起，发展为"世界工厂"和世界贸易中心。在此背景下，英国于1816年通过《金本位制度法案》，推行金本位制，英镑随之成为国际金融的标准货币单位，以英镑金本位制为标志的国际货币体系在国际上成功建立起来。自19世纪70年代开始，德国、美国等世界主要资本主义国家相继转向金本位制，国际金本位制步入古典金本位时期，并迎来"黄金时代"。然而，随着1914年第一次世界大战爆发，各参战方政府纷纷宣布停止纸币兑换黄金，国际金本位制进入停滞状态。特别地，英国经济在战争中遭到重创，沦为债务国，而美国则成为世界上最大的债权国，其黄金储备量占全球储备总量的比重从1913年的26.6%上升至1918年的39%。此后，在1929—1933年经济大萧条的冲击下，英国、美国等国家先后放弃了古典金本位制，世界进入前布雷顿森林体系时期。

这一时期，世界货币体系陷入极端混乱局面，并出现多极格局：一是英国联合其殖民地、半殖民地地区形成"英镑集团"，其成员对英镑保持固定比价，可自由兑换，"英镑集团"内资金流动不受限制，贸易和信贷等一律用英镑结算，对成员外汇实施管制；二是美国联合加拿大、菲律宾、利比亚等国家形成"美元集团"，规定各成员货币钉住美元，贸易和非贸易支付均以美元结算，各成员黄金外汇大部分存于美国，但一般不实行外汇管制；三是法国联合其他金本位制的国家，形成以法郎（现已废除）为中心的"黄金集团"，其运行机制类似于"英镑集团"。同时，随着第二次世界大战（简称二战）的爆发，英国、法国等老牌资本主义强国的经济政治实力被严重削弱；德国、意大利和日本作为战败方经济跌落谷底；美国则成为资本主义阵营乃至全球的第一经济大国。这为二战后建立起以美元为中心的国际货币体系奠定了基础。

彼时，针对二战后的国际货币金融体系，英国财政部顾问凯恩斯和美国财政部官员怀特分别从本国利益出发提出"凯恩斯计划"和"怀特计划"。其中，"凯恩斯计划"是指英国于1943年提出的"国际清算同盟计划"，其主张建立一个"国际清算同盟"体系，承担起世界性中央银行的职责，并发行国际货币"班柯"（Bancor）作为清算单位；成员的债权、债务通过向联盟中存款账户转账进行清算；成员可以根据实际情况调整汇率。"怀特计划"是指1943年美国发布的"联合国平准基金计划"，其以基金制为基础，主张成立国际货币稳定基金，利用成员缴纳的配额建立该基金，并创立"尤尼它"（Unita）作为国际货币单位，协助各成员调整国际收支，各成员货币的汇率只有在该基金同意的情况下才能进行调整。

为了加强国际经济合作，重建国际货币秩序，1944年，44个国家的代表在美国新罕布什尔州的布雷顿森林举行了联合国货币金融会议。这次会议吸取以前金本位制和经济大萧条的经验教训，讨论建立国际货币与金融交易的标准和二战后重建问题，以期促成二战后世界贸易及经济的繁荣。英国、美国此前提出的"凯恩斯计划"和"怀特计划"成为讨论的焦点。最终通过了以"怀特计划"为基础的《联合国家货币金融会议的最后决议书》以及《国际货币基金组织协定》和《国际复兴开发银行协定》两个附件，总称为"布雷顿森林协定"，由此建立了金本位制崩溃后人类的第二个国际货币体系。

布雷顿森林体系大致经历了三个发展阶段。一是1944—1959年的平稳运行阶段。此时，布雷顿森林体系处于转向正式运行的过渡时期，欧洲各国还在实行严格的外汇管制，国际货币基金组织的职能无法有效发挥，美国国际收支从顺差转为逆差，而美元仍处于强势货币地位。二是1960—1968年的动荡运行阶段。自1955年起，西欧各国经过经济的恢复与重建，周期性经济高涨，迫切需要打开世界市场；同时在朝鲜战争的刺激下，大量美国商品涌入世界市场。这使得生产与市场的矛盾再度激化，经济危机在美国率先爆发，并波及各主要西方国家。20世纪60年代，美国的国际收支情况不断恶化，黄金储备不断减少，爆发了第一次美元危机。三是1969—1973年的逐步瓦解阶段。1971年，第七次美元危机爆发，美国政府宣布实行"新经济政策"，停止美国兑换黄金的义务，美元与黄金挂钩的体制随之名存实亡。之后，西方各国纷纷放弃钉住美元的固定汇率制，实行浮动汇率制。1973年，固定汇率制完全崩溃，布雷顿森林体系最终瓦解。

总的来说，布雷顿森林体系的形成和瓦解有其历史必然性。其为二战后世界经济复苏提供了一个相对稳定的货币体系环境，有利于国际金融和国际贸易的发展。据统计，1948—1976年，世界出口贸易平均每年增长7.7%，而在1913—1938年，平均每年仅增长0.7%。然而，布雷顿森林体系存在天生的制度缺陷，即"特里芬难题"。美元兼具一国主权货币、国际支付结算货币、储备货币、国际定价货币等身份，一方面需要持续输出美元，以维持日益增长的国际市场交易与储蓄需求；另一方面，固定汇率制又限制美元贬值，美国需要长期保持国际收支顺差，回流美元以稳定汇率。伴随着二战后世界经济的复苏，美元贬值压力增大，布雷顿森林体系的系统缺陷注定了其最终瓦解的结局。

案例讨论：

1. 请论述布雷顿森林体系的具体内容。
2. 布雷顿森林体系的产生与瓦解折射出美国政府怎样的经济行为取向？

资料来源：本案例由作者参考以下资料编写。

（1）陈柳钦，2009. 金融危机下国际金融体系改革的思考[J]. 中共天津市委党校学报，11（6）：81-87.

（2）陈彪如，1990. 国际货币体系[M]. 上海：华东师范大学出版社：71.

(3)董君,2013. 国际货币体系研究:变迁、规律与改革[M]. 北京:中国经济出版社.

(4)李世安,2009. 布雷顿森林体系与"特里芬难题"[J]. 世界历史(6):4-15.

(5)赵江超,2014. 布雷顿森林体系兴衰及教训[C]//《国际货币评论》编辑部.《国际货币评论》2014年合辑:17.

(6)赵海月,刘畅,2011. 美国新政领袖:罗斯福[M]. 长春:吉林人民出版社:46-47.

案例十

马歇尔计划

马歇尔计划(The Marshall Plan),正式名称为欧洲复兴计划(European Recovery Program),由美国在1947年正式启动,计划在五年内向第二次世界大战(简称二战)期间严重受损的西欧各国提供经济援助,协助其重建城市、工业和基础设施等,并打破各国之间的贸易壁垒。二战结束后,饱受战争摧残的欧洲国家经济低迷、购买力萎缩、社会矛盾突出,这不仅对依赖海外需求的美国经济造成冲击,还影响到战后以美国为首的西方阵营和以苏联为首的东方阵营的两极格局。在此情形下,马歇尔计划的推出,意在促进欧洲经济复兴、稳定西欧各国社会秩序,从而达到以经济手段对西欧施加影响、遏制苏联的核心目的。

马歇尔计划针对欧洲战后重建的援助工作是一项系统工程,其从构思到实践大致经过了以下三个阶段。

第一阶段是马歇尔计划的前期准备阶段(1946—1947年8月),此时的马歇尔计划仅仅是一个笼统的构想。1947年4月,美国"国务院-陆军部-海军部"协调委员会(SWNCC)下属的对外援助委员会提交的初步报告对马歇尔计划的形成起到了重要推动作用。该报告包含三部分内容:一是阐述了美国实施对外援助的政策、宗旨和依据等;二是分析了欧洲经济局势以及美国出口欧洲紧缺物资的相关程序和步骤等;三是介绍了美国援助的方式和手段等。随后,1947年6月,时任美国国务卿马歇尔在哈佛大学发表了著名的演讲,这成为美国公布马歇尔计划的标志。该演讲的主要内容包括:一是指出并说明欧洲经济形势严峻、购买力严重不足、急需外界援助的状况;二是强调美国应肩负起帮助欧洲摆脱经济困境的使命;三是明确援助方案应由欧洲国家集体提出,经与美国复议后敲定。

第二阶段是马歇尔计划的务实阶段（1947年9月—1948年4月），这一时期的马歇尔计划从理论层面上升到法律层面，为后续实施奠定了政策基础。1947年9月，欧洲经济合作委员会（后改为常设机构"欧洲经济合作组织"）在美国指导下提交了关于援助金额评估的总报告，明确了马歇尔计划的目标、提供援助的必要条件等，这成为马歇尔计划的基点。之后，1947年12月，美国国会相继通过《1947年临时援助法》及其修正案，为《1948年对外援助法》做了法律上的铺垫。1948年2月，正值美国国会就援助欧洲问题展开马拉松式的听证和辩论之际，捷克斯洛伐克爆发了"二月事件"。在此背景下，美国国会于1948年4月正式通过《1948年对外援助法》，该法案和应运而生的欧洲经济合作组织为马歇尔计划的实施和管理提供了制度基础。

第三阶段是马歇尔计划的实施阶段（1948年5月—1951年12月）。美国对西欧国家的援助大约由90%的赠与和10%的贷款组成，马歇尔计划的实施使得欧洲在4个财政年度内获得的赠款和贷款总额有125亿～172亿美元。在援助过程中，资金的投入不仅涵盖基础设施的建设、原材料的采购、生产的恢复等工业领域，还包括维护金融稳定、推进多边贸易发展、消除关税壁垒等货币资金和贸易领域。其间，美国通过专项采购和附加种种苛刻的援助条款对西欧工业、农业、商业、海运业实行垄断。1951年12月，美国宣布马歇尔计划已达到了预定目标，提前结束，以军事援助计划即共同安全计划代替马歇尔计划。

作为美国历史上影响最大的外交行动之一，以及战后美国为争夺世界霸权和与苏联博弈的工具之一，马歇尔计划对战后世界的影响是广泛而深远的。马歇尔计划极大地促进了西欧经济的复苏，推动了其经济结构和经济秩序步入正轨，而且还加快了西欧联合和走向一体化的步伐。在马歇尔计划的援助下，西欧国家的国民生产总值从1947年的1196亿美元上升至1951年的1588亿美元，增长了32.8%；1948—1951年的资本形成总值上升了30.1%；截至1951年，西欧国家的工业生产指数已超过1938年战前水平的35%，农业生产较战前提高11%，贸易超过战前36%。同时，美国通过马歇尔计划，与西欧国家签订了一系列双边和多边协定，大大便利了其对西欧国家的政治、经济、军事和思想文化施加影响，推动了西欧国家的经济从战时经济向和平经济的转变，从而避免了战后的衰退。

总而言之，马歇尔计划不仅在经济上实现了双赢的战略目标，还在政治上强化了美国对西欧国家的影响，增强了以美国为首的资本主义阵营的实力，从而巩固了美国在欧洲乃至整个资本主义世界的领袖地位。

案例讨论：

1. 马歇尔计划的具体内容有哪些？
2. 马歇尔计划是否是美国政府的经济行为？
3. 马歇尔计划的构想与实施对国际经济体系和国际货币体系的影响？

资料来源：本案例由作者参考以下资料编写。

（1）齐秀丽，2013. 马歇尔计划再认识[J]. 史学月刊（12）：127-131.

（2）王新谦，2012. 马歇尔计划：构想与实施[M]. 北京：中国社会科学出版社：183-190.

（3）辛文婷，2018. "一带一路"倡议对人民币国际化的影响研究[D]. 福州：福州大学.

案例十一

里根经济学

里根经济学（Reaganomics）是指美国第40任总统里根在执政期间综合供给学派、传统保守经济学派和现代货币主义等非凯恩斯主义的理论和主张，企图通过减税和提供企业自由竞争的政策空间，促使美国经济从滞胀中复兴的一种经济理论和政策。第二次世界大战（简称二战）结束后，美国经济一片繁荣，但其经济社会矛盾却日益尖锐。加之受到两次世界石油危机的冲击，20世纪70年代以后，美国经济陷入以经济增长停滞与通货膨胀并存且伴随着高失业率的滞胀之中。彼时，按照传统的菲利普斯曲线，通货膨胀和失业之间应是此消彼长的关系，滞胀现象的出现打破了人们以往的认知，西方国家长期奉行的凯恩斯主义的相关政策宣告失效：采用紧缩性财政政策抑制通货膨胀，则会加剧经济衰退；采用扩张性财政政策提振经济，又会加剧通货膨胀。

在凯恩斯主义广受质疑的同时，现代货币主义和供给学派逐渐引起关注。

现代货币主义兴起于20世纪50至60年代，其领袖弗里德曼尤其强调货币供应量的变动是物价水平和经济活动变动的根本原因，主张国家应尽量减少对经济的干预，只将货币供应量作为唯一的政策工具，即由政府公开宣布每年货币增长率长期维持在一个固定水平上，并与较长期内预计的经济发展速度大体一致。

供给学派兴起于20世纪70年代，以拉弗为首，该学派认为发展经济应着眼于刺激供应，由于供给会自动创造需求，因此无须国家干预。其政策主张以减税为核心，强调大规模减税会增加个人收入和企业利润，刺激储蓄和投资，并扩大生产，进而增加政府税收并缓解通货膨胀。

在此背景下，里根于1981年就任美国总统，并主要以现代货币主义和供给学派为理论基础，实施了一揽子经济复兴计划，形成里根经济学。

概括起来，里根经济学主张的措施主要包括以下几个方面。

（1）减税与税制改革。在减税方面，美国政府先后于1981年和1986年颁布《经济复兴税收法案》和《税收改革法案》，降低个人所得税率、企业所得税率和累进税率等。在税制改革方面，美国政府主要对税制进行了简化，包括简化税收征管程序和手续，并削减征税项目或税收优惠。特别地，此次改革在减轻多数纳税人税负的同时，实际上提高了高收入者的边际税率和税负；企业所得税的减税措施主要向服务类和科技类企业倾斜；同时，美国政府根据经济形势的变化和调结构的需求选择性地加税或变相加税。

（2）减少政府干预，恢复市场活力。主要举措包括以下三点。一是《税收改革法案》取消了大量的税收优惠和特殊条款，大大削弱了政府将税收作为手段对经济活动进行干预的能力，力图使税收制度中性化。二是逐年削减联邦政府支出，力求做到平衡预算。例如，削减食品券、失业保障、新生儿家庭补贴、医疗保险、住房补贴等社会福利支出。三是放宽管制，为企业和经济活动松绑，让市场机制更多地发挥作用。包括放松对交通运输、通信、金融服务、能源等产业的管制，放开石油和天然气价格，放松对金融市场的利率管制，降低市场准入门槛等。

（3）紧缩通货，稳定物价。美国联邦储备委员会（简称美联储）有独立制定货币政策的权力，因此里根只能要求美联储实施与降低通货膨胀率的目标相协调的货币政策。早在里根入主白宫前的1979年，沃尔克就任美联储主席。他上任后就着手开展"货币主义实验"，提高联邦基金利率，希望借此降低通货膨胀率，稳定物价。由于沃尔克的货币政策思路与里根是一致的，因此里根执政时期的货币政策又称"里根-沃尔克货币政策"。

里根经济学带来的影响是多方面的。

从积极的一面来看，其通过大规模减税政策，降低了企业负担，刺激了企业创新活动；其推行的紧缩性财政政策使美国维持了较长时间的低通货膨胀率下的经济增长。美国的通货膨胀率从1981年的10.3%下降至1986年的1.91%；失业率从1982

年的最高 10.8%降为 1986 年的 7%左右；国民生产总值在 1983 年增长 3.6%，1984 年增长 6.8%，比 1951 年以来任何一次经济衰退后的回升都快。

然而，从消极的一面来看，里根经济学的相关政策造成了严重的财政赤字。里根卸任总统的 1989 年，美国的财政预算赤字已飙升至 1551.8 亿美元，而 1981 年美国的财政赤字仅为 789.7 亿美元。在庞大的财政赤字之下，美国政府不得不大规模借债。1986 年 9 月，美国国债就已超过 2 万亿美元。同时，里根经济学的相关政策使得利率不断攀升，随着大量外资流入，美国国际支付经常项目赤字日益扩大。此外，其对社会福利支出的大幅削减，还加剧了贫富差距。

总的来说，里根经济学作为继凯恩斯主义之后，新自由主义思潮兴起的代表之一，显示了政府应对滞胀绝非易事。

案例讨论：

1. 请简述里根经济学的内涵。
2. 对里根经济学与美国政府经济行为进行分析。

资料来源： 本案例由作者参考以下资料编写。

（1）陈锐，2014. 里根经济学及其对当下启示[J]. 人民论坛（23）：238-240.

（2）方福前，2020. 供给侧结构性改革、供给学派和里根经济学[J]. 中国人民大学学报，34（3）：72-81.

（3）刘绪贻，1987. 当代美国总统与社会：现代美国社会发展简史[M]. 武汉：湖北人民出版社：271.

案例十二

贸易保护主义

贸易保护主义是指在对外贸易中采用关税和各种非关税壁垒限制进口，以保护本国商品在国内市场免受外国商品竞争，并向本国商品提供各种优惠以增强其国际竞争力的主张和政策。其中，关税壁垒通过征收高额关税，如进口税、差价税、过境税等，人为抬升进口商品的成本，削弱其竞争能力，从而限制进口。非关税壁垒泛指除关税以外的限制性贸易措施，包括通关环节壁垒、进口禁令、进口许可证、卫生与植物卫生措施、技术性贸易壁垒、知识产权措施、贸易救济措施、进口产品歧视、补贴等。传统贸易保护主义主要采用关税壁垒，在商品贸易与资本贸易领域实行保护，但随着 20 世纪 80 年代初新贸易保护主义的兴起，非关税壁垒得到广泛使用，贸易保护主义的范围也拓展至服务贸易和技术贸易领域，并更多地出现区域性贸易保护现象，即在区域范围内，国家之间仍实行自由贸易，而对区域外国家实行共同的关税壁垒。

随着乌拉圭回合谈判的尘埃落定以及世界贸易组织的建立，以关税和非关税壁垒为核心的贸易保护主义受到较大冲击，世界各国纷纷就自由贸易原则达成共识，多边贸易体制逐渐发展成为国际贸易的基石。然而，在贸易自由化和经济全球化不断推进的大背景下，贸易保护主义仍未彻底消退，而是随着国际贸易竞争的加剧转向以更为隐蔽和灵活的方式进行。尤其是2008年全球金融危机以后，世界经济遭受重创，贸易保护主义再次抬头。据统计，2009—2018年，世界各国一共采取了15000多项贸易干预措施，其中11600项属于贸易保护措施，远远超过近4000项的贸易开放措施。从本质上讲，一国采取何种贸易政策最终都是从维护本国经济利益的角度考虑的，贸易保护措施的实施也不是绝对的，而是常与贸易开放措施相交错，根据一国实际情况进行调整的。

一般来说，实施贸易保护措施的原因大致有以下四个。第一，维护和稳定国民经济的发展。特别地，资本主义制度自身固有的缺陷使得周期性经济危机在西方国家屡见不鲜，实施贸易保护措施是部分西方国家应对经济危机的惯常做法。第二，政治因素，如利益集团游说和政治捐赠等。西方国家存在着大量的利益集团，这些利益集团通过各种"院外活动"游说议会，使议会通过符合其利益的法案。为避免全球自由贸易的冲击，一些大型企业往往主张贸易保护主义。第三，制度性因素导致各国实施反倾销等贸易保护措施。例如降低多边贸易关税，使各国使用反倾销措施，增加反倾销申诉数量，非市场经济地位带来的"第三方价格"也会导致一国遭受反倾销等贸易保护措施的冲击。第四，一些特殊的动机，如报复性动机。当一国采取贸易保护措施时，其他国家可能会采取类似的措施予以应对。

近年来的中美贸易摩擦，正是贸易保护主义高涨的重要表现。接下来，将详述自2018年以来中美贸易摩擦的演变历程，以便更全面地理解贸易保护主义。

2018年3月，美国贸易代表办公室发布301调查报告，指控中国存在强迫技术转让、窃取美国知识产权等问题，时任美国总统特朗普同月签署对华备忘录，宣布将对价值约600亿美元的中国商品加征进口关税。随后，2018年7月，美国对第一批中国商品加征25%的进口关税，这批商品价值约340亿美元；同一时间，中国做出反制，对同等规模的美国商品加征25%的进口关税。2018年8月，美国宣布对第二批中国商品加征25%进口关税,这批商品价值约160亿美元;中国相应的反制措施是对约160亿美元的美国商品加征25%的进口关税。2018年9月,美国启动第二轮加税,宣布对另外价值约2000亿美元的中国商品加征10%的进口关税;中国作出回应,对价值约600亿美元的美国商品加征10%或5%的进口关税。2018年12月,中美双方在G20峰会上就贸易摩擦达成90天的暂停协议,然而,最终贸易谈判破裂。

2019年5月,美国启动第三轮加税,宣布将上述价值约2000亿美元的中国商品加征进口关税的税率由10%提高至25%,中国则宣布提高上述价值约600亿美元的美国商品的进口关税税率,最高税率达25%。2019年6月,中美两国在G20峰会上再次重启经贸磋商。然而,2019年8月,美国财政部将中国列为"汇率操纵国",随后宣布将对价值约3000亿美元的中国商品加征10%的进口关税,开启第四轮加税;中国则宣布将对约750亿美元的美国商品加征10%或5%的进口关税。此后,形势发生逆转,2019年9月,美国推迟了原定的加税计划,并免除了437项中国商品的额外进口关税;2019年10月,美国财政部宣布,将暂停对价值约2500亿美元中国商品从25%提高到30%的加征进口关税计划。2020年1月,美国撤销了将中国列为"汇率操纵国"的认定,中美签署第一阶段贸易协议,中美贸易摩擦趋缓。整体而言,从2018年3月到2020年1月,美国已经启动了四轮加税,中国相应地进行了四轮反制。其间,中美两国已经进行了13轮高级别经贸磋商,并最终达成第一阶段贸易协议,但中美贸易摩擦仍未真正结束。事实上,2022年9月,美国政府还宣布继续延长对华的加征关税政策。

此次中美贸易摩擦对中美两国而言,无疑是两败俱伤的。中国海关的相关数据显示,2019年中国对美国的进出口贸易额为5412.2亿美元,同比下降14.6%,其中,中国对美国的出口额为4185.1亿美元,同比下降12.5%,即减少向美国出口达520多亿美元;同期,中国从美国的进口额为1227.1亿美元,同比下降20.9%,因此,中国从美国减少进口达250多亿美元。中美贸易摩擦亦给全球经济带来诸多负面影响,具体包括以下几点。一是中美贸易摩擦对全球贸易体系的稳定和繁荣造成冲击。二是多轮加税举措严重影响市场信心,加剧全球经济面临的风险和不确定性。三是损害全球经济增长动力,国际货币基金组织于2019年4月发布的《世界经济展望》报告提出,中美贸易摩擦会使全球经济增速下降0.3个百分点。总的来说,中美贸易摩擦揭示出一国政府片面依靠贸易保护措施提升国家竞争优势的做法并不可取。

案例讨论：

1. 请分析贸易保护主义盛行下的美国政府的经济行为。
2. 区域政府与区域政府之间是否存在贸易以及贸易之外的经济竞争？
3. 如何健全区域与区域之间的经济竞争与合作机制？

资料来源：本案例由作者参考以下资料编写。

（1）林九江，2020. 贸易战对2019年中美外经贸经济影响显现[J]. 国际融资（4）：24-27.

（2）苏莹莹，2022. 马来西亚对中美战略竞争的审慎认知与积极应对[J]. 南洋问题研究（3）：96-111.

（3）谢碧霞，2010. 美国金融危机对中国对外出口影响的传导机制[D]. 上海：复旦大学.

（4）熊光清，2020. 贸易保护主义盛行及发展的根源[J]. 人民论坛（3）：34-37.

（5）张鹏杨，冯阔，唐宜红，2022. 破解全球贸易保护引致之谜：基于增加值转移视角[J]. 世界经济，45（5）：57-80.

（6）郑宇，2018. 开放还是保护：国家如何应对经济危机[J]. 世界经济与政治（12）：134-155.

（7）赵景峰，2011. 经济全球化下新贸易保护主义研究[M]. 北京：中国商务出版社：123-124.

第三节 点评与思考讨论题

一、点评

点评1

本章第二节的案例一至案例七，主要探讨并阐述区域政府在实际经济发展进程中参与竞争的表现与做法；案例八至案例十二主要揭示在理论上宣称奉行经济自由主义的美国在其国内外经济实践中也存在政府竞争行为。

点评2

区域政府竞争与企业竞争之间存在八点主要区别。第一，竞争的目标函数不同

（前者是财政收入决定机制，后者是价格决定机制）；第二，竞争的指标函数不同（前者指区域竞争力，后者指企业竞争力）；第三，实现指标函数的路径不同；第四，竞争的领域不同；第五，竞争的导向不同（前者以优化供给侧为导向，后者以满足需求侧为导向）；第六，竞争的角色不同；第七，管理的模式不同；第八，竞争的效应不同（前者兼顾公平与效率，后者以盈利性和效率为主）。企业竞争是市场经济中一切竞争的基础。区域政府竞争体系和企业竞争体系是两个不同层面的竞争体系。

点评3

区域资源配置效率体现在区域政府与区域政府之间的"三类九要素"竞争的作用力上。企业资源配置效率可以用ERP（Enterprise Resource Planning）模型来表述，区域资源配置效率可以用DRP（District Resource Planning）模型来探讨。

点评4

市场竞争双重主体论有五点创新之处。第一，生成性资源是一国经济增长的重要新引擎；第二，政府是生成性资源开发的第一投资人；第三，区域政府应在供给侧运用"三驾马车"推动经济增长；第四，政府是宏观或中观经济供给侧的市场主体，企业是微观经济需求侧的市场主体；第五，有为政府应遵循市场规则，界定经济行为领域，规范经济行为准则，推动一个区域经济实现可持续发展。

点评5

市场竞争双重主体论提出了微观、中观和宏观三元结构的经济增长理论，并分析了微观、中观、宏观三者的联动效应。它有效地修正了传统经济学宏观和微观二元结构经济增长理论的缺陷。

二、思考讨论题

1. 分析案例一至案例七，探讨并阐述区域政府竞争的表现。
2. 剖析案例八至案例十二，思考讨论美国联邦政府有没有经济竞争行为。
3. 区域政府竞争与企业竞争的联系与区别是什么？
4. 试论述市场竞争双重主体的关系。
5. 分析为什么在现实当中会出现"用脚投票"的行为。

第六章

有为政府·有效市场

在第五章重构有关市场竞争主体认知的基础上，本书将在第六章继续重构有关市场竞争体系的认知。在中观经济学视角下，企业和区域政府作为市场竞争的双重主体，共同构筑起现代市场经济体系，这一体系由现代市场横向体系和现代市场纵向体系组成。根据现代市场横向体系和现代市场纵向体系的成熟与完善程度的不同，中观经济学进一步划分了有为政府和有效市场的类型。为此，本章第一节首先概述现代市场经济体系的构成，其次厘清有为政府和有效市场的划分，最后通过"有为政府+有效市场"的九种组合模式，点明核心观点：成熟市场经济一定是强式有为政府与强式有效市场相融合的模式，它既是经济学领域值得积极探寻以取得突破的目标，又是区域政府在经济运行实践中迈向可持续发展的必由之路。第二节通过若干现实案例，阐释有为政府与有效市场的实践表现。第三节进行简要点评，深化对"有为政府·有效市场"的理解和认识。

第一节 有为政府与有效市场

一、现代市场经济体系

传统经济学普遍认为市场仅在企业参与的产业经济领域中发挥作用，并将政府置于市场之外，认为政府应充当"守夜人"角色。中观经济学则在资源生成的基础上，将区域经济资源划分为可经营性资源、非经营性资源和准经营性资源三类，创造性地提出了准经营性资源这一生成性资源，从而将区域政府作为准经营性资源的竞争主体纳入市场体系之中。由此，在现代市场经济中，企业作为主体，主要参与产业经济领域的竞争，区域政府作为主体，主要参与城市经济领域的竞争。企业和区域政府作为市场竞争的双重主体，互相联系，互为支撑，共同构筑起现代市场经济体系。

（一）现代市场横向体系

现代市场横向体系是从资源生成领域把握市场经济，包括产业经济、城市经济、国际经济等。现代市场横向体系，不仅有产业经济中的市场主体——企业，还有城市经济中的市场主体——区域政府，还有国际经济中提供准经营性资源即准公共物品的市场主体，包括在太空经济中开发太空资源和在海洋经济中开发深海资源的市场主体——政府或企业。这也就是说：首先，市场不仅存在于产业经济中，还存在于其他经济形态中；其次，现代市场横向体系（包括产业经济、城市经济、国际经济）中存在双重竞争主体——企业和政府；最后，产业经济是市场经济的基础领域，城市经济和国际经济（包括随着时代发展的太空经济、深海经济等）是市场经济的生成性领域，它们相互独立又相互联系，分别属于现代市场经济中不同层面的竞争体系。

（二）现代市场纵向体系

现代市场纵向体系是从市场构成的系统性，尤其是功能结构的系统性把握市场经济，包括市场要素体系、市场组织体系、市场法治体系、市场监管体系、市场环境体系和市场基础设施体系等。其中，市场要素体系，既由各类市场（包括商品市场、要素市场和金融市场等）构成，又由各类市场的最基本元素即价格、供求和竞争等构成。市场组织体系，包括各种类型的市场实体、各类市场中介机构以及市场管理组织。市场法治体系，包括与市场相关的立法、执法、司法和法治教育等体系，涵盖规范市场价值导向、交易行为、契约行为和产权行为等的法律法规的整体。市场监管体系，是建立在市场法治体系基础上的，符合市场经济需求的政策执行体系，包括对市场主体、市场业务相关政策法规执行等的监管。市场环境体系，主要包括实体经济基础、企业治理结构和社会信用体系三方面内容。市场基础设施体系，包含各类软硬件的市场基础设施。

现代市场纵向体系及其六个子体系具有以下几个特点。

第一，现代市场纵向体系的形成，是个渐进的历史进程。

第二，现代市场纵向体系的六个子体系是统一的。一方面，六个子体系相互联系、相互作用，有机结合为成熟、完整的现代市场纵向体系；另一方面，在六个子体系中，各个要素之间也是相互联系、相互作用、有机统一的。

第三，现代市场纵向体系的六个子体系是有序的，有序才有效率。

第四，现代市场纵向体系六个子体系的功能是脆弱的，这是由认知上的不完整、政策上的不及时、经济全球化的冲击等造成的。

第五，现代市场纵向体系的六个子体系的功能，正在或即将作用于现代市场横向体系的各个领域。这也就是说，在历史进程中逐渐完善的现代市场纵向体系，不仅会在作为各区域经济基础的产业经济中发挥作用，而且会伴随着各类生成性资源的开发和利用，逐渐在城市经济、国际经济（包括深海经济和太空经济等）中发挥作用。

二、有效市场与有为政府类型

（一）有效市场划分的历史渊源

有效市场的概念最早由美国经济学家法玛提出，其在1965年发表的一篇论文中，首次将有效市场定义为一个有大量理性的、追求利润最大化的人积极参与竞争的市场，在该市场中，每个人都试图预测个别证券的未来市场价值，并且几乎所有人都可以免费获得当前的重要信息。换言之，价格总是能充分反映全部可用信息的市场即为有效的市场。随后，1967年，罗伯茨[①]提出了与不同信息量相对应的三类有效市场：一是弱式（Weak Form）有效市场，该市场中的证券价格已经完全反映了从证券市场历史交易数据中得到的全部信息；二是半强式（Semi-strong Form）有效市场，该市场的证券价格已经完全反映了包含证券历史交易信息在内的所有公开可用的信息；三是强式（Strong Form）有效市场，该市场的证券价格已经反映了所有相关信息，不仅包括历史交易数据在内的所有公开信息，还包括所有的内幕信息。由于罗伯茨的上述观点并未以论文形式公开发表，因而直至1970年法玛发表论文《有效资本市场：理论与实证研究回顾》，三类有效市场划分才算正式公诸于世。

（二）有效市场和有为政府划分

通过对法玛划分有效市场的方法论进行借鉴和拓展，中观经济学根据现代市场纵向体系的六个子系统的成熟与完善程度的不同来划分三类有效市场。

第一类，只存在市场要素体系和市场组织体系的市场经济，称为"弱式有效市

[①] 来源于罗伯茨未公开发表的手稿：*Statistical Versus Clinical Prediction of The Stock Market*。

场"。市场要素体系和市场组织体系的存在，意味着市场在资源配置中发挥着基础性作用。然而由于市场发育尚不完善，对"可经营性资源""非经营性资源"和"准经营性资源"的区分和界定还模糊不清，因此此时的市场虽然属于"有效市场"范畴，却处于"弱式"状态。

第二类，存在市场要素体系和市场组织体系，同时又逐步健全了**市场法治体系和市场监管体系的市场，称为"半强式有效市场"**。伴随着市场法治体系和市场监管体系的建立健全，市场机制的正常运行得到保障，可经营性资源的配置由市场主导、非经营性资源的配置由政府主导的原则基本得到确定，但有关准经营性资源的划分、界定还不够清晰明确，但此时市场的经济发展和完善程度向前迈进了一大步，处于"半强式"状态。

第三类，在市场环境体系和市场基础设施体系建设完善的同时，**市场要素体系、市场组织体系、市场法治体系和市场监管体系也同时存在的市场，称为"强式有效市场"**。市场环境体系和市场基础设施体系的完善使得现代市场纵向体系的六个子系统能够整体发挥作用，实现生产充分竞争、市场公平和营商有序，这也意味着"准经营性资源"得到明确的界定和有效的配置，此时的市场的运行达到最佳状态，属于强式有效市场。

与上述分析相对应，**有为政府也可以划分为三类**。

第一类，只关注非经营性资源的调配及相关政策配套的政府，称为"弱式有为政府"。这类政府将自身职能只局限于基本的社会保障，而对可经营性资源的调配和配套政策问题认识不清，无所作为，对准经营性资源竞争的参与和政策配套问题界定不清，举措不明。

第二类，只关注非经营性资源和可经营性资源的调配及相关政策配套的政府，称为"半强式有为政府"。这类政府除履行社会保障等基本公共职能外，对市场运行状态也予以关注。在市场运行失灵时，这类政府能运用政策措施进行宏观调控和干预；同时，这类政府能够制定经济战略，规划、引导产业布局，扶持、调节生产经营，监督、管理市场竞争等。但其对准经营性资源仍认识模糊，界定不清，政策不明，措施不力，效果不佳。

第三类，不仅关注非经营性资源和可经营性资源的调配和政策配套，还参与、推动准经营性资源的调配和政策配套的政府，称为"强式有为政府"。这类政府通过有效调配可经营性资源，提升经济发展活力；通过有效调配非经营性资源，提升经济发展环境与协调性；通过有效调配准经营性资源，形成竞争优势，促进社会经济全面、科学、可持续发展。

（三）"有为政府+有效市场"组合模式

根据中观经济学的划分，"有效市场"与"有为政府"在理论上可形成九种组合模式。

模式一是"弱式有为政府+弱式有效市场"。在该模式下，政府对经济调控的作用微小，市场发育也不完善，市场竞争机制常被阻断，市场法治体系欠缺，秩序混乱，这种模式常见于中低收入国家。

模式二是"弱式有为政府+半强式有效市场"。该模式在现实经济中难以存在，原因在于弱式有为政府只关注民生经济，很难建立半强式有效市场要求的市场法治体系以及市场监管体系这类约束性体系。

模式三是"弱式有为政府+强式有效市场"。类似模式二，该模式亦是一种理论假定，在现实经济中很难存在。

模式四是"半强式有为政府+弱式有效市场"。该模式下，政府有认识到市场的作用，但能力有限。一方面，市场依旧仅具备市场要素体系、市场组织体系这类基础性体系。另一方面，政府不仅关注了民生经济，还关注了产业经济。但是政府还没有能力为市场搭建起完善的市场法治体系、市场监管体系、市场环境体系和市场基础设施体系。中国在改革开放初期就属于这种模式，政府虽然在民生经济与产业经济方面都有所作为，但是当时中国的市场经济发育还不完善。

模式五是"半强式有为政府+半强式有效市场"。这是政府发挥作用与市场发育较为完善的模式。一方面，市场具备了市场要素体系、市场组织体系这类基础性体系与市场法治体系、市场监管体系这类约束性体系，可以基本维持市场机制的运行。另一方面，政府不仅关注民生经济，还对产业经济进行规划、引导、扶持、调节、监督、管理。这种模式常见于处于市场经济中期发展阶段的国家，例如中国在加入WTO之前的阶段。

模式六是"半强式有为政府+强式有效市场"。这是市场发育完善但政府未能在资源生成领域有所作为的模式。一方面，现代市场纵向体系的六个子系统健全完备。另一方面，市场经济中仅存在产业经济，而没有扩展到资源生成领域，也就是政府未能认识到其在准经营性资源领域（城市经济和国际经济）中的作用和职责。这比较符合当今美国的情况。

模式七是"强式有为政府+弱式有效市场"。这种模式在现实中依旧很难存在，因为强式有为政府至少会建立起现代市场纵向体系中的市场法治体系、市场监管体系，来保障市场机制在产业经济中发挥稳定的作用。

模式八是"强式有为政府+半强式有效市场"。该模式下，政府在资源生成领域发挥作用，但是未能建立完整的市场经济体系。一方面，市场依旧在市场环境体系和市场基础设施体系这类条件性体系上有所欠缺。另一方面，政府在非经营性资源、可经营性资源与准经营性资源领域都发挥着作用。但是市场经济体系的不健全，使市场机制未能在可经营性资源和准经营性资源领域发挥稳定的作用。这类似于当今中国的情况。

模式九是"强式有为政府+强式有效市场"。这是市场与政府最有效的组合模式。一方面，市场的基础性体系、约束性体系与条件性体系都是健全的，确保市场机制可以稳定、充分地发挥作用。另一方面，政府在非经营性资源、可经营性资源与准经营性资源领域都发挥着作用。这使得现代市场纵向体系在可经营性资源领域（产业经济）以及准经营性资源领域（城市经济和国际经济）中都能发挥作用。这是"有为政府"与"有效市场"的目标模式，也是最佳模式，它是区域政府在经济运行中实践探索和理论突破的目标模式，也是真正成熟、完善的市场经济所要实现的目标模式。

第二节 案例分析

案例一

长三角地区一体化

长三角地区（The Yangtze River Delta Region），指的是中国东部的长江三角洲区域。2019年，中共中央、国务院印发《长江三角洲区域一体化发展规划纲要》，提出长三角地区一体化发展以上海市、江苏省、浙江省、安徽省全域作为规划范围，总面积35.8万平方千米；以上海市、江苏省9座城市、浙江省9座城市和安徽省8座城市共计27座城市为中心区，总面积22.5万平方千米；以上海青浦、江苏吴江、浙江嘉善为长三角生态绿色一体化发展示范区，总面积约2300平方千米；以上海临港等地区为中国（上海）自由贸易试验区新片区。作为中国经济发展最活跃、创新能力最强、开放程度最高的区域之一，长三角地区以不到全国4%的土地面积，创造了全国约1/4的经济总量，在国家现代化建设大局和全方位开放格局中具有举足轻重的战略地位。整体而言，长三角地区一体化的发展进程主要可以分为以下三个阶段。

（一）投石问路阶段（1982—1991年）

在这一阶段，长三角地区一体化发展的代表性产物是"上海经济区"。1982年，《国务院关于成立上海经济区和山西能源基地规划办公室的通知》发布，形成了最初覆盖上海、苏州、无锡等城市的"上海经济区"。1983年，"上海经济区规划办公室"挂牌成立，形成了由上海市、苏州市、无锡市、常州市、南通市、杭州市、嘉兴市、湖州市、宁波市和绍兴市共计10座城市组成的长三角地区一体化雏形。随后，"上海经济区"三次大规模扩容，先是由上海市、江苏省、浙江省、安徽省组成"三省一市"格局，其次是纳入江西省的"四省一市"格局，最后是新增福建省构成"五省一市"格局。上海经济区的范围基本上涵盖了原华东"六省一市"，虽然从组织层面上来讲，山东省并不是上海经济区的一部分，但每次的活动，山东省基本都积极参加。同时，为促进上海经济区更好地发展，《上海经济区发展战略纲要》和《上海经济区章程》等关键性文件陆续发布。彼时，上海经济区的建设目的在于打破僵化的经济体制，追求经济的横向联系与发展。但因时代局限，有关"一体化"的认知十分有限，加之上海经济区建设以行政因素为主导，出现了区域无序扩容、各方利益难以调和等问题。1988年，上海经济区规划办公室撤销，对长三角地区一体化的探索随之告一段落。总的来说，上海经济区的提出与发展为长三角地区一体化的探索投出了第一颗"石子"，虽然这一阶段的政府与市场呈现"弱式"状态，但是其行为、反应与结果都为后续的规划、合作与发展提供了宝贵的经验与启示。

（二）自发合作阶段（1992—2013年）

在这一阶段，长三角地区一体化发展的代表性产物是"两省一市"格局。1992年，长江三角洲及长江沿江地区经济规划座谈会联席会议（后更名为"长江三角洲城市经济协调会"）召开，长三角地区各城市在非制度合作下，首次以城市群的身份亮相，这标志着长三角地区一体化进程进入自发合作阶段。2003年，经长江三角洲城市经济协调会第四次会议讨论，决定接纳台州市入会，由此，以江苏省、浙江省、上海市即"两省一市"共计16座城市为主体的长三角城市群自发形成。2008年，《国务院关于进一步推进长江三角洲地区改革开放和经济社会发展的指导意见》印发，明确长三角地区包括上海市、江苏省和浙江省即"两省一市"。2010年，国务院批准实施《长江三角洲地区区域规划》，从经济建设、政治建设、社会建设、文化建设等方面全方位助推长三角地区一体化进程，形成了联系紧密且分工明确的"一核九带"布局。彼时，长三角地区的区域政府间的合作日益紧密，市场机制亦愈发完善。实际上，早在2003年，浙江省与上海市就自发签署《关于进一步推进沪浙经济合作与发展的协议书》，后浙江省与江苏省签署《进一步加强经济技术交流与合作协议》，就构筑"政府引导、市场驱动"的运作机制达成了共识。总的来说，长三角地区"两省一市"格局的形成充分吸收了前述上海经济区的建设经验，这一阶段的区域政府和市场逐渐向"半强式"状态过渡，为长三角地区由浅层一体化向深层一体化发展打下了坚实基础。

（三）国家战略阶段（2014年至今）

在这一阶段，长三角地区一体化发展的代表性产物是"三省一市"新格局。2014年，《国务院关于依托黄金水道推动长江经济带发展的指导意见》发布，首次明确将安徽省的城市作为长三角城市群的一部分。2016年，《长江三角洲城市群发展规划》从国家层面正式将安徽省纳入长三角地区，形成了"三省一市"26座城市的新格局，并提出了长三角城市群要在2030年成为"全球一流品质的世界级城市群"。为此，"三省一市"于2018年共同发布《长三角地区一体化发展三年行动计划（2018—2020年）》，提出到2020年长三角地区要基本形成世界级城市群框架。同年，习近平总书记在首届中国国际进口博览会上宣布，支持长江三角洲区域一体化发展并上升为国家战略，着力落实新发展理念，构建现代化经济体系，推进更高起点的深化改革和更高层次的对外开放，同"一带一路"建设、京津冀协同发展、长江经济带发展、粤港澳大湾区建设相互配合，完善中国改革开放空间布局。在此背景下，中共中央、国务院于2019年印发《长江三角洲区域一体化发展规划纲要》，进一步明确"三省一市"新布局，将原来的26座城市扩充至"三省一市"全域41座城市，并就中心区、长三角生态绿色一体化发展示范区、中国（上海）自由贸易试验区新片区等作出规划，基本形成了现阶段推进长三角地区一体化发展的总纲领。2021年，长三角区域合作办公室印发了《长三角地区一体化发展三年行动计划（2021—2023年）》，协同配合国家战略的实施。总的来说，"三省一市"新格局是中共中央、国务院立足于新时代、新目标、新标准作出的精准判断，这一阶段的政府与市场分别表现出了"更有为""更有效"的倾向，为长三角地区对内引领经济发展、对外参与世界竞争提供了重要动力。

长三角地区是中国区域一体化程度最高的区域之一，系统性地梳理其发展进程时，不难发现，政府与市场在各个阶段的状态与组合关系一直在不断调整。在投石问路阶段，政府看似行动强势，实则"弱式有为"，市场同样处于"弱式有效"状态。此时，政府决策无法充分与市场配合，以致政策看似合理却无法有效落实。在自发合作阶段，政府逐渐"有为"，并带动市场变得更为"有效"。政府在这一阶段吸取经验并开始学会理解市场、配合市场，因而政策实施不再脱离市场实际，政府与市场共赢。在国家战略阶段，政府与市场的关系接近"强式有为政府+半强式有效市场"的组合模式。总的来说，长三角地区一体化的发展进程表明有为政府和有效市场的组合是区域可持续发展的不竭动力，提高区域整体竞争力的关键在于中央政府统筹、区域政府协作与市场运行三者优势的叠加，由此实现持续有效的联动进步。

案例讨论：

如何从长三角地区一体化的三个阶段的发展进程中，梳理出有为政府与有效市场相互融合的作用？

资料来源：

杨洋，杨翼昂，夏敏，2023. 长三角一体化：文献述评与研究展望[J]. 研究与发展管理，35（2）：1-14.（有改动）

案例二

京津冀协同发展

京津冀地区（Beijing-Tianjin-Hebei Region），地处中国环渤海心脏地带，包括北京市、天津市、河北省，总面积约21.6万平方千米。京津冀与长三角、珠三角比肩而立，其2023年的地区生产总值为10.44万亿元，是中国经济最具活力、开放程度最高、创新能力最强、吸纳人口最多的区域之一。根据中共中央、国务院2015年印发的《京津冀协同发展规划纲要》，京津冀协同发展战略的核心是"有序疏解北京非首都功能"，京津冀的整体定位是"以首都为核心的世界级城市群、区域整体协同发展改革引领区、全国创新驱动经济增长新引擎、生态修复环境改善示范区"。京津冀三地的功能定位如下：北京市为"全国政治中心、文化中心、国际交往中心、科技创新中心"；天津市为"全国先进制造研发基地、北方国际航运核心区、金融创新运营示范区、改革开放先行区"；河北省为"全国现代商贸物流重要基地、产业转型升级试验区、新型城镇化与城乡统筹示范区、京津冀生态环境支撑区"。具体而言，京津冀协同发展的进程大致可分为以下三个阶段。

（一）区域合作阶段（1981—2003年）

在这一阶段，随着中国改革开放的推进，为高效调配物资、基于比较优势进行专业化分工协作、形成规模经济等，在各区域政府的积极主导下，京津冀经济合作开始起步。然而，彼时的政府和市场均处于"弱式"状态，两者步调存在不一致的情况，致使当时的京津冀以一般性经济合作为主，流于表面，区域关系较为松散。1981年，北京市、天津市、河北省、山西省、内蒙古自治区协商成立了中国第一个区域经济合作组织——华北经济技术协作区，它也是首个包含京津冀三方的区域合作组织，各区域政府自此开始合作路的漫漫探索。1986年，在天津市的倡议下，环渤海地区15座城市共同发起达成了环渤海地区经济联合市长联席会的合作机制，在推动基础设施互联互通、支持公共服务领域对接、优化产业布局和结构调整方面展开了大量卓有成效的工作。在此基础上，由北京市带头，各区域政府相继推出了一系列战略性、规划性文件。1988年，北京与河北省6座城市建立市长、专员联席会议制度，形成了环京经济协作区。1994年，北京市利用科技与人才优势，推出《北京城市总体规划（1991—2010年）》，促进了京津的经济技术协作。1996年，《1996—2010年北京市经济发展战略研究报告》以京津为核心并囊括河北省7座城市，提出了"首都经济圈"概念与"2+7"发展模式。2001年，中国科学院和中国工程院两院院士吴良镛主持京津冀北城乡地区空间发展规划研究，提出"大北京"概念，并提出建设京津保、京津唐、京津承三个"金三角"，以京津之优势加快河北省的发展，这通常也被认为是京津冀一体化的开始。

（二）经济一体化阶段（2004—2013年）

在这一阶段，随着改革开放不断深化，政府和市场步调趋向一致，京津冀经济一体化趋势明显增加。一是各地市场在资源、服务、产业发展等方面合作需求增加，推动各地企业间合作明显增多；二是各地政府在交通、能源、生态治理等公共领域的合作需求增长，促使其在多方面达成了合作共识。以2004年为开端，当年2月京津冀三地政府达成"廊坊共识"，确定"京津冀经济一体化"发展思路；当年5月，包括京津冀在内的7个省、区、市共同达成"北京倡议"，推动环渤海地区经济一体化；当年6月，上述7个省、区、市达成《环渤海区域合作框架协议》，形成环渤海经济合作联席会制度。在此背景下，京津冀合作开始落实。2004年，国家发改委正式启动对京津冀都市圈区域规划的编制工作，并于同年11月召开京津冀都市圈区域规划第一次工作座谈会。2010年，按照北京市、天津市和河北省的8个地级市即"2+8"模式制定的《京津冀都市圈区域规划》上报国务院。2008年，第一次京津冀发改委区域工作联席会召开，共同签署《北京市、天津市、河北省发改委建立"促进京津冀都市圈发展协调沟通机制"的意见》。2011年，"十二五"规划进一步提出"打造首都经济圈"。在这一阶段，京津冀之间亦展开了多轮磋商，河北省与北京市、天津市分别签署了关于加强经济和社会发展合作备忘录，在资源、城市发展、产业发展等各个方面展开合作。

（三）区域协同发展阶段（2014年至今）

在这一阶段，随着国家战略的实施，政府更加有为，市场更加有效，在有为政府和有效市场的双重作用下，京津冀协同发展的各项工作顺利推进，合作领域不断拓展，合作内容不断深化，合作基础也在不断夯实。以2014年习近平同志主持召开京津冀协同发展座谈会为标志，京津冀正式步入协同发展阶段，且京津冀协同发展上升为国家战略。2015年，《京津冀协同发展规划纲要》印发，成为推动京津冀协同发展这一重大国家战略的纲领性文件。2016年，全国首个跨省、区、市的区域"十三五"规划——《"十三五"时期京津冀国民经济和社会发展规划》出台，该规划从城市群发展、产业转型升级、交通基础设施建设、社会民生改善等方面统一布局，致力于将京津冀打造成一个统筹区域。在此背景下，京津冀各级政府积极落实国家战略，推动区域协同发展，并取得了一系列成果：一是基本形成以首都功能核心区为主体，以北京城市副中心和雄安新区为两翼的"一核两翼"框架格局；二是于2022年顺利举办北京冬奥会，助推冰雪运动、冰雪产业加快发展；三是"轨道上的京津冀"主框架形成，生态、产业等重点领域率先突破；四是协同创新共同体建设大大加强，京津冀创新能力大幅提升；五是持续保障和改善民生，促进优质公共服务资源均衡配置，基本公共服务均等化水平持续提高。

整体而言，京津冀同属京畿重地，其区域协同发展进程包含着市场化推进的多层次需求、国家重大战略的实施与深化、京津冀三地政府合作意识的增强和市场主体行为的推动，其展现了有为政府和有效市场在动态演变过程中的复杂性。在区域合作阶段，顺应改革开放的趋势和经济规律，京津冀合作得以起步，但彼时"弱式"的政府和市场无力支撑更深层次的合作。在经济一体化阶段，政府和市场步调逐渐一致，两者互为助力，京津冀经济一体化程度明显提升。在区域协同发展阶段，有为政府和有效市场并驾齐驱，成为京津冀协同发展的双轮动力。

案例讨论：

京津冀协同发展的三个阶段，揭示出怎样的有为政府与有效市场相互融合的机理创新？

资料来源：本案例由作者参考以下资料编写。

（1）安蓓，郭宇靖，魏玉坤，2023. 京畿大地起宏图[N]. 人民日报，02-26（1）.

（2）武义青，冷宣荣，2022. 京津冀协同发展八年回顾与展望[J]. 经济与管理，36（2）：1-7.

（3）颜廷标，2020. 京津冀协同创新机理与路径研究[M]. 石家庄：河北人民出版社：2-7.

案例三

粤港澳大湾区建设

粤港澳大湾区（Guangdong-Hong Kong-Macao Greater Bay Area，GBA），是指位于中国珠江三角洲和伶仃洋地区的"九市二区"城市群，包括广东省九个相邻城市——广州、深圳、珠海、佛山、东莞、中山、江门、惠州、肇庆，以及中国香港、中国澳门两个特别行政区。根据中共中央、国务院2019年印发的《粤港澳大湾区发展规划纲要》，粤港澳大湾区总面积约5.6万平方千米，仅占全国国土面积的0.6%左右，然其对全国经济总量的贡献率却超过10%，是中国经济最发达的核心区域之一。与京津冀、长三角地区相比，粤港澳大湾区最独特之处在于"一二三四"（一个国家、两种体制、三个关税区、四个核心城市），"两种体制"意为"一国两制"，同时涉及中国内地、中国香港、中国澳门三个关税区，三种不同的货币以及三种不同的法律体系，并以广州、深圳、中国香港、中国澳门为四个核心来发展。粤港澳大湾区一体化进程是粤港澳三地开放合作由浅入深的过程，其大致经历了以下三个发展阶段。

（一）由"前店后厂"合作模式推动的萌芽阶段（1978—2001年）

在这一阶段，得益于政府推行改革开放的国策以及市场的自发性探索，粤港澳大湾区一体化逐渐萌芽，但其范围和深度都有很大的局限性。20世纪70年代末，珠三角地区拥有低廉的土地、丰富的劳动力、优厚的政策支持，却缺少出色的产业运作模式；港澳地区拥有发达的生产性服务业，却面临地价攀升、工资刚性、成本飙升的巨大压力。在改革开放的推动下，港澳企业向珠三角地区大量转移，劳动密集型加工企业在珠三角地区如雨后春笋般林立，加工成品则通过港澳源源不断输送向世界各地,实现了优势互补。"前店后厂"的合作模式逐渐发展起来,即港澳地区为"店",为珠三角地区提供资金、技术和管理经验,控制产品的质量,负责市场推广和对外营销;珠三角地区为"厂",为港澳地区提供土地、自然资源和劳动力,进行产品加工、制造和装配。这一时期,基于比较优势自发形成的"前店后厂"模式将粤港澳三地紧密联系起来,使得生产要素能够跨区域流动,然而这种流动主要是港澳地区的资本、技术要素等向珠三角地区的单向流动,珠三角地区的劳动要素等并不能向港澳地区自由流动,形成的产业垂直分工体系也局限在低端制造业。

(二)由"CEPA"协定推动的成长阶段(2002—2013年)

这一阶段,得益于政府的制度引领以及市场的不断完善,粤港澳大湾区一体化进程不断推进,由过去的低端制造业生产要素的单向流动逐步向要素市场一体化、商品市场一体化、服务市场一体化拓展。2001年年底,中国正式加入世界贸易组织,全面融入世界经济体系,在全球市场日益激烈的竞争之中,粤港澳大湾区过去形成的"前店后厂"模式亟待转型升级。在此背景下,2003年,中国中央人民政府与中国香港、中国澳门特别行政区政府在"一国两制"的前提下,分别签署了《内地与香港关于建立更紧密经贸关系的安排》《内地与澳门关于建立更紧密经贸关系的安排》,统称"CEPA"协定,此后又签署了多项补充协议。"CEPA"协定的内容涵盖货物贸易、服务贸易和贸易投资便利化三大范畴,关键目标定位于减少内地与港澳地区之间货物贸易的关税,消除非关税壁垒,并取消一系列的歧视性措施,在实质上实现贸易投资便利化以及服务贸易自由化。2008年,国家发改委发布《珠江三角洲地区改革发展规划纲要(2008—2020年)》,提出要使粤港澳三地经济加快融合,深化粤港澳科技合作,支持粤港澳合作发展服务业。随后,广东省政府于2010年、2011年分别与中国香港、中国澳门签署《粤港合作协议框架》《粤澳合作协议框架》,构建了清晰的区域协调机制,并明确区域经济一体化发展的工作重点。

(三)由有为政府和有效市场共同推动的深化阶段(2014年至今)

在这一阶段,在有为政府和有效市场的双重支持下,粤港澳大湾区一体化进程不断深化,在基本实现服务贸易自由化的基础上,以国家级战略目标为导向,致力于建设富有活力和国际竞争力的一流湾区和世界级城市群。2014年,《'内地与香港关于建立更紧密经贸关系的安排'关于内地在广东与香港基本实现服务贸易自由化的协议》和《'内地与澳门关于建立更紧密经贸关系的安排'关于内地在广东与澳门基本实现服务贸易自由化的协议》发布,标志着粤港澳大湾区的经贸合作基本实现服务贸易自由化。随后，2015年，《推动共建丝绸之路经济带和21世纪海上丝绸之路的愿景与行动》印发，明确提出在"一带一路"建设中"打造粤港澳大湾区"，粤港澳大湾区建设首次出现在国家战略层面。2017年，国家发改委与粤港澳三地政府在中国香港签署《深化粤港澳合作 推进大湾区建设框架协议》，初步协定了三地政府的分工、合作及协调机制等，标志着粤港澳大湾区建设正式启动。2019年，《粤港澳大湾区发展规划纲要》（简称"纲要"）出台，成为了指导粤港澳大湾区近期规划至2022年、远期展望到2035年的纲领性文件。

近年来，以纲要为统领，相关部门不断完善"1+N+X"政策体系，以支持粤港澳大湾区更好发展，密集出台的文件包括但不限于：《横琴粤澳深度合作区建设总体方案》（2021年）、《全面深化前海深港现代服务业合作区改革开放方案》（2021年）、《横琴粤澳深度合作区总体发展规划》（2023年）、《前海深港现代服务业合作区总体发展规划》（2023年）、《粤港澳大湾区国际一流营商环境建设三年行动计划》（2023年）、《国家发展改革委 商务部关于支持横琴粤澳深度合作区放宽市场准入特别措施的意见》（2023年）。此外，2021年，广东省发布《广东省国民经济和社会发展第十四个五年规划和2035年远景目标纲要》，要求大力实施"湾区通"工程，推进粤港澳跨界要素便捷流动。2023年，广东省发布《"数字湾区"建设三年行动方案》，为深化实施"湾区通"工程、加快"数字湾区"建设、提升大湾区要素市场一体化水平，指明了建设目标和改革思路。

总的来说，粤港澳大湾区因"一个国家、两种制度、三个关税区、四个核心城市"的独特性，其市场显示出了强大的自发合作力量，同时政府亦显现出在制度创新方面的超前引领作用，两者相互促进、相互支撑，构成推动粤港澳大湾区一体化发展的双重动力。在萌芽阶段，市场自发形成了"前店后厂"的合作模式，奠定了粤港澳大湾区一体化发展的基础。在成长阶段，政府持续开展制度创新，重点依托"CEPA"协定，推动粤港澳大湾区一体化发展。最后，在深化阶段，粤港澳大湾区建设正式上升到国家层面，有为政府和有效市场合力支撑粤港澳大湾区一体化发展迈上新台阶。

案例讨论：
1. 请简述粤港澳大湾区建设的发展历程及其发展特征。
2. 粤港澳大湾区建设的发展历程揭示的经济学定律有哪些？

资料来源：本案例由作者参考以下资料编写。
（1）陈林，张玺文，2023. 建设统一大市场：粤港澳大湾区市场一体化的演化历

程、经济规律与可借鉴经验[J]. 国际经贸探索, 39（5）: 4-15.

（2）吴薇, 2021. 粤港澳大湾区经济社会创新发展研究[M]. 长春: 吉林人民出版社: 4-10.

案例四

日本经济发展模式

日本国，简称日本，位于太平洋西岸，地处环太平洋火山地震带上，是一个由东北向西南延伸的弧形岛国，陆地面积约 37.8 万平方千米，其境内水资源、森林资源和渔业资源较为丰富，其他自然资源则极其匮乏，除少量矿产外，工业生产所需的主要原料均依赖海外进口。在资源禀赋严重不足的情况下，日本自 1868 年开始明治维新，向欧美学习，迅速跻身列强行列。第二次世界大战（简称二战）后，日本经济迅速腾飞，由发展中国家跃升为发达国家。国际货币基金组织的相关数据显示，截至 2022 年，日本的 GDP 达到 4.23 万亿美元，人均 GDP 为 3.38 万美元。作为东亚经济奇迹的典型代表，日本战后经济发展模式的变迁为理解政府和市场关系的动态组合及其影响提供了范例，接下来，本案例将进行详细梳理和分析。

（一）经济高速发展期的日本经济发展模式（1945—1970 年）

二战结束后，日本经济几乎陷入全面瘫痪状态。面对资金、物资供应极其紧缺的局面，日本政府采取了政府主导型的经济模式，实行经济计划化，并配套体系化、制度化和程式化的产业政策，有力地推动了其战后经济的恢复和发展。主要举措包括：一是修改宪法、解散财阀、推行农村土地改革等民主化改革；二是推行"重点生产方式"，优先支持煤炭和钢铁产业的发展，以带动整体产业的复苏；三是确立"贸易立国"战略。在 1946—1955 年的战后经济恢复期，日本年均经济增长率达到了9.2%。20 世纪 50 年代前期，日本完成了统制经济向市场经济的过渡，实施了"产业合理化"策略，使用"集中生产方式"代替了"重点生产方式"，将资金和进口原料集中用于重点产业部门中的优秀企业，以提升企业竞争力。之后，日本进一步制定了以重化工业为中心的经济现代化方针，由此掀起以技术引进、技术革新为基本内容的设备投资热潮，推动了产业结构调整。在 1955—1970 年的高速增长期，日本年均经济增长率约 10%，迈入发达国家行列，产业结构亦从以农业和轻工业为主转为以重工业为主。

（二）经济低迷期的日本经济发展模式（1971—2000年）

伴随着日本经济的高速发展，资本主义固有矛盾日益尖锐，加之受1971年"尼克松冲击"、1973年"第一次石油危机"等影响，日本经济步入低速增长阶段，1970—1990年的年均增长率为5%左右。为重振经济，日本逐步放松政府干预，改革政府主导型的经济模式，并转向新自由主义经济政策基本立场。主要举措有以下几点。一是推动产业结构向节约方向转型。1974年版的《产业结构长期设想方案》强调发展资源能源节约型产业，并将资源能源消耗型产业转移至海外。二是提出"科技立国"战略。1980年版的《产业结构长期设想方案》明确将知识密集型的新兴产业作为主导产业。三是推动金融自由化发展。20世纪80年代中期以后，受1985年"广场协议"影响，日元大幅升值，加之1987年的"黑色星期一"事件使全球股市大幅震荡，对日本经济造成冲击。因此，为避免出口下滑和经济萧条，日本政府制定了以国家投资、私人投资和个人消费支出扩张为主的内需增长策略，从而在日本掀起了一轮大规模基础设施与房地产建设的高潮。泡沫经济随之愈演愈烈，并于20世纪90年代全面崩溃，日本经济陷入长期低迷，迎来"消失的十年"。其间，日本政府干预经济的力度进一步弱化，试图推动整个经济运行机制从"官主导"变为"民自律"，政府与产业界的关系从"官民协调"变为"官民分担"。

（三）经济恢复期的日本经济发展模式（2001年至今）

为重启经济，2001—2006年，时任日本首相小泉纯一郎推行了以新自由主义为理论基础的"小泉改革"，主要举措包括：一是重点解决不良债权问题；二是推行规制改革和民营化；三是改革财政结构，大幅削减公共事业开支。此次改革使得日本经济从2002年开始摆脱负增长，逐渐缓慢复苏，但也带来贫富差距扩大等消极影响。2007—2011年，日本政府试图延续"小泉改革"的思路，但由于继任的日本首相频繁更换，难以保持经济政策的长期连续性，加之2008年全球金融危机的冲击，日本经济增长仍旧低迷。2012—2020年，安倍晋三出任日本首相，推出了一系列经济刺激政策，实现了"安倍经济学景气"。具体而言，2012—2015年，日本政府以摆脱长期通货紧缩、优先提振经济为政策指向，推出由大胆的金融政策、机动的财政政策和促进民间投资的增长战略构成的政策组合，即安倍经济学"三支箭"；2015年以后，日本政府进一步强化前期政策，针对日本严峻的少子化、老龄化问题，提出"构建一亿总活跃社会"目标，并出台新"三支箭"政策，即孕育希望的强劲经济、成就梦想的育儿支援、安心的社会保障。然而，安倍经济学仍未解决日本经济衰退、人口负增长等深层次的结构性问题。此后，2020年的继任首相菅义伟延续了安倍经济学政策；2021年的继任首相岸田文雄进一步提出"新资本主义"理念，核心是增长和分配并举以实现经济平衡增长，将对人、科技创新、创业与绿色数字产业的投资作为四大政策支柱。

综上所述，战后早期的日本依靠政府主导型的经济发展模式，由政府制定指导性的产业政策，并将资源引导向政府制定的目标部门，从而奠定了国家竞争优势的基础。随着市场经济的恢复和发展，政府干预经济的弊端日益凸显，从20世纪80年代中后期开始，日本经济发展模式由传统的政府主导型向以新自由主义为理论基础的市场经济模式转变，但政府干预的弱化却带来了经济泡沫、贫富差距扩大等消极影响，并使得日本经济陷入长期衰退状态。2012年以后，安倍经济学的推出成为日本经济发展转折点，后来的菅义伟与岸田文雄提出的经济发展模式在一定程度上均可视为是对安倍经济学的延续。由此可见，在一国经济的发展过程中，政府和市场组合关系始终处于动态调整之中，尽管"有为政府+有效市场"的组合是推动经济社会发展的核心支撑，但其形成却面临重重困难，而一旦政府和市场组合关系失衡，则会制约经济的长期可持续发展。

案例讨论：

结合日本战后经济发展模式的变迁，请谈谈你对政府与市场关系的组合及其作用的认识和理解。

资料来源：本案例由作者参考以下资料编写。

（1）白成琦，1986. 战后日本各经济发展阶段的经济计划[J]. 亚太经济（3）：18-24.

（2）包小忠，2001. 20世纪90年代日本产业政策衰微的原因分析：关于日本产业政策的最新回顾[J]. 世界经济研究（4）：64-68.

（3）楚文静，2010. 日本"泡沫危机"本质特征分析[J]. 合作经济与科技（12）：24-25.

（4）刘瑞，2020. 后安倍时代日本经济政策举措与展望[J]. 人民论坛（30）：138-141.

（5）夏碧英，严金强，2022. 从政府主导到新自由主义：日本"非典型"资本主义经济模式的流变[J]. 海派经济学，20（1）：123-137.

案例五

德国经济发展模式

德意志联邦共和国,简称德国,地处欧洲中部,濒临北海和波罗的海,是一个高度发达的资本主义国家。作为欧洲最大的经济体,德国经济总量高居欧洲首位,被誉为"欧洲经济火车头"。德国联邦统计局的相关数据显示,2022年德国名义国内生产总值达到了38583亿欧元,人均国内生产总值为46020欧元。德国取得的经济成就要归功于其建立了独特的社会市场经济模式,这是一种强调"平衡"的、将市场经济与政府干预结合起来的经济体制,其特点是"在竞争经济的基础上,将自由、主动与社会经济进步相结合"。第二次世界大战(简称二战)结束后的1949年,德国被分裂为德意志民主共和国(简称东德)和德意志联邦共和国(简称西德)两个主权国家,面对基本瘫痪的经济现状,东德实行了以高度中央集权和调控为特征的计划经济模式,并最终宣告失败;西德则推行以国家有限干预为特征的社会市场经济模式,大获成功。1990年,两德正式统一为德意志联邦共和国(简称德国),伴随着社会市场经济模式的完善,德国经济持续稳健发展。

(一)发展计划经济的东德(1949—1990年)

二战后,德国东部的苏联占领区成立了德意志民主共和国(东德),实行计划经济发展模式。该模式以苏联为样板,依靠从中央到地方的各级经济计划机构,统一计划和指导经济、生产和分配。在20世纪50年代,东德重点发展重工业,而忽视了轻工业和农业生产,再加上推行高积累、低消费政策,不利于人民群众生活的改善。为此,东德政府提高了工资水平,但单一增发货币而不改善生产的做法只会使通货膨胀程度进一步恶化。为应对物价上涨,东德政府进一步实施货币政策改革,强行压制市面流通资金,但这未能遏制物价上涨,反而加剧了经济衰退。20世纪60年代后,东德政府启动经济改革,在计划经济的框架下引入市场经济因素,东德经济开始明显好转,民营经济的比重显著提升。20世纪70年代后,在经济改革成效并未完全显现的背景下,东德政府又开始强调中央调控,剔除改革引进的市场经济因素,经济再次进入下滑阶段。彼时,东德政府在生产退化的情况下持续增发工资,令社会面临产品供给不足的困境,为了提高社会福利又进行海外贷款,导致东德债务累累,国家经济进一步恶化,计划经济模式走向失败。

（二）发展社会市场经济的西德（1949—1990年）

在东德成立的同时，德国西部的美英法占领区成立了德意志联邦共和国（西德），建立起社会市场经济发展模式。该模式以市场经济为基础，以国民福利为目的，以宏观调控为主要手段，兼顾市场活力与社会均衡，即"市场+秩序"，其基本政策主要有以下几点。一是奉行市场经济，主张自由竞争。西德实施了币制改革，并取消统制经济，按市场竞争原则调节绝大多数商品的供需；同时，发展外向型经济，推动本国企业参与国际竞争。二是主张适度的政府干预，将自由竞争可能导致的负面效应降至最低。为此，西德政府通过立法的形式建立起经济活动框架秩序，并运用就业、分配、价格、财政和货币等政策调控经济。三是加强社会建设，提高国民福利待遇。例如出台《社会保障均衡法》《解雇保护法》等，保障劳动者的合法权益。在这种模式下，西德经济自1951年起高速发展，1950—1960年的国民生产总值年均增长7.5%，但到20世纪60年代中期，受多种因素影响，西德的"经济奇迹"宣告结束。此后，西德的社会市场经济模式先后呈现出加强国家干预的倾向、注重控制货币量的货币主义倾向和强调减税的新自由主义倾向，其经济发展虽有起伏，但已跻身经济大国之列。

（三）两德经济融合后全方位转型的社会市场经济体制（1990年至今）

1990年2月，西德政府首次提出"2+4"方案，即由东德、西德的两位外长和苏、美、英、法四国的外长组成一个外长会议，专谈东德和西德的统一问题。这一提案很快得到积极反应。1990年5月，在波恩举行了第一轮会谈。1990年9月，苏联、美国、英国、法国、西德和东德的外长在莫斯科举行最后一次"2+4"会谈，签署了《关于最终解决德国问题的条约》（Treaty on the Final Settlement of German Problems），这一条约的签订标志着德国在国际法上实现了统一。由于东德和西德的经济发展水平差距悬殊——1990年东德的GDP仅为1166.23亿美元，而西德的GDP高达11818.71亿美元，因此德国政府实施了"振兴东部"等战略，将社会市场经济体制全面移植到东部，直至20世纪末，两德经济才基本实现完全融合。彼时，德国财政负担沉重，经济形势十分严峻。进入21世纪，时任德国总理施罗德为重振经济采取的主要措施有：一是启动税改法案，大幅减税；二是改革劳动力市场，激励就业；三是改革养老金和医疗保险制度，削减开支。但这些改革成效并不明显，2005年年底，默克尔就任德国总理，其通过限制财政支出、推动税改革向"高增值税、低所得税"转变、扩大内需以及继续推进医疗和养老保险等改革，使德国再次成为欧洲经济的发动机。在全球竞争日益激烈的大背景下，2019 年，德国政府推出《国家工业战略 2030》，该战略遵循社会市场经济原则，试图在外部竞争与自由市场之间寻求平衡，通过实施更具竞争力的工业政策，确保德国经济与技术的国际竞争力和工业领先地位，推动德国经济、就业和民生的长期稳定和发展。

总的来说，在社会市场经济发展模式的指引下，西德与统一后的德国在产业发展、城市建设和社会民生三方面取得了良好成效。作为一种实用的、具有灵活性的经济模式，社会市场经济模式并非一成不变，而是与不断变化的经济社会环境相适应，相应地调整自由市场与政府干预之间的关系，使得政府的适度干预有助于市场经济的发展，进而形成"有为政府+有效市场"的双重驱动力，保证一国经济社会发展的健康运行。此外，该模式注重建立和维护有利于市场完全竞争的经济秩序，通过经济立法，保障了市场经济秩序的稳定性，同时避免了政府进行经济调节的随意性。

案例讨论：

请简述德国战后经济转型的经验与借鉴意义。

资料来源： 本案例由作者参考以下资料编写。

（1）姜琦，余玖玖，1995. 论战后东西德经济之差异[J]. 俄罗斯研究（3）：1-6.

（2）沈栋，2019. 德国社会市场经济特征及其在当代的表现[J]. 经济导刊（8）：78-79.

（3）王涌，2010. 两德经济发展的成败撷议[J]. 外国问题研究（4）：47-53.

（4）王涌，2017. 民主德国经济失败原因探析[J]. 学术界（8）：220-228.

（5）王海燕，汪善荣，2016. 第二次世界大战后德国经济转型的经验与借鉴意义[J]. 经济研究参考（49）：35-41.

（6）吴友法，黄正柏，邓正英，等，2019. 德国通史：第 6 卷[M]. 南京：江苏人民出版社：505-530.

（7）袁红，1999. 西德五十年代"经济奇迹"原因初探[J]. 理论导刊（7）：46-47.

案例六

新加坡经济发展模式

新加坡共和国（简称新加坡）始建于 1965 年，是位于马来半岛南端、马六甲海峡出入口的一个岛国，截至 2023 年，国土面积为 735.2 平方千米，总人口约 592 万。

作为典型的城市国家,新加坡自然资源较为匮乏,其经济呈现外贸驱动型特征,产业结构以金融、航运等服务业和电子、石化等制造业为核心,高度依赖国际市场。自建国以来,新加坡的经济发展取得了举世瞩目的成就,并跃升为发达国家,其在1965年的GDP尚不足10亿美元,到2023年高达4879亿美元;人均GDP亦从1965年的516.5美元增长至2023年的8.2万美元。新加坡经济发展奇迹的出现与其政府主导型的经济发展模式密不可分,该模式的基本特点是将市场经济与计划经济相结合,兼具高度开放的自由市场与强有力的政府宏观调控,政府在坚持让企业自由化发展的同时,会对涉及国计民生的重要领域进行战略性的国家干预。接下来,本案例将从有为政府和有效市场两个方面剖析新加坡经济发展模式的成功经验,分析新加坡经济发展过程体现的前瞻性、有序性和可行性。

(一)新加坡经济发展模式中的有为政府

根据世界银行公布的全球治理指数(Worldwide Governance Indicators,WGI),2022年新加坡在话语权与问责、政治稳定与非暴力、政府效率、监管质量、法治以及腐败控制六个方面的平均得分依次为44.44、97.17、100.00、100.00、99.06、98.58(取值范围均为0~100),其政府治理水平之高可见一斑。自建国以来,新加坡政府有为的表现主要有以下几点。

一是通过制定中长期经济发展计划,形成"劳动密集型—资本密集型—技术密集型—知识密集型"的产业发展路径。在发展初期,新加坡先后推出了两个五年计划。1961—1965年的第一个五年计划旨在实现快速工业化,发展进口替代工业;1965年新加坡正式独立,由于缺乏庞大的国内市场,因此1966—1970年的第二个五年计划转向发展出口导向型工业,并大力吸引国外投资。进入20世纪70年代,新加坡相继制定多个十年计划,推动经济结构升级,逐步由劳动密集型的出口产业调整为资本密集型、技术密集型、知识密集型的出口产业。2021年,新加坡提出了"新加坡制造业2030愿景"(Singapore Manufacturing 2030),通过重点投资先进制造业的基础建设、建立强大的研究生态系统以及支持企业进行工业4.0转型三大方面的努力,实现制造业在10年间增值50%、传统制造业向先进制造业转型的目标。2022年,新加坡进一步推出"新加坡经济2030愿景"(Singapore Economy 2030),围绕贸易、企业、制造业和服务业四大支柱,为长远经济增长规划蓝图。

二是通过花园城市、新镇、组屋等战略,推动城市建设。新加坡在建国初期就将建设"花园城市"作为基本国策,大力推行城市空间绿化;在新镇的规划和建设上，以高层、高密度为主的住宅方式提高了土地利用率，以公共交通为导向的开发模式（即 TOD 模式）提升了城市建设效率；在组屋政策上通过建设高密度的高层公共住宅，以及提供购房津贴等方式，实现"居者有其屋"目标。特别地，2021 年，新加坡发布"2030 年新加坡绿色发展蓝图"（Singapore Green Plan 2030），围绕自然城市、能源重置、可持续生活、绿色经济、有韧性的未来五大支柱，推动新加坡可持续发展。

三是高度重视社会民生问题，建立完备的社会保障制度体系使社会保持和谐有序的状态。新加坡社会保障制度体系按照"效率优先、机会平等"的价值理念设计而成，在以关注公平为主的传统社会保障模式中增加了更多的效率机制，由社会保险和社会福利两部分组成：作为主体部分的社会保险由国家强制实施个人储蓄的中央公积金制度构成；作为辅助部分的社会福利是指政府对无法维持最低生活水平的人员给予救助。

（二）新加坡经济发展模式中的有效市场

新加坡建立了自由的市场经济，根据美国智库"传统基金会"公布的 2022 年度经济自由指数报告，新加坡的经济自由度得分为 84.4，高居榜首，是全球最自由的经济体。为保障市场经济有效运行，新加坡政府的主要举措包括以下几点。

一是推行自由企业政策，充分调动企业生产积极性。自 20 世纪 70 年代起，新加坡政府实施了"资本资助计划""小型工业资助计划"等计划，大力扶持私人资本自由建立企业；20 世纪 80 年代中期，新加坡推行了"国有企业私有化"等改革，通过市场竞争机制，提升国有企业的生产效率；对于外资，新加坡全面开放国内各个经济领域，实行内外资一视同仁的政策。这些政策的实施使得所有类型的企业都享有完全的自主权，可自由经营、自由决策、自由竞争并自由发展。进一步，2020 年，新加坡推出"研究、创新与企业 2025 计划"（Research Innovation and Enterprise 2025），计划在接下来的五年将每年 1%的 GDP 投资于科研创新，总计约 250 亿新加坡元。

二是实施贸易自由化和金融自由化战略，充分激发企业竞争活力。在贸易自由化方面，新加坡实行了以大部分商品"零关税"为特征的贸易自由化制度安排，大力推进国家贸易单一窗口建设，提升贸易便利化水平，并积极签署多边经贸合作协定，抢占自由贸易制高点。在金融自由化方面，新加坡在 1975 年实现了国内利率自由化；1968 年设立亚洲美元市场，推动金融自由化和国际化；1978 年全面解除外汇管制；1998年以后，新加坡逐步开放国内金融市场。同时，新加坡还通过实行"内外适度渗透型"跨境金融制度，对金融风险严加防范。特别地，2021年，新加坡正式批准《区域全面经济伙伴关系协定》，成为首个完成官方核准程序的东盟国家。同年，新加坡经济发展局、企业发展局和私营公司战略伙伴共同建立了东南亚制造联盟，通过"新加坡+1"战略为有意拓展东南亚区域市场的制造业企业提供支持。

三是构建完善的法治体系，为市场经济运行提供法治保障。作为高度法治化的国家，新加坡在商业领域，构建了细致完备的商业法规体系、司法审判体系、法律仲裁体系以及全球领先的知识产权保护制度。

总的来说，新加坡经济发展模式成功的关键在于其构建了以"有为政府+有效市场"为核心支撑的现代市场经济体制，在自由市场和国家干预之间找到了平衡点，使得政府的积极干预有力地推动了经济发展，且市场经济的自由度维持在高水平层面。新加坡政府在产业发展、城市建设和社会民生等方面积极有为，通过对国内外经济社会环境变化的敏锐感知和前瞻性判断，引导产业结构转型升级，推动城市可持续发展，维持社会稳定和谐，由此形成市场化、法治化和国际化的营商环境，为市场经济持续有效运行提供了全方位保障。

案例讨论：

请论述新加坡经济发展模式中的有为政府与有效市场的特征。

资料来源： 本案例由作者参考以下资料编写。

（1）高晓丹，吕云涛，2016. 新加坡城市建设对中国新型城镇化的启示[J]. 中国市场（25）：59-60.

（2）郭伟伟，2009. 改善民生、促进社会和谐的成功实践：透视新加坡社会保障制度[J]. 东南亚纵横（11）：84-88.

（3）刘佳宁，黎超，2023. 粤港澳大湾区跨境金融监管合作的经验借鉴与实践路径思考[J]. 新金融，411（4）：48-53.

（4）李皖南，2011. 新加坡构建现代市场经济体制的经验及启示[J]. 广西民族大学学报（哲学社会科学版），33（3）：103-108.

（5）王胜，曾晓明，韩晶磊，等，2020. 借鉴新加坡经验发展海南对外贸易的几点思考[J]. 今日海南（10）：40-42.

案例七

阿根廷与中等收入陷阱

2006年,世界银行提出"中等收入陷阱"概念:中等收入经济体在跻身高收入国家的发展过程中,突破人均国内生产总值1000美元的"贫困陷阱"后,很快会奔向人均国内生产总值1000美元至3000美元的"起飞阶段";但当人均国内生产总值达3000美元至10000美元时,快速发展中积聚的矛盾会集中爆发,这些经济体自身的体制与机制更新陷入瓶颈,难以解决矛盾,容易落入经济增长的回落期或停滞期,即中等收入陷阱阶段。与中等收入陷阱的一般表现不同,其他中等收入经济体几乎从未跨过高收入门槛,而阿根廷共和国(简称阿根廷)作为后发国家不仅一度跨越这一门槛,并在较长时间内接近甚至达到发达国家的平均经济水平,但在经历了漫长的经济衰落之后,又重新落入了该陷阱之中。经济增长过程中的起起伏伏使得阿根廷成为研究中等收入陷阱的一个独特样本,也为理解政府和市场关系提供了较好的窗口。

(一)农牧业初级产品出口带动阶段(1860—1928年)

阿根廷位于南美洲东南部,16世纪中叶为西班牙殖民地,在长达近三个世纪的独立运动和内部动乱后,1816年7月宣布独立,1853年建立联邦共和国,1860年改为共和国,政局逐步稳定。阿根廷地广人稀,拥有丰富的草原资源,因此其政府依托比较优势大力发展农牧业,并逐渐形成以农牧业初级产品出口为核心的发展模式。这一时期,激增的羊毛、皮革以及谷物出口吸引了大量的投资与移民,推动了铁路等基础设施建设以及工业化和城市化的发展,使得阿根廷经济快速增长。1870年至1914年是阿根廷经济发展的"美好时代",彼时的阿根廷被誉为"世界粮仓和肉库",基本实现了从传统社会向现代社会的转变。然而,阿根廷对初级产品出口带动经济增长模式的过度依赖亦带来了产业结构失衡、经济结构单一、难以抵御外部市场风险等一系列经济社会问题。

(二)进口替代工业化发展阶段(1929—1981年)

1929年美国经济大萧条席卷全球,贸易保护主义在世界范围内盛行,致使关税壁垒林立,这对阿根廷的初级产品出口造成了严重打击。为发展民族工业,阿根廷选择了进口替代工业化战略,用国产工业制品替代进口工业制品以满足国内市场的需求。20世纪40年代中期,时任阿根廷总统的庇隆提出"政治主权、经济独立、社会正义"的纲领口号，通过实行"国有化"以及推行"工业化"计划等措施，短暂地推动了阿根廷经济繁荣。然而，好景不长，20世纪50年代至80年代阿根廷的经济增长速度不仅慢于巴西、墨西哥，还低于拉丁美洲各国的平均水平。这一时期，随着进口替代工业化战略的不断深入，国家干预、贸易保护措施的力度不断加大，使阿根廷经济逐步地由外向转为内向，几乎使市场完全封闭，导致工业部门效率低下，通货膨胀居高不下，经济危机频繁发生。庇隆主义的推行，使国家对经济的干预达到登峰造极的地步，大量的资源被透支，用以支持其庞大的民众主义目标。

（三）新自由主义阶段（1982—2001年）

自1982年起，债务危机迅速席卷阿根廷等拉丁美洲国家，同年，阿根廷与英国还爆发了马尔维纳斯群岛战争，经济陷入深度衰退之中。为使经济重返正轨，1989年，时任总统梅内姆采取了新自由主义经济模式：对外开放，降低保护性关税税率；减少国家干预，推行私有化；开放金融和资本市场；建立货币局制度，实行固定汇率制度等。在短期内，阿根廷筹措到大量资金以偿还债务和发展经济，对外贸易有所增长，外部资本大量涌入，通货膨胀亦得到控制。然而，从长期来看，新自由主义经济模式弊端严重：对外开放后，阿根廷自身的工业制成品缺乏竞争力，致使其再次沦为别国原料进口地和商品倾销地；私有化的推进，导致阿根廷国有资产大量流失，并加剧行业垄断和贫富差距等社会问题；固定汇率制度的实行使得阿根廷的货币政策受外国牵动，处于被动局面；大量具有投机性质的外资涌入，使得阿根廷的资本市场震荡严重。2001年，阿根廷爆发债务危机，并迅速演变为涵盖经济、政治和社会等方面的全面危机，新自由主义发展模式随之破产。

（四）新发展主义模式阶段（2002—2015年）

2002年杜阿尔德出任阿根廷总统后，废除了货币局制度以及相关汇率制度，对新自由主义发展模式进行了否定。2003年，基什内尔出任总统，进一步探索形成新发展主义模式，其介于新自由主义模式和传统发展主义模式之间，试图在国家与市场、社会经济增长与福利制度改革、全球化与自主性之间寻求平衡。这一时期的发展战略主要包括：一是坚持市场经济，强化国家在经济发展中的主导作用；二是强化对私有企业的管理，恢复部分国有企业；三是大幅度改革金融体制，限制金融自由，强化监管；四是实行积极的财政政策，改革税制，促进经济复苏和增长；五是调整产业政策，推动再工业化，通过扶持出口企业和开展公共工程以拉动经济增长；六是重视社会发展，强调社会公正，对分配制度进行改革；七是调整对外开放力度，贸易保护主义明显抬头。2003—2005年，阿根廷经济连续三年高速增长，经济增速恢复至1997年的水平，基本摆脱债务危机的阴影。2007—2015年，基什内尔的夫人克里斯蒂娜担任阿根廷总统，延续了新发展主义模式。然而，该模式并未撼动阿根廷对国际资金和市场的高度依赖性，并且其引致国家对市场经济发展的过度干预，损害了市场机制的有效运行。

（五）回归新自由主义和庇隆主义阶段（2015年至今）

2015年，马克里赢得阿根廷总统大选，面对经济增长乏力、通货膨胀严重的经济现状，其采取了更具新自由主义色彩的发展战略，将降低国家干预市场的程度、实现贸易自由化、缩减政府公共财政性支出和恢复投资信心重返国际融资市场作为施政方向。然而，马克里执政期间，阿根廷经济年均增长率约为-1%，年均通货膨胀率超过40%，贫困人口占比上升了5.1%，至2019年年底超过1/3的阿根廷人生活在贫困线以下，马克里最终黯然下台。2019年，费尔南德斯当选为新一任阿根廷总统，并由克里斯蒂娜担任副总统，阿根廷开始回归国家干预的庇隆主义。阿根廷国家统计局的相关数据显示，2022年，阿根廷GDP增速达到5.2%，但通货膨胀率却高达94.8%，为近30年来的最高水平，显然，阿根廷跨越中等收入陷阱仍需时日。

总的来说，阿根廷落入中等收入陷阱的经历揭示了后发国家向发达国家转型是一个无比艰辛与曲折的过程，其中的关键因素在于经济发展模式的变迁。有效的经济发展模式能够应对发展中不断变化的经济、社会和政治矛盾，推动经济转型升级；相反，不合理的经济发展模式无法应对长期的内外部挑战，亦无力推动长期的经济增长。这实际反映了政府和市场关系的动态调整，"有为政府+有效市场"的组合是推动经济增长的核心支撑，相反，政府乱为，如对市场过度干预，或者政府无为，如对市场完全放任自流，即便能推动经济增长，也只不过昙花一现，还会为经济可持续增长埋下重大隐患。

案例讨论：

1. 阿根廷落入中等收入陷阱的根源是什么？
2. 分析探讨阿根廷这一独特样本对各国经济发展的借鉴意义。

资料来源：本案例由作者参考以下资料编写。

（1）陈云贤，2020. 市场竞争双重主体论：兼论中观经济学的创立与发展[M]. 北京：北京大学出版社：257-259.

（2）董国辉，2013. 阿根廷现代化道路研究：早期现代化的历史考察[M]. 上海：

世界图书上海出版公司，2013：147-148.

（3）戴长征，2023. 发展中国家走向现代化的现实状况与模式：基于几个典型案例的分析[J]. 人民论坛（6）：18-22.

（4）郭金兴，王冠敏，郭恺钊，2018. 中等收入陷阱视角下的"阿根廷之谜"：发展绩效与制度质量[C]//新兴经济体研究会，中国国际文化交流中心，广东工业大学. 新兴经济体研究会2018年会暨第6届新兴经济体论坛人类命运共同体论文集（下）：96-109.

（5）高庆波，芦思姮，2018. 阿根廷经济迷局：增长要素与制度之失：阿根廷中等收入陷阱探析[J]. 拉丁美洲研究，40（4）：86-100.

（6）李仁方，2020. 马克里经济政策的回顾与评述[J]. 拉丁美洲研究，42（2）：131-153.

（7）沈安，2009. 阿根廷模式与新发展主义的兴起[J]. 拉丁美洲研究，31（1）：50-57.

（8）谭融，张宏杰，2011. 论阿根廷现代化进程中的政府角色[J]. 山西大学学报（哲学社会科学版），34（2）：103-109.

（9）薛桐，2023. 阿根廷中等收入陷阱的根源：以经济模式演变为中心的历史考察[J]. 晋阳学刊（1）：125-131.

（10）中国秘鲁文化研究中心，2018. 近现代阿根廷经济发展路径变迁研究（三）[EB/OL].（10-09）[2023-08-31]. http://bilu.bisu.edu.cn/art/2018/10/9/art_4364_190065.html.

第三节 点评与思考讨论题

一、点评

点评1

案例一涉及长三角一体化发展。案例二涉及京津冀协同发展。案例三中所述的粤港澳大湾区要对标世界一流湾区，在六大领域树立了发展目标：①推动基础设施互联互通，建设世界级城市群；②加快物流航运发展，建立世界级航运群；③促进科技创新、资源共享，打造国际科技创新中心；④推动制造业一体化发展，建设"中国制造2025"国家级示范区；⑤提升金融业创新发展，建立国际金融枢纽；⑥强化湾区一体化水平，打造宜居、宜业、宜游的优质生活圈。仅靠微观企业市场主体推动是很难完成上述发展目标的。

点评 2

案例四和案例五分别介绍了二战后日本经济高速发展的模式、德国经济高速发展的模式。在世界经济体系和世界金融体系独树一帜的美国，难道没有政府行为在发挥着作用吗？为什么西方经济学家又把这些国家的经济行为称为隐性政府行为？这是值得我们深思的。

点评 3

在案例六中，面积仅 700 多万平方千米，总人口 500 多万的新加坡，建国之后成功实现了 5 次经济转型。20 世纪 60 年代建立劳动密集型产业，20 世纪 70 年代打造资源密集型产业，20 世纪 80 年代转向资本密集型产业，20 世纪 90 年代致力于科技密集型产业，21 世纪主攻知识密集型产业。背后没有政府的推动是很难实现的。

点评 4

在案例七中，阿根廷沿着"政府角色最小化、产权私有化、经济金融自由化"的新自由主义道路行走了十多年之后，仍未走出中等收入陷阱。由此可见，政府不能乱为，也不能无为，不合理的经济发展模式无法应对长期的内外部挑战。

二、思考讨论题

1. 从经济增长的角度，回答现实中世界各国存在的三个基本问题：①为什么一些国家富有，一些国家贫穷？②影响经济增长的因素是什么？③如何理解一些国家的经济增长奇迹？

2. "有为政府+有效市场=成熟市场经济"这一观点是否正确？如何分析与看待美国政府的经济行为？

3. 经济发展模式是指在一定阶段，一国国民经济发展战略、经济增长机制和运行实现方式的类型。世界是否进入经济发展模式的竞争时代？具体有哪些经济发展模式？请谈谈你的看法。

第七章

经济增长新引擎

本书将经济增长新引擎作为最后一个章节,重点回答在不同的经济发展阶段,区域如何实现经济增长这一核心问题。本章与第三章竞争优势理论紧密相关,因此在学习相关内容时,建议将两章联系起来,从动态演变角度,把握区域经济发展阶段以及不同阶段的经济增长引擎。

在经济学史上,有关经济增长引擎的研究,首先聚焦于贸易引擎上,尤其是发展经济学对此展开了激烈的讨论。为此,本章第一节简述了发展经济学中的贸易引擎争论,然后就中观经济学提出的经济增长新引擎进行论述;第二节通过若干现实案例,剖析实践中的区域经济增长引擎;第三节进行简要点评,深化对经济增长新引擎的理解与认识。

第一节 经济增长引擎

一、发展经济学与贸易引擎争论

对外贸易对于一国(区域)的经济发展具有重要意义。斯密的绝对优势理论、李嘉图的比较优势理论以及赫克歇尔和俄林的要素禀赋理论等早已论证自由贸易有利于经济发展,因此众多经济学家将贸易视为经济增长的引擎。同时,部分发展经济学家立足于发展中国家的贸易所得,认为贸易无法有力支撑发展中国家的长期经济增长,由此否定贸易的经济增长引擎作用。随着时间的推移和研究的深入,一些学者开始将两种观点进行折中,提出有条件的贸易引擎论,即在一定条件下,贸易可以作为发展中国家经济增长的引擎,因此,各国应根据自身的实际情况采用合适的贸易政策来促进经济发展。总的来说,在发展经济学领域,对贸易引擎的争论主要形成了以下三种观点。

(一)贸易引擎论

20世纪30年代,英国经济学家罗伯逊在《国际贸易的未来》一文中,首次提出"19世纪的贸易不仅提高了劳动生产率,也是经济增长的发动机"的著名论断,将对外贸易视为一国经济增长的引擎,强调后进国家可以通过对外贸易尤其是出口贸易带动本国经济增长。20世纪50年代,美国经济学家纳克斯在《贸易格局和经济发展》一文中,补充和发展了这一观点,他认为19世纪的国际贸易对经济增长的作用表现在两个方面:一是国际贸易通过优化资源配置,带来静态的直接的利益;二是国际贸易可以通过规模效应、成本效应等,带动国内各部门的经济增长,产生动态的、间接的利益。他还如此描述19世纪国际贸易的特点:"中心国家经济的迅速增长,通过国际贸易而传递到外围的新国家去。它们是通过初级产品的迅速增加的需求而把成长传递到那些地方去的。19世纪的贸易不仅是简单地把一定数量的资源加以最适当的配置的手段,它尤其是经济成长的发动机。"类似地,刘易斯认为较发达国家控制发展中国家的增长速度的主要环节是贸易。他发现在1873—1913年以及1953—1973年,发展中国家初级产品出口的增长速度稳定在发达国家工业生产增长速度的0.87倍左右。由此,他提出如果经济增长的发动机是发达国家的工业生产和发展中国家的初级产品出口,那么发达国家的发动机运转得稍快一些,此时,贸易的条件会对发展中国家较有利,发展中国家的国内市场因此会繁荣起来,并加速其工业化进程。然而,自20世纪50年代以来,发达国家之间的工业制成品贸易已取代发达国家与发展中国家之间的初级产品贸易,成为世界贸易发展的主要推动力。对此,纳克斯指出,发展中国家已经不能再依靠国外对初级产品的需求来带动自身经济的增长了,应寻求其他出路;刘易斯强调,贸易的增长引擎作用在减缓,而维持经济增长的办法就在于大大加强发展中国家之间的贸易往来。

(二)贸易引擎否定论

1929年,美国经济大萧条波及整个资本主义世界,使拉丁美洲国家的初级产品贸易条件持续恶化,阿根廷经济学家普雷维什于1949年向联合国拉丁美洲和加勒比经济委员会提交了名为《拉丁美洲的经济发展及其主要问题》的报告,提出"中心—外围"理论和贸易条件恶化理论。普雷维什认为,世界经济体系可划分为以发达国家为代表的"中心"和以发展中国家为代表的"外围"两个部分,按照比较优势进行国际分工,则会形成发达国家主要生产和出口工业制成品,发展中国家主要生产和出口初级产品的国际贸易格局。由于包括技术进步、市场容量、需求和收入弹性在内的一系列条件变化不利于发展中国家的初级产品出口，因此在国际市场上，发展中国家初级产品的价格相对于发达国家工业制成品的价格存在长期恶化的趋势。这使得贸易利得在发达国家和发展中国家之间是不均等分配的，并主要流向发达国家，而不利于发展中国家的长期经济增长。这些观点冲击了贸易引擎论，否定了关于自由贸易对所有国家都有好处的结论，并为发展中国家采取贸易保护主义措施和进口替代贸易策略提供了理论依据。

（三）贸易引擎折中论

美国经济学家克拉维斯在1970年发表《贸易是经济增长的侍女：19世纪与20世纪的相似点》一文中提出"贸易不是增长的发动机，而是增长的侍女"的观点。克拉维斯指出，在19世纪，经济发展较为成功的国家几乎都不是出口导向型的，相反，一些经济发展不成功的国家却有过相当规模的出口扩张，经济增长主要依靠国内优势因素，外部需求只是额外的刺激手段。因此，他认为更具合理性且普遍适用的比喻是将贸易扩张形容为增长的"侍女"，而不是引擎。克拉维斯的贸易侍女论并不是要否定贸易对发展中国家经济增长的作用，而是否定将贸易视为经济增长的必要条件或充分条件的观点，其认为贸易只是经济增长的影响因素之一，而且在大多数情况下，贸易不太可能成为经济增长的主导因素。

二、中观经济学与经济增长新引擎

尽管经济学家们关于贸易引擎仍存在争议，但基本共识是贸易是一国（区域）经济增长的重要影响因素。然而，随着城市化主导经济增长时代的到来，单方面强调贸易的作用，甚至将其视为经济增长的唯一引擎显然是不合时宜的。中观经济学认为，在"有为政府+有效市场"构成的现代市场经济体系中，发动供给侧结构性新引擎（而非需求侧"贸易引擎"），将有助于在市场竞争中充分发挥企业对产业资源、政府对城市资源的配置作用。这类供给侧结构性新引擎包括结合了有形要素和无形要素的投资新引擎、创新新引擎和规则新引擎，将对世界经济治理与发展起到重要作用。

(一)构建全球投资新引擎

投资新引擎是指一个区域在经历要素驱动阶段(产业经济)之后,区域政府就需要推动以基础设施开发建设为主体的投资活动以发展城市经济,形成投资驱动型增长模式。投资驱动型增长模式的形成既取决于微观领域需求侧的企业对产品和产业资源的配置与竞争状态,又取决于中观领域供给侧的区域政府调配城市资源和推动基础设施建设的竞争表现。这种增长模式能给各区域带来资本增长、促进技术革新和市场机制深化发展,并增加岗位就业,因而具有长期持续性。

为了构建全球投资新引擎,应采取以下四个方面的措施:一是推动供给侧结构性改革,包括推动新型工业化、加快农业现代化和城乡一体化等内容;二是加大基础设施投资建设力度,推进新型城镇化、基础设施现代化发展,并推进智慧城市开发建设;三是加大科技项目投入;四是提升金融配套能力。

(二)构建全球创新新引擎

创新新引擎是指一个区域在经历投资驱动阶段(城市经济)之后,区域政府就需要通过理念创新、技术创新、组织创新和制度创新以发展创新经济,形成创新驱动型增长。无论是区域还是国家,乃至世界,当其进入经济发展模式的转换时期,经济形式从通过企业竞争配置产业资源发展到通过区域政府竞争配置城市资源,经济增长制度环境从单一的市场机制发展到"有为政府+有效市场"机制时,这些全球经济发展的新情况必然导致一系列新问题,比如如何维护全球经济治理体系的公平、公正原则?如何保护发展中国家在全球经济秩序中的利益?如何维持或提升经济体系的开放程度以抵制保护主义?如何制定规范以应对经济新领域(如网络领域)的挑战?为了应对这些挑战,就需要对现存的协调、治理全球经济秩序的公共机制或公共物品(包括思想性公共物品、物质性公共物品、组织性公共物品和制度性公共物品)予以创新和完善。

这具体要求:第一,推进思想性公共物品创新即理念创新;第二,推进物质性公共物品创新即技术创新;第三,推进组织性公共物品创新即管理创新;第四,推进制度性公共物品创新即规则创新。

(三)构建全球规则新引擎

规则新引擎是指一个区域在经历创新驱动阶段(创新经济)之后,就需要与其他区域政府共同完善国际规则以发展竞争与合作经济,形成共享驱动型增长。构建创新（Innovation）、活力（Invigoration）、联动（Interconnection）、包容（Inclusivness）的"4I"世界经济，需要完善全球经济治理体系。与各区域非经营性资源相对应的是国际公共物品供给体系，与各区域可经营性资源相对应的是国际产业资源配置体系，与各区域准经营性资源相对应的是世界城市资源配置体系，它们各自遵循客观存在的规则运行。

完善的全球经济治理体系需要配套相应的国际规则，具体包括：第一，国际安全秩序规则——和平、稳定；第二，国际经济竞争规则——公平、效率；第三，国际共同治理规则——合作、共赢。

第二节 案 例 分 析

案例一

深圳探索 GEP 核算

GEP（Gross Ecosystem Product），即"生态系统生产总值"，也称为"生态产品总值"，是指一定区域内生态系统为人类福祉和经济社会可持续发展提供的各种最终物质产品与服务价值的总和，主要包括生态系统提供的物质产品价值、调节服务价值和文化服务价值。生态系统物质产品包括为人类提供的可直接利用的食物、木材、纤维、淡水等；生态系统调节服务主要是指生态系统提供的调节气候、调节水文、保持水土、固碳释氧等服务；生态系统文化服务主要是指生态系统提供给人类的科学研究、文化教育和艺术灵感、景观等服务。对 GEP 的探索要从 20 世纪 80 年代谈起，中国科学院院士马世骏与中国工程院院士王如松在国际上首次提出"人类社会与其赖以发展的生态环境构成社会—经济—自然复合生态系统"的观点，并广受国际社会认可。

彼时，经济系统主要使用国内生产总值（Gross Domestic Product，GDP）衡量，社会系统核算指标主要有联合国开发计划署在 1990 年发布的第一份人类发展报告中提出的人类发展指数（Human Development Index，HDI）。然而，对于生态系统，长久以来没有出现明确的核算指标，人们无法有效评估生态系统为人类生存、发展提供的支撑与福祉，而相关认知的严重缺乏，使生态系统也难以得到应有的保护。尽管联合国统计司在 1993 年推出了环境经济核算体系（System of Environmental

Economic Accounting，SEEA），将环境因素纳入国民经济核算体系，并首次提出"绿色GDP"的概念，但该指标仍囿于GDP的核算框架，无法在整体上反映生态环境对人类发展的贡献。经过不断探索，2012年，"GEP"的概念由中国学者朱春全、澳大利亚学者Eigenraam率先提出，后经欧阳志云等学者继续发展并完善。2021年，联合国统计委员会在"环境经济核算体系——生态系统核算框架"（SEEA-EEA）中，引入了GEP指标。

转向中国的现实情况，2012年，党的十八大明确将生态文明建设纳入中国特色社会主义事业"五位一体"总体布局。党的十八大报告中明确指出："要把资源消耗、环境损害、生态效益纳入经济社会发展评价体系，建立体现生态文明要求的目标体系、考核办法、奖惩机制。"2015年，中共中央、国务院印发《生态文明体制改革总体方案》，要求"树立绿水青山就是金山银山的理念"，并强调"根据不同区域主体功能定位，实行差异化绩效评价考核"。2017年，党的十九大报告中指出："要提供更多优质生态产品以满足人民日益增长的优美生态环境需要。"2022年，党的二十大报告进一步明确，到2035年，中国发展的总体目标之一是"广泛形成绿色生产生活方式，碳排放达峰后稳中有降，生态环境根本好转，美丽中国目标基本实现"。在此背景下，多地政府开始规划展开GEP核算试点工作，从标准制定、目标考核、决策支撑等不同角度，对生态系统价值评价工作进行了积极探索和完善，其中，尤以深圳对GEP核算的探索实践为典型案例。

具体而言，2014年，深圳以盐田区为试点，在国内率先开展了城市GEP核算，并首先构建了GDP和GEP"双核算、双运行、双提升"的考评机制。2015年，盐田区构建了全面衡量生态状况的城市GEP体系。在此基础上，2018年深圳市政府继续设定目标——"探索将盐田区GEP核算在全市各区（新区）推广，努力实现各区（新区）GDP与GEP双提升"。实际上，自2017年起，深圳市政府就从科学技术以及实际应用两个方面为GEP核算在全市的推广打下了坚实基础。在科学技术方面，深圳市政府组织开展了城市陆域生态调查评估，综合采用遥感、地面调查、模型分析等多种创新方法与技术，基本掌握了全市生态系统的结构、质量与功能数据；在实际应用方面，深圳市政府连续组织开展了年度试算分析，以2010年和2016—2018年的年度GEP试算确保了GEP核算推广的可行性。从2014年起，深圳市至少有8个区先后开展了GEP核算探索。

2019年，深圳市GEP核算工作被纳入《中共中央、国务院关于支持深圳建设中国特色社会主义先行示范区的意见》，其明确提出"探索实施生态系统服务价值核算制度"。2020年，深圳市GEP核算工作再次被纳入《深圳建设中国特色社会主义先行示范区综合改革试点实施方案（2020—2025年）》，要求进一步"扩大生态系统服务价值核算范围"。2021年，深圳市政府充分发挥自身超前引领的功能，建立了全国第一个较为完整的生态系统生产总值核算制度体系——GEP核算"1+3"制度体系，即一个统领——GEP核算实施方案，一项标准——GEP核算地方标准，一套报表——GEP核算统计报表制度，一个平台——GEP自动核算平台，这标志着深圳开展常态化GEP核算从此有了制度保障。

总的来说，深圳建立GEP核算制度体系是贯彻落实习近平生态文明思想的重要举措，是探索促进"绿水青山"向"金山银山"转变的重大实践，也是中共中央、国务院支持深圳建设中国特色社会主义先行示范区部署的重要任务，更是深圳以先行示范标准实现碳达峰、碳中和的重要抓手。2022年，深圳市政府发布的《深圳市2021年度生态产品总值（GEP）核算报告》显示，深圳市2021年度GEP为1363.87亿元，单位面积GEP为0.68亿元/平方千米，较上年增长1.0%。其中，生态系统调节服务价值最高，占GEP的比重为49.63%；文化旅游服务价值次之，占GEP的比重为49.45%；物质产品价值占GEP的比重为0.92%。显然，GEP核算体系的建设实现了生态系统从"无价"向"有价"的转变，使得人们更加直观地认识到生态系统的价值。同时，GEP核算制度体系的构建，有助于区域政府形成以GDP增长为目标、以GEP增长为底线的新型政绩观，进而推动有为政府和有效市场的更好结合，实现经济高质量增长。

案例讨论：

深圳率先建立GEP核算制度体系，是否属于经济发展阶段中构建规则新引擎的示范？

资料来源：本案例由作者参考以下资料编写。

（1）窦延文，2021. 深圳在全国率先建立GEP核算制度体系[N]. 深圳特区报，10-17（A1）.

（2）张蕾，宋昌素，2021. 有了GDP为什么还要引入GEP[N]. 光明日报，04-08（11）.

（3）张颖，2018. 生态资产核算和负债表编制的统计规范探究：基于SEEA的视角[J]. 中国地质大学学报（社会科学版），18（2）：92-101.

案例二

浦东经济发展奇迹

上海市浦东新区，简称浦东，是指中国黄浦江以东、长江口西南、川杨河以北紧邻上海外滩的区域，面积约1210平方千米。1990年4月，中共中央、国务院正式宣布，同意上海市加快对浦东的开发；1992年11月，经国务院批准，撤销川沙县建制，在原杨浦区、黄浦区、南市区浦东部分，原川沙县以及原上海县部分地区的基础上，设立上海市浦东新区。经过30多年的发展，浦东已从过去放眼望去一片农田的落后区域，成长为一个功能集聚、要素齐全、设施先进的现代化新区，向世人展示着令人惊叹的"浦东奇迹"。上海市浦东新区统计局的相关数据显示，2022年浦东实现地区生产总值16013.40亿元，占上海市地区生产总值的比重达到35.9%。其中，第一产业增加值18.22亿元；第二产业增加值4037.35亿元；第三产业增加值11957.83亿元。整体而言，浦东大致经历了以下三个发展阶段。

第一阶段是1990—2001年的率先开放、快速发展阶段。这一阶段，在从中央到地方的"政策绿灯"下，浦东大力推进软硬件环境建设，实现基础开发和功能开发的协调并进，为投资新引擎和创新新引擎的形成和发展奠定了基础。彼时，浦东根据国内外经济形势，推出基础设施、金融贸易和高新技术产业化三个先行发展战略：一是大规模实施基础设施建设；二是着力推进陆家嘴金融贸易区、外高桥保税区、金桥出口加工区和张江高科技园区四大功能区开发；三是通过调整对外开放的领域和重点，吸引外资，推动产业结构升级。在政策支持上，1990年4月，上海市政府宣布了有关减免三资企业所得税、生产建设器材免关税以及允许外资经批准兴建第三产业、增设外资银行等开发浦东的10项优惠政策和措施；1990年10月，国务院有关部门和上海市政府在上海举行新闻发布会，宣布开发和开放浦东的9项政策规定，浦东开发进入实质性阶段；1992年，国务院又给予浦东扩大5类项目审批权、新增5项配套资金筹措权；1995年，国务院进一步允许浦东在服务贸易等领域先行对外开放。这一时期，浦东经济快速发展，地区生产总值从1990年的60.24亿元增长至2000年的923.51亿元，增长了约14.33倍，投资新引擎的带动作用已经初步显现。

第二阶段是2002—2012年的开放促改革、全面开发阶段。这一阶段，伴随着浦东开发和开放的深入推进，其经济增长不再局限于依靠政策优惠和投资驱动，而是开始依靠制度创新和扩大开放以激发新动能。在政策引导上，2002年，党的十六大报告提出："鼓励经济特区和上海浦东新区在制度创新和扩大开放等方面走在前列"；2005年，国务院批准在浦东率先进行国家综合配套改革试点工作；2009年，国务院发布政策性指导意见，明确上海到2020年基本建成"两个中心"——国际金融中心和国际航运中心。在具体实践中，针对国家综合配套改革试点，国家14个部门先后在浦东开展21项改革试点，浦东则确立了三年行动计划，明确6个方面60个具体改革事项，涵盖政府体制、市场体制、公共部门体制、科技创新体制、城乡统筹发展体制、涉外经济体制、社会保障体制等方面。同时，为迎接2010年的上海世博会，浦东一边大力推进基础设施建设，一边狠抓各项社会事业发展。2009年，随着原南汇区的划入，浦东作为上海市"两个中心"目标的核心功能区，再次迎来新机遇，开启了"二次创业"的新征程。得益于以投资新引擎为主、创新新引擎为辅的带动作用，截至2012年，浦东经济总量已扩大至5929.91亿元，较2001年增长约4.45倍。

第三阶段是2013年至今的改革全面深化、创新发展阶段。这一阶段，在中国经济进入新常态的大背景下，创新新引擎日益成为经济驱动主力，引领浦东经济逐步从高速发展阶段转向高质量发展阶段。自党的十八大以来，以习近平同志为核心的党中央明确要求上海"当好全国改革开放排头兵、创新发展先行者"，浦东则被上海市政府定位为"排头兵中的排头兵、先行者中的先行者"。在此背景下，2013年，中国（上海）自由贸易试验区（简称上海自贸区）在浦东正式挂牌；2019年，上海自贸区临港新片区正式揭牌；2021年，《中共中央 国务院关于支持浦东新区高水平改革开放打造社会主义现代化建设引领区的意见》出台；2024年，《浦东新区综合改革试点实施方案（2023—2027年）》发布。这一阶段，浦东坚定不移吃改革饭、走开放路、打创新牌，以上海自贸区及其临港新片区为牵引，深入推进高水平改革开放；以创新驱动发展战略为导向，扎实推进科创中心建设；以提升城市能级和核心竞争力为目标，基本建成上海国际经济、金融、贸易、航运中心核心区；以人为本，稳步提升城市建设管理水平；以民心工程为重点，加快完善城乡一体的民生保障体系。

总的来说，在三十多年的发展历程中，浦东实现了华丽蜕变。在经济增长引擎方面，其从依靠政策优惠和投资驱动为主转向以依靠制度创新和科技创新引领为主，充分表明区域经济增长过程充满机遇和挑战，而唯有敏锐感知国内外环境变化，适时把握和调整经济驱动力，才能推动区域经济可持续发展。

案例讨论：

浦东的经济发展奇迹，是否为经济发展阶段中投资新引擎和创新新引擎的示范？

资料来源：本案例由作者参考以下资料编写。

（1）陈高宏，2020. 浦东开发开放的战略实践[J]. 浦江纵横（3）：10-18.

（2）费伟伟，刘士安，谢卫群，2021. 更高起点开新局[N]. 人民日报，08-09（5）.

（3）胡云华，2020. 浦东经济发展30年：演进、成效及再出发[J]. 科学发展（2）：56-66.

（4）辛向阳，沈阳，2021. 打造社会主义现代化建设引领区的理论与实践探索：浦东开发开放历程回顾与前瞻[J]. 行政管理改革（12）：9-17.

（5）谢卫群，2018. 上海浦东新区 政府加速改革 市场迸发活力[N]. 人民日报，10-11（1）.

案例三

中国改革开放40年飞跃

习近平总书记在庆祝改革开放40周年大会[①]上强调："改革开放是党和人民大踏步赶上时代的重要法宝，是坚持和发展中国特色社会主义的必由之路，是决定当代中国命运的关键一招，也是实现'两个一百年'奋斗目标、实现中华民族伟大复兴的关键一招。"改革开放40年极大地改变了中国的面貌，帮助中国实现了3次伟大飞跃：中华民族迎来了从站起来、富起来到强起来的伟大飞跃，中国特色社会主义迎来了从创立、发展到完善的伟大飞跃，中国人民迎来了从温饱不足到小康富裕的伟大飞跃。自改革开放以来，中国经济持续快速增长，国内生产总值从1978年的3679亿元跃升至2017年的827122亿元，稳居世界第二大经济体；1978—2017年的国内生产总值年均增长9.5%，远高于同期世界经济2.9%左右的年均增速；人均国内生产总值年均增长8.5%，已从低收入国家跻身中等偏上收入国家行列。总的来看，中国改革开放历程可分为四个阶段：目标探索阶段、社会主义市场经济体制框架构建阶段、社会主义市场经济体制初步完善阶段与"五位一体"全面深化改革新阶段。

（一）目标探索阶段（1978—1991年）

1978年，党的十一届三中全会拉开改革开放的大幕，其明确将全党的工作重点

[①] 庆祝改革开放40周年大会于2018年12月18日在人民大会堂隆重举行。本书出版时距改革开放已46年，为便于总结一系列改革成就，本案例统一以"改革开放40年"指代。

转移到社会主义现代化建设上来。改革首先从农村开始，逐步向城市推进；对外开放从兴办经济特区向沿海沿江乃至内地推进。在农村改革方面，安徽等地区率先推行家庭联产承包责任制、统分结合的双层经营改革试验，取得了巨大成功，随后推广至全国。在企业改革方面，重点对国有企业实施了承包制、租赁制等改革措施，扩大企业的自主权，激发企业内在活力。在宏观管理体制方面，大幅度减少指令性计划，推行两步"利改税"和"划分收支、分级包干"的财政体制改革等。在对外开放方面，先是兴办深圳、珠海、汕头、厦门四个经济特区，接着开放沿海14个港口城市，随后又设立海南经济特区和上海浦东新区。上述区域通过"先行先试"，创造良好的投资环境，配以关税减免等优惠措施，发展外向型经济。这一时期，中国尚未形成明确的经济增长引擎，处于"摸着石头过河"的阶段，但市场机制的初步发展和经济特区对外向型经济的探索实践，为后续要素驱动型经济的形成积累了宝贵的经验。

（二）社会主义市场经济体制框架构建阶段（1992—2001年）

1992年，党的十四大确立了建立社会主义市场经济体制的改革目标，并就社会经济改革的方向与基本内容作出安排。进一步，1993年，党的十四届三中全会提出发展"开放型经济"。1994年，中共中央、国务院提出了对财政、税收、金融、外汇、计划和投融资体制进行系统改革的方案，确立了以分税制为核心的新财政体制框架和以增值税为主的流转税体系。1997年，党的十五大确立了以公有制为主体、多种所有制经济共同发展的基本经济制度，重点实施"抓大放小"战略，集中力量搞好关系国计民生的、非国家控制不可的关键性大型国有企业，放开处于竞争性领域的小型国有企业。伴随着经济体制改革的推进，在对外开放方面，批准开放了13个沿边城市、6个长江沿岸城市、18个内陆省会城市，形成了沿海、沿江、沿边和内陆地区全方位、多层次、宽领域的对外开放格局。2000年，党的十五届五中全会提出实施"走出去"战略。2001年，中国正式加入世界贸易组织，全面融入世界经济体系。这一时期，中国基本确立了要素驱动型经济增长模式，并在市场机制、投融资体制、对外贸易等方面形成了良好的制度基础。

（三）社会主义市场经济体制初步完善阶段（2002—2011年）

2002年，党的十六大明确提出，到2020年建成完善的社会主义市场经济体制。2003年党的十六届三中全会就建设完善的社会主义市场经济体制作出全面部署。

主要改革举措有：一是先后在全国范围内取消了农业特产税、牧业税、农业税和屠宰税；二是实施国有商业银行股份制改造；三是推行投资体制改革，政府投资的范围进一步缩小，企业投资的自主权逐步扩大；四是颁布"非公经济36条"[①]，鼓励、支持和引导非公有制经济发展。

主要开放举措有：一是实现有管理的浮动汇率制度；二是面向外资银行全面开放人民币业务。

得益于市场机制的完善和全球化进程的推进，大规模的资源禀赋优势支撑了中国经济的快速发展，出口导向型的加工贸易模式奠定了中国"世界工厂"的地位。随后，在2008年全球金融危机的冲击下，中国推出了4万亿元经济刺激计划，并出台扩大内需的十项措施，大力投资民生工程、基础设施建设等，这也使得中国的经济增长模式转向以投资驱动型经济增长模式为主。总的来说，这一时期，伴随着国内外环境的变化，中国的经济增长引擎出现了明显的转向，要素驱动型经济增长模式愈发显现出其内在脆弱性，而投资驱动型经济增长模式则在全球经济衰退的大背景下提振了经济。

（四）"五位一体"全面深化改革新阶段（2012年至今）

2012年，党的十八大作出了实施创新驱动发展战略的重大决策部署，这标志着中国经济增长的主要引擎开始由投资向创新转变。2013年，党的十八届三中全会明确提出，改革不再拘泥于经济体制改革，而是涵盖经济、政治、文化、社会以及生态文明的"五位一体"全面改革。相关改革举措覆盖贸易投资、生产经营、相关政务服务等领域，不断完善收入分配制度，不断向纵深推进国资国企改革，全面实施市场准入负面清单，逐步形成立法、执法、司法全方位产权保护制度，建立公平竞争审查机制，清理并废除妨碍统一市场和公平竞争的各种规定和做法，形成了强大的国内市场。在对外开放方面，自2013年中国（上海）自由贸易试验区正式成立以来，截至2023年，中国已有21个自由贸易试验区及海南自由贸易港；自2013年习近平总书记提出"一带一路"倡议以来，截至2023年8月，中国已与152个国家、32个国际组织签署200份共建"一带一路"合作文件；2022年，党的二十大报告明

[①] 2005年，《国务院关于鼓励支持和引导个体私营等非公有制经济发展的若干意见》发布，这是自改革开放以来第一个以中央人民政府的名义促进非公经济发展的系统性政策文件，也被称为"非公经济36条"，围绕放宽非公有制经济市场准入、加大对非公有制经济的财税金融支持、完善对非公有制经济的社会服务、维护非公有制企业和职工的合法权益、引导非公有制企业提高自身素质、改进政府对非公有制企业的监管制度、加强对发展非公有制经济的指导和政策协调7个方面提出了36条意见。

确强调:"坚持高水平对外开放,加快构建以国内大循环为主体、国内国际双循环相互促进的新发展格局。"这一时期,随着创新驱动发展战略的深入实施,在世界知识产权组织发布的全球创新指数排名中,中国从2012年的第34位上升到2023年的第12位,创新成为中国经济高质量发展的关键支撑。

总的来说,中国改革开放40年飞跃离不开中国在体制创新、理论创新、科技创新与制度创新方面的不断探索实践。更为重要的是,在经济发展道路上,中国坚持建立和完善社会主义市场经济体制,实行改革开放,发挥政府超前引领作用,把握和引导经济增长引擎转换,推动经济持续增长。如今,中国经济已经进入高质量发展阶段,过去的"投资—出口"驱动型经济增长模式,亟待向创新驱动型经济增长模式转变,而继续深入实施改革开放正是实现这一转变的关键支撑。

案例讨论:

1. 为什么说经济可持续、高质量的发展是一个区域(国家)永恒的话题?
2. 阐述在中国改革开放40年飞跃中,政府超前引领和政府有为的作用。

资料来源:本案例由作者参考以下资料编写。

(1)安宁,2022. 十年全面深化改革 推动中国发生历史性巨变[N]. 中国经济导报,09-29(2).

(2)国家统计局,2018. 波澜壮阔四十载 民族复兴展新篇[J]. 中国财政(24):26-30.

(3)高尚全,朱永旗,黄歆,2018. 不断深化的40年改革开放之路[N]. 中国经济导报,10-25(2).

(4)洪俊杰,商辉,2018. 中国开放型经济发展四十年回顾与展望[J]. 管理世界,34(10):33-42.

(5)林致远,黄安杰,2020. 如何实现创新驱动的经济高质量发展[J]. 国家治理(43):11-15.

(6)邱海峰,2022. 共建"一带一路"取得新发展成果[N]. 人民日报海外版,08-19(3).

(7)史本叶,马晓丽,2018. 中国特色对外开放道路研究:中国对外开放40年回顾与展望[J]. 学习与探索(10):118-125.

(8)习近平,2019. 习近平在庆祝改革开放40周年大会上的讲话[J]. 中国环境监察(1):6-14.

（9）杨瑞龙，2018. 国有企业改革逻辑与实践的演变及反思[J]. 中国人民大学学报，32（5）：44-56.

（10）张宇燕，2018. 中国对外开放的理念、进程与逻辑[J]. 中国社会科学（11）：30-41.

案例四

G20 经济热点探索分析

二十国集团（The Group of Twenty，G20）由 19 个国家（中国、阿根廷、澳大利亚、巴西、加拿大、法国、德国、印度、印度尼西亚、意大利、日本、韩国、墨西哥、俄罗斯、沙特阿拉伯、南非共和国、土耳其、英国和美国）和欧盟组成，2023年 9 月 G20 领导人第十八次峰会上，非盟成为 G20 正式成员。这些成员的 GDP 约占全球 GDP 的 85%，贸易额约占全球贸易额的 80%，人口约占世界人口的 2/3。G20成立于 1999 年，是各国财长和央行行长讨论全球经济和金融问题的论坛。2008 年全球金融危机后，G20 升格为领导人峰会，并于 2009 年被指定为国际经济合作主要论坛。具体而言，按照 G20 在国际上的角色定位与重要性变化，其发展可划分为以下四个阶段。

第一阶段为 1999 年 9 月至 2008 年 10 月的"部长级会议时期"。在 G20 成立之前，由美国、德国、英国、法国、日本、意大利、加拿大组成的七国集团（The Group of Seven，G7）是全球治理的重要力量。彼时，新兴经济体日益崛起，而 G7 成员却均为发达经济体，致使全球治理框架同现实脱节。1997 年亚洲金融危机爆发，进一步促使发达经济体认识到在全球治理框架中纳入新兴经济体的紧迫性。为此，1999年 9 月，G7 成员的财政部部长和中央银行行长举行会议，提出建立二十国集团（G20）；同年 12 月，20 个成员的财政部部长和中央银行行长在德国柏林举行了创始会议，标志着 G20 的诞生。成立初期的 G20 以非正式部长级会议的形式运行，议题聚焦于财政、金融、经济等领域，新兴经济体在会议中基本处于边缘地位。

第二阶段为 2008 年 11 月至 2015 年 11 月的"危机转型时期"。经过前一阶段的发展，新兴经济体已经成为世界经济增长中不可或缺的推动力量。在 2008 年全球金融危机的冲击下，发达经济体不得不依靠经济上富有活力的新兴经济体，将其抬升至合作者地位，真正平等地参与全球治理。2008 年 11 月，首届 G20 金融市场和世界经济第一次领导人峰会在美国华盛顿举行，此次会议针对全球金融危机进行商讨并提出经济对策。自此，G20不再是松散的、非正式的国际组织，而是作为当今国际经济合作的主要论坛，正式升级成为二十国集团领导人峰会。2008年全球金融危机后，"恢复"成为了世界经济发展的主基调，2010年G20首尔峰会首次将"发展"设为主要议题，这标志着G20进入了新的治理机制转型阶段。以此为开端，G20峰会的议题逐渐得到扩展，从贸易促进与经济增长，到发展援助与消除贫困，甚至纳入了反腐败、可持续发展、气候变化等从新兴经济体角度出发的国际性议题。

第三阶段为2016年9月至2021年10月的"新全球化时期"。这一阶段，新兴经济体，尤其是亚洲新兴经济体，在促进全球化发展上发挥了关键作用，G20基本不再偏向于发达经济体，进入全新的全球化状态。2016年，G20杭州峰会实现三个"首次"：首次把发展问题置于全球宏观政策框架的突出位置；首次为联合国《2030年可持续发展议程》制定系统性行动计划；首次采取集体行动支持非洲和最不发达经济体工业化。2019年，G20大阪峰会通过了《二十国集团领导人大阪峰会宣言》，致力于实现自由、公平、非歧视性、透明、可预见、稳定的贸易和投资环境。然而，自2020年以来，受新冠疫情、俄乌战争等的冲击，全球经济不确定性飙升，G20陷入了"心有余而力不足"的状态。

第四阶段为2022年11月至今的"新兴经济体时期"。截至2023年，G20峰会已成功举办18次，每一次峰会后的领导人公报都决定并引导着接下来一年的全球治理主题与议程。此前，G20峰会至多相隔两年便会交由发达经济体主办，但2022年、2023年、2024年、2025年的G20峰会依次决定在印度尼西亚、印度、巴西、南非共和国4个新兴经济体举办，这预示着G20峰会的机制向"新兴经济体时期"转型，同时还意味着G20将更多地考虑新兴经济体的诉求。接下来，将详述2022年11月在印度尼西亚巴厘岛举办的二十国集团领导人第十七次峰会的具体内容，以反映当前全球治理关注的热点话题。

此次峰会以"共同复苏、强劲复苏"为主题，时任印度尼西亚总统佐科将其描述为"有史以来最艰难的峰会"。彼时，国际社会正处于百年未有之大变局的激荡时期，乌克兰危机持续发酵，单边主义、霸权主义、保护主义齐齐抬头，去全球化浪潮高涨，新冠疫情何时结束也未可知……在此背景下，此次峰会通过了《二十国集团领导人巴厘岛峰会宣言》（以下简称宣言），强调作为全球大型经济体，G20成员有必要通过承担集体责任、采取合作举措等方式，促进世界经济复苏，应对全球挑战，为全球经济的强劲、可持续、平衡和包容增长作出贡献。为此，此次峰会设置了全球卫生基础设施、数字化转型和可持续能源转型三大优先议题：针对全球卫生基础设施，此次峰会探讨了新冠疫情的应对之策，以及全球卫生基础设施的转型问题，以期增强全球卫生系统韧性；针对数字化转型，此次峰会讨论了数字、经济领域的重要议题，将焦点放在了"为世界创造更加包容的数字化转型环境"上；针对可持续能源转型，此次峰会探讨了能源可获得性、智能和清洁能源技术、能源融资等议题。

同时，各成员对不同议题的关注度存在差异。美国和欧盟主要关注经济复苏、俄乌冲突、气候变化、能源安全等议题；巴西将注意力放在了经济增长、金融协作以及气候变化等议题上；韩国聚焦于经济增长、全球价值链以及生物多样性、气候变化等议题；印度同印度尼西亚则展现出了前所未有的合作态度，在此次峰会召开前便已举行了一系列加强双方经济、贸易、投资合作的会议。中国广泛关注了包括世界经济增长在内的众多关乎全人类命运的议题，在题为《共迎时代挑战 共建美好未来》的重要讲话中，习近平总书记发出"要推动更加包容的全球发展""要推动更加普惠的全球发展""要推动更有韧性的全球发展"的全球发展倡议，强调"让团结代替分裂、合作代替对抗、包容代替排他"的立场，提振了高度不确定环境下国际社会对G20合作机制的信心。

案例讨论：

1. 世界经济的可持续发展，为什么不仅需要"贸易引擎"，还需要"投资新引擎""创新新引擎"和"规则新引擎"？

2. G20为全球治理提供了哪些新思路？

资料来源：本案例由作者参考以下资料编写。

（1）陈珂，2022. G20巴厘岛峰会：一场"求同存异"的胜利[J]. 中国报道（12）：42-45.

（2）王文，2022. G20进入新兴国家时代[J]. 秘书工作（4）：76-77.

（3）王文，刘迪，2023. G20的新兴国家时代：历史、现状与未来[J]. 学术探索（2）：46-56.

（4）中华人民共和国中央人民政府，2022. 共迎时代挑战 共建美好未来——在二十国集团领导人第十七次峰会第一阶段会议上的讲话[EB/OL].（11-15）[2024-06-27]. https://www.gov.cn/xinwen/2022-11/15/content_5727057.htm.

第三节 点评与思考讨论题

一、点评

点评 1

需了解和把握好"红海战略"与"蓝海战略"的范畴和概念。[①]中观经济学理论和学科体系的创设,相对于传统经济学理论体系而言,属于典型的经济学领域的"蓝海战略"范畴,它既基于传统经济学的相关基础知识展开,又不断开拓、创设新的经济学范畴、理论和领域,力图去破解世界各区域(国家)经济理论与经济实践中政府与市场关系的难题。

点评 2

案例一比较了 GDP 和 GEP 的联系和区别。探索 GEP 核算,是一个典型的"蓝海战略"和"规则新引擎"取向,它是随着时代的进程和科技的进步,客观上需要不断去探讨和拓展的领域,对一个区域(国家)经济的高质量、可持续发展具有引导方向的作用。案例二揭示出一个区域(国家)"投资新引擎"和"创新新引擎"的作用。案例三揭示出政府超前引领和政府有为在一个区域(国家)经济的高质量、可持续发展中具有重要意义。

点评 3

城市化、数字化、智能和清洁能源技术主导的经济增长时代来临。在案例四中,为什么近年来 G20 经济运行的显著亮点是对基础设施的投资建设?因为这是驱动世界经济复苏并可持续增长的重要引擎!那么,它与产业经济驱动导向的经济增长阶段有什么显著区别?这值得我们深思。

点评 4

至此,创设中观经济学的逻辑和框架揭示出以下几点:第一,对经济学理论的

[①] "蓝海战略"和"红海战略"由金和莫博涅两位学者提出,他们基于对 1880—2000 年涉及 30 多个产业的 150 个战略行动的研究,认为已知的饱和市场空间中的竞争只能制造同质化和低利润的"红海",企业应摆脱这种竞争,开创差异化、低成本的"蓝海",即蕴含庞大需求、能带动企业增长的新市场空间,从而实现持久性的成功。

研究，从单一的资源稀缺假设拓展到资源生成假设；第二，对政府经济行为作用的认知从市场边缘转为市场主体；第三，对市场发展驱动力的认知从单一的微观经济企业主体转换为与中观经济区域政府主体并存的双重主体；第四，对经济运行结构的认知从宏观、微观的二元结构转变为宏观、中观、微观的三元结构，去寻求它们的内在关联与发展的协调性；第五，对经济增长引擎的认知从贸易引擎延伸到投资新引擎、创新新引擎和规则新引擎；第六，对成熟的市场经济发展路径的认知从单一的市场运行发展路径转换为有为政府与有效市场相融合的发展路径。这就是中观经济学的精髓所在！

二、思考讨论题

1. 产业经济驱动导向的阶段特征是什么？
2. 城市经济驱动导向的阶段特征是什么？
3. 创新经济驱动导向的阶段特征是什么？
4. 共享经济驱动导向的阶段特征是什么？
5. 请简述经济增长新引擎的内涵及其现实意义。

参考文献

阿克洛夫，2001. 柠檬市场：质量的不确定性和市场机制[J]. 经济导刊(6)：1-8.
波特，2012. 国家竞争优势：上册[M]. 李明轩，邱如美，译. 2版. 北京：中信出版社.
波特，2012. 国家竞争优势：下册[M]. 李明轩，邱如美，译. 2版. 北京：中信出版社.
蔡景庆，2020. 当代西方经济学思潮析辩[J]. 天津师范大学学报(社会科学版)，40(3)：36-43.
蔡景庆，2020. 西方主流经济学脉络透析与重要支撑析辩[J]. 学术探索(1)：111-119.
陈云贤，2019. 中国特色社会主义市场经济：有为政府+有效市场[J]. 经济研究，54(1)：4-19.
陈云贤，2020. 市场竞争双重主体论：兼谈中观经济学的创立与发展[M]. 北京：北京大学出版社.
陈云贤，2022. 中观经济学300问[M]. 北京：北京大学出版社.
陈云贤，顾文静，2019. 中观经济学[M]. 2版. 北京：北京大学出版社.
金，莫博涅，2016. 蓝海战略：扩展版[M]. 吉宓，译. 北京：商务印书馆.
克鲁格曼，奥伯斯法尔德，梅里兹，2016. 国际经济学理论与政策：第10版[M]. 丁凯，汤学敏，陈桂军，等译. 北京：中国人民大学出版社.
李粤麟，2022. 市场双重主体[M]. 广州：中山大学出版社.
林毅夫，2013. 新结构经济学的理论框架研究[J]. 现代产业经济(C1)：18-23.
林毅夫，2017. 新结构经济学的理论基础和发展方向[J]. 经济评论(3)：4-16.
林毅夫，2010. 新结构经济学：重构发展经济学的框架[J]. 经济学(季刊)10(1)：1-32.
罗汉，1999. 诺贝尔奖获得者演说文集：经济学奖：1969—1995：上册[M]. 上海：上海人民出版社.
马斯洛，2021. 动机与人格[M]. 陈海滨，译. 南昌：江西美术出版社.
萨缪尔森，诺德豪斯，2011. 经济学：上册：第19版[M]. 萧琛，等译. 北京：商务印书馆.
萨缪尔森，诺德豪斯，2011. 经济学：下册：第19版[M]. 萧琛，等译. 北京：商务印书馆.
斯密，2006. 国富论：中文珍藏版：下[M]. 杨敬年，译. 西安：陕西人民出版社.
王佃凯，2002. 比较优势陷阱与中国贸易战略选择[J]. 经济评论(2)：28-31.
薛荣久，2017. 姚曾荫著述文集：中[M]. 北京：中国商务出版社，2017.
张培刚，张建华，2009. 发展经济学[M]. 北京：北京大学出版社.
FAMA E F, 1965. Random walks in stock market prices[J]. Financial analysts journal, 21(5): 55-59.
KRAVIS I B, 1970. Trade as a handmaiden of growth：similarities between the nineteenth and twentieth centuries[J]. The economic journal, 80(320): 850-872.
PREBISCH R, 1962. The economic development of Latin America and its principal problems[J]. Economic bulletin for Latin America, 7(1): 1-22.
ROBERTSON D H，1938. The future of international trade[J]. The economic journal, 48(189): 1-14.

后　　记

　　中观经济学作为一门新兴学科，力图从中观视角破解世界各国经济理论与经济实践中的政府与市场关系难题，界定世界各国政府的科学执政行为即有为政府准则，并最终推动世界各国经济发展和可持续增长。近年来，中观经济学学科建设大幅推进：自2011年起，中观经济学系列研究成果（包括教材）陆续出版，供各界人士广泛阅读；从2019年开始，北京大学、复旦大学、中山大学等十余所高校相继开设"中观经济学"课程，面向本科生和研究生授课；2021年至今，中山大学连续举办四届中观经济学师资培训研讨会，在学术界反响热烈。在此背景下，本书以初级教材为定位，重点梳理中观经济学的名词概念，并针对性地在全球范围内选择案例，将中观经济学的系统理论与世界各国政府的经济实践联系起来，深化初学者对中观经济学的理解和认识。

　　本书的内容围绕两大主线展开。一是基础概念和基本理论。本书在阐释中观经济学创设逻辑和框架的同时，试图追溯相关经济学理论的历史渊源，突出核心概念和理论要点，帮助初学者从更为包容、开放的角度看待中观经济学。二是中国经验和世界发展。中观经济学理论提炼于中国改革开放的伟大实践，但其并不局限于中国样本和中国经验，而是能为世界各国经济的可持续发展提供指引。为此，在案例选择上，本书不仅关注中国案例，还注重全球实践；在内容组织上，则致力于厘清前因后果和发展脉络，试图做到空间可比和时间可比。两大主线的交织和融合充满挑战，经济学包罗万象，全球实践日新月异，难以穷尽，本书抛砖引玉，期待激发老师和同学们在中观经济学理论和实践方面更多的思想火花。

　　本书从设计立项到撰写成稿花费三年时间。本书的最终成稿离不开多方的努力。陈云贤、徐现祥确定了全书目录，主要编写案例、点评与思考讨论题；王琪红主要负责撰写具体内容。衷心感谢北京大学出版社王显超、毛文婕老师的审核编辑工作，衷心感谢中山大学刘贯春教授、黄秋诗女士等的大力帮助，也衷心感谢中山大学博士研究生廖艺凡，硕士研究生邓凤怡、雷清怡、刘聪在案例搜集方面的辛苦付出。最后，愿中观经济学的创设与完善，能够助推中国经济学理论走向世界，为世界经济学体系的创新与变革贡献力量。